Guérir la dépendance émotionnelle

LEONARDO TAVARES

Guérir la
dépendance émotionnelle

GUÉRIR LA DÉPENDANCE ÉMOTIONNELLE

© Copyright 2023 - Leonardo Tavares

Ce titre peut être acheté en grande quantité à des fins commerciales ou éducatives.

Pour plus d'informations, veuillez envoyer un e-mail à realleotavares@gmail.com.

Le contenu de ce livre ne peut être reproduit, dupliqué ou transmis sans l'autorisation écrite directe de l'auteur ou de l'éditeur.

En aucun cas, l'éditeur, ou l'auteur, ne pourra être tenu pour responsable de tout dommage, réparation ou perte monétaire dus aux informations contenues dans ce livre. Que ce soit directement ou indirectement. Vous êtes responsable de vos propres choix, actions et résultats.

Avis juridique:

Ce livre est protégé par le droit d'auteur. Ce livre est uniquement destiné à un usage personnel. Vous ne pouvez pas modifier, distribuer, vendre, utiliser, citer ou paraphraser une partie ou le contenu de ce livre sans consentement de l'auteur ou de l'éditeur.

Avis de non-responsabilité:

Veuillez noter que les informations contenues dans ce document sont uniquement destinées à des fins éducatives et de divertissement. Tous les efforts ont été déployés pour présenter des informations précises, actualisées, fiables et complètes. Aucune garantie d'aucune sorte n'est déclarée ou implicite. Le lecteur reconnait que l'auteur ne s'engage pas à donner des conseils juridiques, financiers, médicaux ou professionnels. Le contenu de ce livre provient de diverses sources. Veuillez consulter un professionnel agréé avant d'essayer les techniques décrites dans ce livre.

En lisant ce document, le lecteur accepte qu'en aucun cas l'auteur ne soit responsable des pertes, directes ou indirectes, encourues suite à l'utilisation des informations contenues dans ce document, y compris, mais sans s'y limiter, - les erreurs, omissions ou inexactitudes.

Première impression 2023

Que ce livre puisse être un soutien,
Un réconfort pour votre cœur meurtri,
Qu'il puisse apporter la conviction
Que surmonter la dépendance émotionnelle
Peut être atteint par la découverte de soi.

Il n'y a pas de fixation permanente
Car le lien que nous partageons avec ceux que nous aimons
Va au-delà de la dépendance, transcende les situations,
Et devient une source éternelle d'apprentissage et d'évolution.

Que vos difficultés puissent se transformer en optimisme,
Et que les souvenirs puissent être un trésor,
Que vos larmes puissent être essuyées par l'estime de soi,
Et que la sagesse puisse éclairer le chemin
De ceux qui traversent ce douloureux moment.

Ce livre est un hommage à tous
Qui ont déjà traversé le labyrinthe de la dépendance émotionnelle,
Et à tous ceux qui font face à la douleur de la détachement,
Puissent-elles être un refuge de soulagement et d'encouragement.

Et que, même dans les moments les plus difficiles,
Nous puissions trouver la force et la motivation
Pour aller de l'avant, pour honorer le passé,
Les leçons apprises et pour vivre nos vies
Avec amour-propre, gratitude et résilience.

SOMMAIRE

Prologue 11

1. Reconnaissance de la dépendance émotionnelle 13
Comprendre ce qu'est la dépendance émotionnelle 13
Identification des signes et des schémas de la dépendance émotionnelle 14
Accepter l'importance de relever ce défi 29

2. Acceptation et connaissance de soi 31
Exploration des causes possibles de la dépendance émotionnelle 31
Réflexion sur les expériences passées et les relations ayant contribué à votre dépendance émotionnelle 37
Estime de soi et image de soi: Piliers de la dépendance émotionnelle 42

3. Cultiver l'amour-prope 48
L'importance de l'amour-propre dans la surmontée de la dépendance émotionnelle 48
Comment développer une estime de soi saine 54
Pratiques d'auto-soin et valorisation personnelle 61

4. Reconstruire des relations saine 67
Apprendre à établir des limites saines 67
Identifier les relations toxiques et apprendre à s'en éloigner 73
Comment communiquer vos besoins de manière assertive 80

5. Prende soin du corps et de l'esprit 89
Découvrir des passions et des passe-temps qui vous comblent 89
L'importance d'avoir une vie sociale équilibrée 99
Comment maintenir son propre focus, même en étant dans une relation 110

6. Développer la résilience émotionnelle 128
Faire face au rejet et à la fin des relations 128
Transformer la souffrance en croissance personnelle 145

7. Apprende à dire "non" 158
Surmonter la peur de décevoir les autres 158
Techniques pour refuser les demandes sans se sentir coupable 165
Établir des limites dans les relations personnelles et professionnelles 172

8. Redéfinir le sens de l'amour 185
Déconstruire les idées fausses sur l'amour romantique 185
Comprendre que l'amour ne doit pas être une source exclusive de bonheur 195
Construction de relations basées sur le partenariat et la croissance mutuelle 204

9. Pratiquer l'acceptation et le détachement 213
Accepter que vous ne pouvez pas contrôler les sentiments des autres 213
Apprendre à sortir de relations toxiques 220
Cultiver la patience et la sérénité face à l'incertitude 230

10. Renforçant l'autonomie 242
Comment prendre des décisions qui bénéficient à votre vie 242
Développer l'indépendance émotionnelle et financière 251
Créer un sens de l'identité en dehors des relations 267

11. Vivre l'instant présent 285
L'importance de la pleine conscience dans la surmonter la dépendance émotionnelle 285
Pratiques pour se connecter au présent et réduire l'anxiété 294
Comment éviter la rumination sur le passé ou la préoccupation excessive pour le futur 301

12. Recherche d'aide professionnelle 313
Reconnaître quand il est nécessaire de chercher une thérapie ou un conseil 313
L'importance d'un soutien professionnel qualifié 320
Comment trouver un thérapeute adapté à vos besoins 329

13. Célébrer le progrès 345
Reconnaître et célébrer les réussites 345
Valoriser votre parcours d'amélioration personnelle 353
Rester motivé pour continuer à progresser 360

14. Employer un avenir autonomise 371
    Regarder vers l'avant avec espoir et confiance 371
    Dernier rappel sur l'importance continue de l'amour-propre 372
    Conseils finaux pour maintenir une vie émotionnellement saine et équilibrée 372

Conclusion 375
À propos de l'auteur 377
Sources 378

PROLOGUE

La dépendance émotionnelle est un thème qui touche de nombreuses vies de manière profonde. Nos relations, nos choix et notre propre perception de nous-mêmes peuvent être affectés par des schémas de dépendance qui sont souvent difficiles à comprendre et à surmonter. Cependant, ce livre ne traite pas seulement des défis, mais aussi des possibilités de transformation et de croissance personnelle qui sont à notre portée.

À travers les pages de "Guérir la Dépendance Émotionnelle", je présente des orientations précieuses pour ceux qui cherchent à rompre les cycles de dépendance et à explorer une manière plus saine d'être avec soi-même et avec les autres personnes de leur entourage. Dès le début, je traite des fondements des émotions humaines, de l'importance de l'amour-propre et des étapes pratiques pour construire des relations saines et plus équilibrées.

Tout au long des chapitres, nous plongerons dans divers sujets, depuis la compréhension des origines de votre dépendance émotionnelle jusqu'au développement de compétences de communication efficaces, à l'établissement de limites saines et à la promotion d'une mentalité de croissance continue. Mon objectif est de fournir des outils pratiques, des perspectives approfondies et des orientations utiles pour chaque étape du processus de guérison.

"Guérir la Dépendance Émotionnelle" est une invitation à tous ceux qui aspirent à se libérer des chaînes de la dépendance émotionnelle et à embrasser la liberté de vivre selon leur vrai moi. Plongez dans les pages à venir avec un esprit ouvert et un cœur réceptif, prêt à explorer et guérir les couches émotionnelles qui peuvent bloquer votre croissance. Je crois, sans l'ombre d'un doute, que la guérison est possible et que chacun d'entre nous détient le pouvoir de créer une vie émotionnellement riche, connectée et significative.

Que ce livre soit une source d'inspiration et d'apprentissage. Et que, en embrassant le processus de guérison et de croissance, vous découvriez la force intérieure qui vous guidera vers une vie abondamment épanouie et émancipée.

Avec espoir et gratitude,

Leonardo Tavares

1
RECONNAISSANCE DE LA DÉPENDANCE ÉMOTIONNELLE

Le premier pas vers la liberté est le courage de regarder à l'intérieur.

Il n'est pas facile d'admettre quand nous sommes pris dans un cycle de dépendance émotionnelle. Cependant, faire le premier pas vers la compréhension et le dépassement de ce schéma est essentiel pour notre croissance et notre bien-être. Dans ce chapitre introductif, nous explorerons en profondeur ce qu'est la dépendance émotionnelle, comment identifier les signes et les schémas qui y sont associés, et pourquoi il est si crucial de relever ce défi de front.

Comprendre ce qu'est la dépendance émotionnelle

La dépendance émotionnelle est un phénomène complexe et difficile qui touche de nombreuses personnes dans leur vie. Elle se manifeste lorsque quelqu'un cherche à combler ses besoins émotionnels et son estime de soi à travers sa relation avec une autre personne, négligeant souvent ses propres besoins et bien-être. La dépendance émotionnelle peut se manifester dans différents types de relations, qu'elles soient amoureuses, familiales, amicales ou même professionnelles.

Dans son essence, la dépendance émotionnelle découle de la croyance que le bonheur et le sentiment de valeur de soi sont liés à l'approbation, à l'attention et à l'amour d'une autre personne. Les personnes qui luttent contre la dépendance émotionnelle ont souvent un besoin intense de se sentir aimées et validées, et cette quête constante peut conduire à des comportements qui ne sont pas sains, tant pour elles-mêmes que pour leurs relations.

Identification des signes et des schémas de la dépendance émotionnelle

Reconnaître les signes de la dépendance émotionnelle est la première étape pour la surmonter. Souvent, ces signes peuvent être subtils, mais en analysant en profondeur les schémas comportementaux, il est possible d'identifier les domaines où la dépendance émotionnelle opère. Les signes les plus courants comprennent:

Priorisation des autres

La priorisation constante des besoins, des désirs et du bonheur des autres est une caractéristique distinctive de la dépendance émotionnelle qui peut avoir un impact significatif sur votre vie et votre bien-être. Cette dynamique est souvent alimentée par une combinaison de faible estime de soi, de peur du rejet et de quête effrénée de validation externe. Nous explorerons plus en profondeur comment ce schéma se manifeste et comment il peut vous affecter.

La recherche d'approbation et l'abandon de soi: Dans une tentative de maintenir un sentiment illusoire d'harmonie et d'éviter toute forme de confrontation, vous pouvez vous retrouver constamment à vous adapter aux besoins des autres. Ce comportement est motivé par le désir d'être accepté et aimé, mais avec le temps, il peut conduire au sacrifice de votre propre identité. En plaçant constamment les besoins des autres avant les vôtres, vous vous éloignez progressivement de qui vous êtes réellement et de ce que vous voulez vraiment.

Insatisfaction personnelle: Prioriser les autres entraîne souvent une sensation constante d'insatisfaction personnelle. Vous pouvez vous retrouver à vivre votre vie selon les attentes des autres, plutôt que de poursuivre vos propres passions et objectifs. Ce déni de vos propres besoins et désirs peut créer un vide émotionnel qui ne peut pas être comblé par la validation externe. À long terme, cela peut conduire à un sentiment de déconnexion avec vous-même et à un manque d'authenticité dans votre vie.

Perte d'identité: À mesure que vous placez la priorité sur les besoins des autres au détriment des vôtres, vous risquez de perdre votre propre identité. Vos actions, choix et même votre image de soi peuvent devenir le reflet de ce que les autres veulent ou attendent de vous. La dépendance émotionnelle est souvent accompagnée du sentiment que vous n'avez pas droit à une identité distincte, ce qui conduit à une perte progressive de votre individualité.

Renforcement du cycle de dépendance: Ironiquement, la priorisation des autres renforce le cycle de la dépendance émotionnelle. Plus vous sacrifiez vos propres besoins au profit des autres, plus vous intériorisez la croyance que votre valeur est intrinsèquement liée à votre capacité de plaire et de servir les autres. Cela entraîne une quête constante de validation externe, perpétuant le cycle néfaste et rendant encore plus difficile la construction de relations saines et authentiques.

Construire une relation saine avec soi-même: Surmonter la priorisation des autres est une étape cruciale dans le parcours vers l'indépendance émotionnelle. Cela ne signifie pas que vous devez devenir égoïste ou négliger complètement les besoins des autres. Au contraire, il s'agit de trouver un équilibre sain entre prendre soin de vous-même et prendre soin des autres. Cela implique le développement d'une estime de soi solide, l'établissement de limites claires et la pratique régulière de l'autosoins.

Rappelez-vous que vous méritez d'être aimé et respecté pour qui vous êtes, et non seulement pour votre capacité à répondre aux attentes des autres. Apprendre à vous placer en premier lorsque c'est nécessaire est un acte d'amour-propre qui permet la croissance personnelle, l'authenticité et la construction de relations vraiment significatives. En vous libérant du piège de la priorisation excessive des autres, vous faites un pas audacieux vers une vie plus alignée sur votre véritable essence.

Peur de la solitude

La peur de la solitude est l'un des aspects les plus difficiles de la dépendance émotionnelle, maintenant souvent les gens dans des relations toxiques et nocives. Comprendre cette peur est essentiel pour briser le cycle de la dépendance et cultiver une relation plus saine avec soi-même et avec les autres.

La racine de la peur de la solitude: La peur de la solitude provient souvent de l'inconfort face au vide émotionnel intérieur. L'idée de faire face à sa propre compagnie peut être accablante lorsque ce vide n'a pas été traité. C'est comme si la solitude faisait ressortir des sentiments d'inadéquation, d'abandon et d'angoisse. C'est une réaction compréhensible, surtout lorsque la dépendance émotionnelle a été une façon de faire face à ces sentiments.

Le cycle de maintien: La peur intense de la solitude conduit souvent la personne à rester dans des relations qui ne sont ni saines ni bénéfiques. La croyance sous-jacente est que toute relation est meilleure que d'être seul. Cela peut être particulièrement vrai dans les relations toxiques, où la dynamique de pouvoir est inégale et les dommages émotionnels sont fréquents. L'idée de faire face à la solitude peut sembler insupportable, conduisant la personne à tolérer les abus émotionnels ou physiques.

L'autonomie et le réconfort personnel: Il est essentiel de comprendre que la solitude ne doit pas être crainte comme un ennemi inévitable. En réalité, la solitude peut être une occasion précieuse de se reconnecter avec soi-même, d'explorer ses passions et ses centres d'intérêt et de cultiver une relation saine avec soi-même. Apprendre à se sentir à l'aise en sa propre compagnie vous permet de briser les chaînes de la peur de la solitude.

Construire une relation avec soi-même: Surmonter la peur de la solitude implique de construire une relation solide et saine avec soi-même. Cela inclut développer la capacité à apprécier des activités seul, apprendre à se valoriser indépendamment du statut de la relation et cultiver une mentalité d'autosuffisance émotionnelle. À mesure que vous renforcez votre relation avec vous-même, l'idée d'être seul devient moins terrifiante et plus gratifiante.

L'importance du soutien: Surmonter la peur de la solitude peut être un défi émotionnel, et vous n'avez pas à le faire seul. Chercher du soutien auprès d'amis, de la famille et de professionnels qualifiés peut vous fournir l'encouragement et le soutien nécessaires pour affronter cette peur de front. Avoir un réseau de soutien peut aider à créer un environnement sûr pour explorer progressivement et sainement la solitude.

En reconnaissant la peur de la solitude et en vous engageant à la confronter, vous vous donnez l'opportunité de créer une vie émotionnellement indépendante et gratifiante. La solitude peut être transformée d'une source d'appréhension en une opportunité de croissance personnelle et de connaissance de soi. En vous libérant de la peur de la solitude, vous ouvrez la voie à une vie plus authentique et alignée avec vos valeurs et vos désirs.

Recherche constante d'approbation

La quête implacable d'approbation externe est une caractéristique frappante de la dépendance émotionnelle, souvent enracinée dans des insécurités profondes et un besoin continu de validation. Comprendre ce schéma est essentiel pour se libérer du piège de l'estime de soi dépendante et cultiver une source interne d'amour-propre.

L'estime de soi comme champ de bataille: La quête incessante d'approbation est souvent motivée par la croyance que votre estime de soi dépend entièrement de la validation des autres. Cela vous place dans un champ de bataille émotionnel constant, où votre valeur personnelle est en jeu à chaque fois que vous cherchez une approbation externe. Cette dépendance peut transformer vos relations en un jeu visant à plaire aux autres, souvent au détriment de vos propres besoins et bonheur.

Montagnes russes émotionnelles: Ce schéma crée des montagnes russes émotionnelles, où votre estime de soi et votre bien-être sont à la merci des opinions des autres. Lorsque vous recevez des compliments ou de la validation, vous pouvez vous sentir momentanément aux anges. Cependant, un commentaire critique ou un manque de reconnaissance peut vous plonger dans un état d'insécurité et d'autocritique. Ces montagnes russes émotionnelles peuvent entraîner des hauts et des bas fréquents dans votre estime de soi, vous laissant vulnérable et sans contrôle sur votre propre valeur.

La dépendance comme schéma de survie: Cette quête d'approbation remonte souvent à une tentative de survivre émotionnellement. Si vous avez vécu des traumatismes ou des rejets par le passé, la validation externe peut sembler un antidote à la peur de l'abandon et de la solitude. Cependant, cette stratégie d'autoprotection peut se transformer en un schéma nocif, vous maintenant dans un cycle de recherche incessante de validation.

Cultiver l'auto-acceptation: Le chemin pour se libérer de la quête constante d'approbation implique de construire une estime de soi solide et indépendante. Cela nécessite un travail interne pour cultiver l'auto-acceptation, indépendamment des opinions des autres. Apprendre à se valoriser pour ce que vous êtes, plutôt que pour ce que les autres pensent de vous, est une étape essentielle pour briser le cycle de la dépendance.

Pratiques d'autosoins et d'auto-compassion: Les soins personnels et la compassion envers soi-même sont des outils puissants pour nourrir votre estime de soi de manière interne. Cela implique de se traiter avec gentillesse et compréhension, de la même manière que vous traiteriez un ami cher. En engageant des pratiques qui favorisent votre bien-être émotionnel, physique et mental, vous renforcez significativement votre estime de soi, créant une base solide pour votre parcours vers l'indépendance émotionnelle.

La redéfinition de la valeur personnelle: En vous libérant de la recherche constante d'approbation, vous redéfinissez votre valeur personnelle en fonction de votre authenticité et de votre acceptation de soi. Cela vous permet d'aborder les relations et les situations avec une base solide de confiance en vous, plutôt que de dépendre de la validation externe. Le voyage vers l'indépendance émotionnelle commence par la transformation de votre perception de vous-même, permettant à votre estime de soi de s'épanouir de l'intérieur vers l'extérieur.

Insécurité et estime de soi basse

L'insécurité et l'estime de soi basse sont des piliers fondamentaux de la dépendance émotionnelle, créant un cycle autodestructeur qui renforce la quête constante de validation externe. Comprendre comment ces éléments interagissent est crucial pour rompre le cycle de la dépendance et reconstruire une estime de soi saine.

Les racines de l'insécurité: L'insécurité provient souvent d'expériences passées, telles que des traumatismes, des rejets ou des situations où vous ne vous êtes pas senti valorisé. Ces expériences peuvent laisser des cicatrices émotionnelles profondes, créant des croyances négatives sur vous-même et votre estime de soi. Ces croyances limitantes peuvent se manifester sous forme de pensées autodépréciatives constantes, conduisant à une spirale descendante d'insécurité.

Le cycle de recherche de validation: L'insécurité alimente la quête constante de validation externe. Lorsque vous ne vous sentez pas en sécurité dans votre propre estime de soi, vous recherchez désespérément l'approbation des autres pour combler le vide intérieur. Cette quête constante renforce la dépendance émotionnelle, car la validation momentanée offre un soulagement temporaire de l'insécurité.

Le cycle descendant de l'estime de soi: La quête constante de validation externe crée un cycle de dépendance émotionnelle qui entraîne une spirale descendante de l'estime de soi. Lorsque vous n'avez pas confiance en votre propre perception de vous-même, vous dépendez de plus en plus des autres pour dicter votre valeur. Cela perpétue ainsi les sentiments d'insécurité et d'estime de soi basse, créant un cercle vicieux difficile à briser.

La récupération de l'estime de soi: Le processus de récupération de l'estime de soi implique de remettre en question les croyances limitantes et de reconstruire une vision plus saine de vous-même. Cela nécessite une approche consciente pour identifier les pensées autodépréciatives et les remplacer par des affirmations positives et réalistes. En le faisant, vous commencez à changer la façon dont vous vous percevez, en construisant une estime de soi plus solide et indépendante.

Cultiver l'amour-propre: L'auto-acceptation est un élément essentiel de la reconstruction de l'estime de soi. Cultiver l'amour-propre consiste à embrasser ses imperfections et à reconnaître que votre estime de soi ne doit pas dépendre de la validation externe. Des pratiques régulières d'autosoins, d'autocompassion et de gratitude peuvent contribuer à nourrir une vision positive de vous-même, créant ainsi une base émotionnelle solide.

Redéfinir la valeur personnelle: Surmonter l'insécurité et l'estime de soi basse est une partie vitale du parcours vers l'indépendance émotionnelle. Cela nécessite de la patience, de l'auto-réflexion et un engagement envers soi-même pour reconstruire une image de soi saine. En remettant en question les croyances négatives et en nourrissant l'auto-acceptation, vous redéfinissez votre valeur personnelle en fonction de votre authenticité, plutôt que de rechercher la validation externe. Cela ouvre la voie à une estime de soi renforcée et à la construction de relations plus saines et équilibrées.

Difficulté à établir des limites

La difficulté à établir des limites saines est l'un des symptômes les plus révélateurs de la dépendance émotionnelle, entraînant souvent un cycle de non-respect de ses propres limites personnelles. Comprendre cette dynamique est essentiel pour revendiquer votre autonomie et construire des relations plus équilibrées.

Les limites et le bien-être personnel: Établir des limites saines est essentiel pour protéger votre bien-être émotionnel, physique et mental. Les limites définissent les espaces où vous vous sentez à l'aise, les limites que vous ne souhaitez pas voir franchies. Elles sont l'expression de vos besoins, de vos valeurs et du respect de soi. La difficulté à établir des limites provient souvent du désir de plaire aux autres ou de la peur d'être rejeté si vous défendez vos propres intérêts.

Dire "oui" quand on veut dire "non": La tendance à dire "oui" alors que, en réalité, vous voulez dire "non" est une caractéristique courante de la difficulté à établir des limites. Cela peut se produire par peur de décevoir, de provoquer des conflits ou d'être perçu comme égoïste. Cependant, cette complaisance constante envers les autres mène souvent à un ressentiment croissant et au sentiment que vos propres besoins n'ont pas d'importance.

Le sentiment d'impuissance: Laisser les autres franchir vos limites personnelles peut entraîner un sentiment d'impuissance et de perte de contrôle sur votre propre vie. Vous pouvez avoir l'impression d'être à la merci des volontés et des demandes des autres, perdant la capacité de prendre des décisions bénéfiques pour votre bien-être. Ce sentiment d'impuissance peut alimenter davantage la dépendance émotionnelle, car vous vous sentez incapable de défendre vos propres besoins.

Reconnaître et communiquer les limites: Établir des limites saines nécessite de l'auto-conscience et des compétences de communication efficaces. Il est important de d'abord reconnaître quels sont vos propres limites et pourquoi elles sont importantes pour vous. À partir de là, vous pouvez apprendre à communiquer ces limites de manière assertive, respectueuse et non agressive. Cela peut impliquer de pratiquer l'art de dire "non" quand c'est nécessaire et d'exprimer vos besoins clairement.

La construction de l'autonomie: Établir des limites saines est un processus de construction progressive de votre autonomie émotionnelle. Cela signifie que vous vous positionnez comme le gardien de votre propre vie et de votre bien-être, tout en gardant à l'esprit l'importance des relations équilibrées. La construction de limites nécessite de la cohérence, de la confiance en soi et la volonté de défendre vos besoins, même si cela crée un inconfort temporaire.

Renforcer les relations et l'estime de soi: En établissant des limites saines, vous protégez non seulement votre bien-être, mais vous renforcez également vos relations et votre estime de soi. Les relations saines sont basées sur le respect mutuel et la compréhension des besoins individuels. La capacité d'établir et de maintenir des limites est également un indicateur d'une estime de soi solide, montrant que vous vous valorisez suffisamment pour défendre vos besoins.

En apprenant à établir des limites sains, vous vous donnez les moyens de vivre selon vos valeurs, vos besoins et vos désirs. Cela vous permet de participer à des relations plus équilibrées et enrichissantes, tout en travaillant à la construction d'une base solide d'indépendance émotionnelle et d'estime de soi.

Fusion émotionnelle

La fusion émotionnelle est un schéma complexe qui implique la dissolution de sa propre identité et de ses besoins dans le contexte de la relation. Ce phénomène provient souvent de la dépendance émotionnelle et peut avoir un impact significatif non seulement sur vous, mais aussi sur vos relations. Explorons plus en profondeur comment ce schéma se manifeste et comment s'en libérer.

Le besoin d'être avec l'autre: La fusion émotionnelle peut vous amener à sentir que vous êtes incomplet sans la présence du partenaire. Votre estime de soi et votre sens de l'identité peuvent devenir profondément liés à la relation, au point où vous perdez de vue qui vous êtes vraiment. Dans cet état, vous pouvez avoir l'impression que vous ne pouvez pas exister sans l'autre, perdant la capacité de distinguer vos propres besoins de ceux du partenaire.

La disparition des passions personnelles: Un aspect préoccupant de la fusion émotionnelle est la tendance à négliger ses propres passions, intérêts et auto-soins. Tandis que vous donnez la priorité à la relation, vos propres besoins et désirs personnels peuvent passer au second plan. Cela entraîne non seulement une diminution de l'estime de soi, mais limite également votre croissance personnelle et le développement de vos propres compétences et talents.

Le manque de limites: Dans la fusion émotionnelle, les limites entre vous et le partenaire peuvent devenir floues. Vous pouvez avoir du mal à définir et à maintenir des limites saines, permettant aux besoins du partenaire de dominer les vôtres. Ce manque de limites peut entraîner du ressentiment et une sensation d'étouffement dans la dynamique de la relation.

L'impact sur la relation: Bien que la fusion émotionnelle puisse initialement sembler une forme de connexion profonde, elle crée souvent un cycle vicieux. À mesure que vous perdez votre propre individualité et que vous donnez la priorité aux besoins du partenaire, vous pouvez commencer à ressentir un mécontentement croissant et un vide. Cela peut ensuite conduire à une recherche encore plus intense de proximité émotionnelle avec le partenaire, alimentant davantage la fusion et perpétuant le cycle.

Cultiver l'indépendance émotionnelle: Le parcours pour surmonter la fusion émotionnelle implique de retrouver sa propre identité et de cultiver l'indépendance émotionnelle. Cela nécessite la reconstruction d'une relation saine avec soi-même, le développement d'intérêts personnels et la pratique de l'établissement de limites préservant votre individualité. En agissant ainsi, vous pouvez participer à des relations plus équilibrées, où les deux partenaires grandissent et se développent individuellement tout en profitant également de la connexion émotionnelle mutuelle.

La voie de l'intimité saine: La véritable intimité et connexion sont construites sur un socle de respect mutuel, de compréhension et d'espace pour la croissance individuelle. Apprendre à équilibrer l'union émotionnelle tout en préservant l'individualité est essentiel pour des relations saines et durables. En travaillant à surmonter la fusion émotionnelle, vous faites un pas significatif vers une vie plus authentique, épanouie et indépendante.

Jalousie et insécurité

Les sentiments intenses de jalousie et d'insécurité sont des caractéristiques définissant la dépendance émotionnelle, souvent enracinées dans des croyances autodestructrices et des peurs profondes. Comprendre la relation entre ces émotions et la dépendance est essentiel pour briser le cycle nocif et cultiver des relations plus saines et équilibrées.

La racine de l'insécurité: Les sentiments d'insécurité ont souvent leurs racines dans une estime de soi ébranlée et des expériences passées qui ont pu causer des traumatismes émotionnels. Croire que vous ne méritez pas d'amour et d'attention peut conduire à un sentiment constant d'inadéquation et d'anxiété dans les relations. L'insécurité peut également découler d'expériences antérieures de rejet, créant un cycle d'autoprotection qui renforce la dépendance émotionnelle.

La dynamique de la jalousie: La jalousie est souvent un symptôme clair de la dépendance émotionnelle. Elle survient lorsque vous craignez de perdre votre partenaire, croyant que votre survie émotionnelle est liée à cette personne. La jalousie excessive peut conduire à une surveillance constante du partenaire, à une quête obsessionnelle de preuves de trahison et à un sentiment continu d'anxiété. Ces comportements peuvent être très préjudiciables pour la relation et aggraver davantage la dynamique de dépendance.

La spirale du contrôle: La jalousie mène souvent à des comportements de contrôle, où vous essayez d'exercer un contrôle sur le partenaire comme moyen d'apaiser vos propres peurs et insécurités. Cela peut inclure la surveillance des activités du partenaire, l'insistance pour connaître tous les détails de ses interactions, voire même essayer d'isoler le partenaire des autres personnes. Ces comportements sapent non seulement la confiance dans la relation, mais perpétuent également la dynamique de dépendance.

Reconnaître et aborder les émotions: Reconnaître et aborder les sentiments de jalousie et d'insécurité est essentiel pour surmonter la dépendance émotionnelle. Cela nécessite une profonde introspection pour comprendre les croyances négatives qui alimentent ces émotions. En défiant ces croyances et en travaillant pour améliorer votre estime de soi, vous ouvrez la porte à une vie moins jalouse et moins insécurisée.

Construire la confiance et l'autonomie: Construire la confiance en soi et dans votre relation est essentiel pour surmonter la jalousie et l'insécurité. Cela implique de pratiquer l'autocompassion, de valoriser vos propres qualités et d'avoir confiance en votre mérite d'amour et de respect. Dans le même temps, il est important de cultiver la confiance en votre partenaire et de permettre à chacun de bénéficier d'un espace pour la croissance individuelle.

L'amour-propre comme antidote: Se libérer de la dépendance émotionnelle implique un processus profond de découverte de soi et d'amour-propre. En renforçant votre estime de soi, en défiant les croyances limitantes et en nourrissant des relations saines, vous vous dirigez vers l'indépendance émotionnelle. En affrontant la jalousie et l'insécurité de front, vous faites un pas important vers la création d'une vie plus équilibrée, authentique et enrichissante.

Besoin de contrôle

Le besoin de contrôle est un schéma courant parmi ceux qui luttent contre la dépendance émotionnelle, souvent enracinée dans la peur de l'abandon et la quête de sécurité. Comprendre les raisons derrière ce besoin et apprendre des façons saines de le gérer est essentiel pour briser le cycle de la dépendance et construire des relations plus équilibrées.

La peur de l'abandon: Le besoin de contrôle surgit souvent de la peur profonde de l'abandon. Si vous avez déjà fait face à des rejets ou à des pertes douloureuses par le passé, vous pouvez développer la croyance que si vous pouvez contrôler les actions et les émotions du partenaire, vous pourrez éviter d'être abandonné à nouveau. Cette peur de l'abandon peut créer un besoin insatiable de contrôle pour tenter de maintenir la sécurité de la relation.

Le cercle vicieux du contrôle et de l'insécurité: Ironiquement, le besoin de contrôle alimente souvent encore plus l'insécurité. Plus vous essayez de contrôler le comportement du partenaire, plus vous montrez votre propre insécurité et peur. Cela peut conduire à un cercle vicieux dans lequel le besoin de contrôle génère plus d'insécurité, ce qui exige à son tour encore plus de contrôle.

Les limites subtiles entre le soin et le contrôle: Il est important de faire la distinction entre le désir légitime de prendre soin et le besoin de contrôle. Le véritable soin implique le soutien, le respect et la préoccupation pour le bien-être du partenaire, tandis que le besoin de contrôle tente de manipuler le comportement du partenaire pour satisfaire vos propres insécurités. Reconnaître ces limites est crucial pour construire une relation saine et équilibrée.

Le piège des comportements contrôlants: Les comportements contrôlants peuvent se manifester de diverses manières, depuis la surveillance constante de la localisation du partenaire jusqu'à l'imposition de demandes strictes sur la façon dont le temps est dépensé. Ces comportements sapent la confiance mutuelle, limitent la liberté individuelle et créent un climat de tension constante. Le partenaire se sent souvent étouffé et piégé dans une relation où son autonomie est compromise.

Se détacher du besoin de contrôle: Se détacher du besoin de contrôle est une étape cruciale pour surmonter la dépendance émotionnelle. Cela implique une profonde introspection pour comprendre les origines de ce besoin, ainsi que l'engagement à développer la confiance en soi et dans les relations. En permettant au partenaire d'avoir de l'espace pour être lui-même et en ayant confiance en votre propre capacité à faire face aux défis, vous créez un environnement plus sain pour la croissance mutuelle.

Construire des relations basées sur la confiance: Construire des relations saines nécessite la création d'une confiance mutuelle, du respect et de l'espace pour l'individualité. En travaillant à libérer le besoin de contrôle, vous vous dirigez vers l'indépendance émotionnelle. Cela vous permet non seulement de vivre la liberté d'être qui vous êtes, mais aussi de permettre à vos relations de prospérer sur la base de la confiance et du respect mutuels. En libérant le besoin de contrôle, vous ouvrez les portes vers une vie plus authentique, gratifiante et équilibrée.

Tendance aux relations toxiques

La tendance à s'impliquer dans des relations toxiques est un symptôme crucial de la dépendance émotionnelle, souvent enracinée dans des croyances autodestructrices et des schémas appris au fil du temps. Comprendre cette dynamique est vital pour briser le cycle de la dépendance et construire des relations saines et gratifiantes.

Attraction pour des schémas connus: La tendance à s'impliquer de manière répétée dans des relations toxiques peut résulter de schémas que vous avez appris tout au long de votre vie. Si vous avez grandi dans un environnement où les dynamiques dysfonctionnelles étaient courantes, vous avez peut-être intériorisé ces schémas comme étant normaux. Par conséquent, vous pouvez vous sentir plus à l'aise dans des relations qui reproduisent ces schémas, même si elles sont nocives.

La dynamique alimentée par la dépendance: Les relations toxiques alimentent souvent davantage la dépendance émotionnelle. La dynamique dysfonctionnelle, telle que le cycle de l'abus émotionnel, peut renforcer la croyance que vous ne méritez ni amour ni respect, perpétuant ainsi les sentiments d'insécurité. Ces relations peuvent sembler émotionnellement intenses, mais elles sont souvent construites sur la recherche de validation externe et la perte progressive de votre propre identité.

Le cercle vicieux de l'estime de soi: La tendance à s'impliquer dans des relations toxiques est souvent le reflet d'une estime de soi altérée. Vous pouvez inconsciemment croire que vous ne méritez que des relations qui valident votre manque d'estime de soi. Cela crée un cercle vicieux où vous cherchez la validation dans les relations, mais la dynamique toxique alimente encore plus la faible estime de soi.

Rompre le cycle: Rompre le cycle des relations toxiques commence par la connaissance de soi et la volonté de changer des schémas enracinés. Cela implique une analyse approfondie de vos croyances sur les relations, l'estime de soi et l'amour-propre. En identifiant et en remettant en question ces croyances négatives, vous posez les bases pour choisir des relations plus saines et constructives.

Cultiver l'estime de soi et l'amour-propre: Cultiver l'estime de soi et l'amour-propre est essentiel pour rompre la tendance aux relations toxiques. En développant une vision plus positive de vous-même et en vous engageant à prioriser votre bien-être, vous êtes mieux à même de reconnaître et d'éviter les relations nocives. Cela protège non seulement votre santé émotionnelle, mais crée également de l'espace pour des relations basées sur le respect mutuel et la croissance.

Choix conscients: En travaillant à surmonter la tendance aux relations toxiques, vous faites des choix conscients qui façonnent positivement votre vie. Cela signifie choisir des relations qui honorent votre individualité, respectent vos limites et contribuent à votre croissance personnelle. À mesure que vous développez la connaissance de soi, l'estime de soi et des compétences de communication saines, vous posez les bases pour des relations équilibrées et enrichissantes qui vous soutiennent dans votre cheminement vers l'indépendance émotionnelle.

Identifier quels schémas de dépendance émotionnelle s'appliquent à vous est crucial pour comprendre l'ampleur de leur influence dans votre vie. Il s'agit d'une étape cruciale pour établir une base solide pour surmonter la dépendance émotionnelle et entamer un processus de guérison, de croissance personnelle et de développement de relations plus saines.

Accepter l'importance de relever ce défi

Faire face à la dépendance émotionnelle est un défi qui exige du courage, de l'authenticité et un engagement envers soi-même. Souvent, la personne peut ressentir une résistance interne à admettre qu'elle fait face à cette dépendance, car cela peut impliquer de confronter des schémas de comportement profonds et inconfortables.

Accepter l'importance de ce défi est la première étape vers la croissance personnelle et la libération de cette dépendance. C'est reconnaître que nous méritons des relations saines et une relation plus équilibrée avec nous-mêmes. Surmonter la dépendance émotionnelle ne signifie pas que nous ne pouvons pas chercher un soutien émotionnel ou de l'affection dans nos relations, mais plutôt que nous ne devrions pas baser notre estime de soi et notre bonheur exclusivement sur elles.

Tout au long de ce livre, nous explorerons des stratégies pour vous aider à vous libérer de la dépendance émotionnelle et développer une relation plus saine avec vous-même. Rappelez-vous que c'est un processus continu et que le chemin vers l'amour-propre et l'indépendance émotionnelle est gratifiant et transformateur.

2
ACCEPTATION ET CONNAISSANCE DE SOI

Nos racines façonnent nos branches, mais c'est à nous de décider comment fleurir.

La dépendance émotionnelle est un labyrinthe complexe d'émotions et de comportements souvent enracinés dans des expériences, des croyances et des schémas développés au fil de la vie. Démystifier les origines de cette dépendance est essentiel pour comprendre comment elle s'est formée et comment nous pouvons commencer à rompre les liens qui nous retiennent. Dans ce chapitre, nous plongerons profondément dans l'exploration des causes possibles de la dépendance émotionnelle, de l'importance de réfléchir sur les expériences passées et les relations, et du rôle critique que l'estime de soi et l'image de soi jouent dans ce scénario complexe.

Exploration des causes possibles de la dépendance émotionnelle

La dépendance émotionnelle ne surgit pas de nulle part; elle a des racines profondes souvent enracinées dans les expériences passées, les croyances internalisées et les schémas comportementaux appris au fil du temps. Comprendre ces causes potentielles est essentiel pour démystifier les origines de la dépendance et entamer un processus de guérison et de transformation.

L'influence de l'enfance

L'enfance est une période cruciale de formation où se posent les bases de votre personnalité, de vos croyances et de vos schémas relationnels. Les premières années de vie sont un terreau fertile pour la graine de la dépendance émotionnelle, car c'est à ce moment-là que vous commencez à apprendre ce qu'est l'amour, la sécurité et la connexion émotionnelle. La qualité des interactions avec les principaux aidants, tels que les parents ou les figures d'autorité, joue un rôle central dans la formation de vos perceptions des relations et de votre estime de soi.

L'apprentissage par la modélisation: Pendant l'enfance, vous êtes une éponge émotionnelle, absorbant activement les comportements, les attitudes et les modes relationnels qui vous entourent. Si vous avez grandi dans un environnement où les démonstrations d'amour étaient rares, où les conflits étaient résolus de manière préjudiciable ou où les figures d'autorité étaient incohérentes dans leur soutien émotionnel, il est probable que vous ayez intériorisé ces schémas comme étant normaux.

Attachement et besoins non satisfaits: Les relations émotionnelles établies dans l'enfance posent les bases de la façon dont vous interagirez avec les autres tout au long de votre vie. Si vos besoins émotionnels de base, tels que l'amour, les soins et l'attention, n'ont pas été adéquatement satisfaits dans l'enfance, cela peut créer un vide émotionnel. Ce vide peut devenir une motivation puissante pour chercher à combler ce vide dans les relations adultes, même si cela signifie rechercher une approbation excessive ou sacrifier vos propres besoins.

Création de schémas relationnels: La façon dont vous interagissez avec les autres à l'âge adulte reflète souvent les schémas relationnels enracinés dans l'enfance. Si vous avez grandi dans un environnement de dépendance émotionnelle, il est probable que vous ayez appris à associer l'amour et la sécurité à la quête désespérée d'approbation et de validation des autres. Ces schémas peuvent être reproduits dans les relations futures, entraînant une tendance continue à placer les besoins des autres au-dessus des vôtres.

Le cycle de la répétition: Une fois que les schémas relationnels de l'enfance sont intériorisés, il peut être difficile de les changer. Cependant, la prise de conscience est la première étape pour briser le cycle de la dépendance émotionnelle. Reconnaître que vous répétez des schémas appris dans l'enfance vous permet de prendre des décisions conscientes pour créer des relations plus saines et équilibrées.

Recherche de guérison des vieilles blessures: La recherche de relations qui peuvent guérir les blessures émotionnelles de l'enfance est une dynamique courante. Vous pouvez rechercher inconsciemment qu'un partenaire comble le vide laissé par les besoins non satisfaits de l'enfance. Cependant, cette quête de guérison externe conduit souvent à des relations déséquilibrées et malsaines, où vous devenez excessivement dépendant de l'autre pour combler un vide qui ne peut être véritablement comblé que par vous-même.

Reconnaître l'influence de l'enfance sur la formation de la dépendance émotionnelle est une étape vitale dans l'expérience de la découverte de soi et de la guérison. La prise de conscience de ces schémas enracinés vous permet de prendre des mesures pour rompre le cycle de la répétition et créer des relations plus saines. En comprenant que les besoins non satisfaits de l'enfance peuvent contribuer à une quête excessive de validation dans les relations adultes, vous vous donnez les moyens d'entamer le voyage vers l'autosuffisance émotionnelle et la création de relations équilibrées et enrichissantes.

Traumatismes et expériences passées

Les traumatismes émotionnels sont des blessures invisibles qui peuvent laisser des marques profondes dans la psyché, affectant vos émotions, comportements et perspectives sur les relations. Lorsque ces expériences douloureuses surviennent, notamment dans l'enfance ou dans des moments de vulnérabilité, elles ont le pouvoir de façonner profondément votre manière de vous connecter avec les autres et votre recherche de validation et de sécurité.

L'impact durable de l'abus: L'abus émotionnel, physique ou sexuel laisse des cicatrices émotionnelles profondes qui peuvent se manifester par une quête désespérée de sécurité et de validation dans les relations. Le traumatisme de l'abus peut miner votre estime de soi, conduisant à des croyances négatives sur vous-même et renforçant l'idée que vous ne méritez pas un véritable amour. Cela peut entraîner des schémas de dépendance émotionnelle, où vous cherchez désespérément la validation chez les autres pour compenser son absence en vous-même.

Le pouvoir de l'abandon: L'abandon, qu'il soit physique ou émotionnel, peut créer une profonde peur de la solitude et du rejet. Cette expérience peut conduire à un besoin insatiable de connexion et de validation dans les relations. La recherche de soulagement de la douleur de l'abandon peut aboutir à une dépendance émotionnelle, car vous vous sentez obligé de vous accrocher à toute relation qui semble offrir la possibilité d'éviter la solitude.

Faire face à des pertes significatives: Les pertes significatives, telles que la mort d'un être cher ou la fin d'une relation importante, peuvent ébranler profondément votre estime de soi et votre sécurité émotionnelle. La dépendance émotionnelle surgit souvent comme une tentative de compenser cette perte, en cherchant la validation et la sécurité que vous estimez avoir perdues. En vous accrochant aux relations comme à une bouée de sauvetage émotionnelle, vous pouvez involontairement perpétuer des schémas de dépendance.

La quête de soulagement: Les traumatismes et les expériences passées peuvent vous laisser avec un désir intense de soulagement émotionnel. Vous pouvez inconsciemment rechercher des relations comme moyen d'échapper à la douleur du passé, espérant que l'amour et la validation externes remplissent le vide émotionnel laissé par les expériences traumatiques. Cette quête de soulagement émotionnel immédiat peut créer un cycle de dépendance, car vous devenez de plus en plus attaché à l'idée que vous ne pouvez vous sentir bien qu'à travers une autre personne.

Les traumatismes et les expériences passées ont le pouvoir de laisser une empreinte indélébile dans votre psyché. En reconnaissant l'influence de ces expériences sur vos besoins émotionnels et vos relations, vous pouvez commencer à remettre en question les schémas de dépendance qui peuvent en découler. Le chemin vers la guérison consiste à reconnaître que vous n'êtes pas défini par vos expériences passées, mais par la manière dont vous choisissez de les aborder dans le présent. En cherchant de l'aide, en développant la résilience émotionnelle et en cultivant une vision plus saine de vous-même, vous pavez la voie pour rompre avec les schémas de dépendance et construire des relations basées sur l'équilibre, le respect mutuel et l'autonomisation.

Croyances limitantes

Nos croyances sur nous-mêmes et sur l'amour forment la base de nos interactions émotionnelles et de nos relations. Ces croyances, souvent enracinées dans les expériences passées et les messages que nous recevons de notre environnement, ont un pouvoir profond sur notre perception de nous-mêmes et sur nos relations avec les autres. En ce qui concerne la dépendance émotionnelle, les croyances limitantes peuvent agir comme une lentille déformante qui façonne notre quête de validation externe.

Image de soi fragilisée: La façon dont vous vous percevez et la valeur que vous vous accordez peuvent être profondément affectées par des croyances limitantes. Si vous avez grandi en entendant des messages négatifs sur votre apparence, vos compétences ou votre valeur personnelle, il est probable que vous ayez intériorisé ces croyances. Une image de soi fragilisée peut conduire à une quête incessante de validation dans les relations, comme une tentative de compenser le manque d'estime de soi.

Le besoin d'amour externe: Les croyances limitantes conduisent souvent à l'idée qu'il est seulement possible de trouver l'amour et la validation en dehors de soi. Si vous croyez que vous ne méritez pas l'amour ou que vous n'avez de valeur que lorsqu'on vous aime, vous pouvez vous efforcer de combler ce vide émotionnel en recherchant l'approbation des autres. Cette quête constante de validation externe peut créer une dépendance émotionnelle, où vous placez le bonheur et la valeur personnelle entre les mains des autres.

Le cycle d'auto-sabotage: Les croyances limitantes peuvent créer un cycle d'auto-sabotage, où vos actions et choix renforcent ces mêmes croyances. Par exemple, si vous croyez que vous ne méritez pas l'amour, vous pouvez vous engager dans des relations qui ne sont pas saines, confirmant inconsciemment cette croyance. Cet auto-sabotage perpétue la dépendance émotionnelle, car vous continuez à chercher la validation dans des situations qui ne font que confirmer vos croyances négatives.

Rompre avec les croyances limitantes: Rompre avec les croyances limitantes est une expérience de découverte de soi et de guérison. Cela implique de remettre activement en question les croyances que vous entretenez à propos de vous-même et de l'amour. Posez-vous la question: ces croyances sont-elles basées sur des faits ou sont-elles le produit d'expériences passées? En identifiant les croyances négatives, vous pouvez commencer à les remplacer par des affirmations plus positives et réalistes.

Cultiver la bienveillance envers soi-même: La bienveillance envers soi-même joue un rôle fondamental dans le démantèlement des croyances limitantes. Traitez-vous avec gentillesse et compréhension, comme vous le feriez avec un ami cher. Reconnaissez que tout le monde a des failles et des imperfections, mais cela ne définit pas votre valeur. En cultivant la bienveillance envers vous-même, vous renforcez votre estime de soi et construisez une base solide pour des relations saines.

Les croyances limitantes façonnent votre récit personnel et votre approche des relations. Reconnaître le pouvoir de ces croyances est la première étape pour remettre en question et transformer la manière dont vous vous reliez à vous-même et aux autres. En remplaçant les croyances négatives par des affirmations positives, en pratiquant la bienveillance envers vous-même et en travaillant à construire une image de soi positive, vous redéfinissez votre récit personnel. Cela vous permet de construire des relations basées sur l'équilibre, le respect mutuel et l'amour de soi, plutôt que de dépendre de la validation externe pour votre bonheur et votre valorisation.

Réflexion sur les expériences passées et les relations ayant contribué à votre dépendance émotionnelle

Réfléchir sur vos expériences passées et vos relations est un voyage profond vers la connaissance de soi. En examinant les relations qui ont façonné votre vision de l'amour et de la connexion, vous pouvez commencer à identifier des schémas récurrents et des moments qui ont influencé votre dépendance émotionnelle.

Identification des relations toxiques ou dysfonctionnelles

L'identification des relations toxiques ou dysfonctionnelles est une étape cruciale dans le processus de démystification des origines de la dépendance émotionnelle. Ces dynamiques préjudiciables agissent souvent comme un carburant pour la dépendance, maintenant des schémas qui renforcent la quête de validation externe. Reconnaître et comprendre ces relations est la première étape pour rompre avec ces schémas et commencer un chemin de découverte de soi et de guérison.

Signes de relations toxiques: Les relations toxiques ont souvent des signes clairs, mais ils peuvent être difficiles à reconnaître lorsque vous êtes émotionnellement impliqué. Certains signes de relations toxiques incluent des abus verbaux ou émotionnels, le manque de respect, la manipulation, la jalousie excessive et le contrôle. Faites attention aux dynamiques qui vous font vous sentir inadéquat, anxieux ou émotionnellement épuisé.

Schémas de dépendance: Les relations toxiques peuvent alimenter la dépendance émotionnelle de diverses manières. La manipulation et le contrôle peuvent vous faire croire que vous devez faire plus d'efforts pour gagner l'approbation de l'autre. Le manque de respect peut saper votre estime de soi, vous poussant à chercher une validation pour compenser ce manque. Identifier ces schémas est essentiel pour défier la dynamique de la dépendance.

Apprentissage par la réflexion: Regarder en arrière et réfléchir sur les relations qui auraient pu être toxiques ou dysfonctionnelles est un exercice puissant. Analysez comment ces relations ont affecté votre estime de soi, votre perception de l'amour et votre quête de validation. Rappelez-vous des situations spécifiques où vous vous êtes senti mal à l'aise, non respecté ou émotionnellement blessé.

Identification de schémas récurrents: En identifiant les relations toxiques ou dysfonctionnelles du passé, recherchez des schémas récurrents. Cela peut impliquer des schémas de comportement qui se répètent dans différentes relations. Par exemple, vous pouvez réaliser que vous cherchez toujours l'approbation des autres ou que vous tendez à vous impliquer avec des personnes qui ne respectent pas vos limites. Identifier ces schémas vous permet de prendre des mesures pour rompre le cycle.

Le pouvoir de la prise de conscience de soi: La prise de conscience de soi est la clé pour rompre avec les schémas toxiques. En reconnaissant les relations qui étaient préjudiciables, vous vous donnez le pouvoir de prendre des décisions plus saines à l'avenir. Libérez-vous de la croyance que vous avez besoin de validation à partir de relations nocives. Concentrez-vous sur le renforcement de votre estime de soi et la création de relations basées sur le respect mutuel, le soutien et la croissance saine.

Identifier et comprendre les relations toxiques ou dysfonctionnelles est une étape cruciale dans le parcours de démystification des origines de la dépendance émotionnelle. En reconnaissant les schémas préjudiciables qui ont pu contribuer à votre quête de validation externe, vous vous ouvrez à la possibilité de transformer vos relations et votre image de vous-même. En pratiquant la prise de conscience de soi, en établissant des limites saines et en recherchant des relations favorisant la croissance personnelle, vous brisez le cycle de la dépendance et construisez un avenir basé sur l'autonomie émotionnelle et la recherche de relations véritablement enrichissantes.

Analyse des relations de l'enfance

Les relations formées dans l'enfance sont les graines qui germent tout au long de la vie, façonnant votre vision de l'amour, de la sécurité et des interactions émotionnelles. Examiner et analyser les relations que vous avez eues pendant vos premières années, en particulier avec vos principaux soignants, est une étape profonde pour dévoiler les racines de la dépendance émotionnelle. En regardant en arrière, vous pouvez découvrir des schémas et des influences qui résonnent dans les relations actuelles et mieux comprendre les fondements de votre quête de validation externe.

Les principaux soignants: Vos principaux soignants, généralement vos parents ou les figures d'autorité les plus proches, ont un impact profond sur la façon dont vous comprenez et vivez les relations. Observez comment ils interagissaient entre eux et avec vous. Les modèles de relations basés sur l'amour, le respect et le soutien peuvent créer une base solide pour de futures relations saines. En revanche, des dynamiques dysfonctionnelles peuvent perpétuer des schémas de dépendance.

Satisfaction des besoins émotionnels: La manière dont vos besoins émotionnels ont été satisfaits dans l'enfance façonne votre perception de votre propre valeur et l'importance de rechercher la validation chez les autres. Si vous avez reçu un amour, une attention et un soutien émotionnel adéquats, vous êtes plus susceptible de développer une estime de soi saine et une compréhension équilibrée des relations. En revanche, les carences émotionnelles peuvent conduire à une recherche constante de validation externe.

Modèles d'attachement: La manière dont vous vous êtes attaché à vos principaux soignants établit des schémas initiaux d'attachement qui peuvent se refléter dans les relations futures. Si vous avez connu un attachement insécurisant, comme anxieux ou évitant, cela peut influencer votre tendance à rechercher une validation excessive ou à vous éloigner émotionnellement des autres. Reconnaître ces schémas est crucial pour rompre avec la dépendance.

Réflexions et perspectives: En examinant vos relations d'enfance, réfléchissez à la manière dont ces expériences peuvent avoir influencé vos attitudes et comportements actuels dans les relations. Posez-vous la question: y a-t-il des similitudes entre les dynamiques de mon enfance et mes relations actuelles? Comment ces relations ont-elles façonné mes croyances sur l'amour et la validation? Cette auto-réflexion peut fournir des perspectives précieuses sur les origines de la dépendance.

Transformation des schémas: Identifier les schémas d'attachement de l'enfance vous permet de prendre des mesures conscientes pour transformer votre approche des relations. En comprenant comment ces schémas ont été formés, vous vous donnez les moyens de défier la dépendance émotionnelle. Concentrez-vous sur le développement de l'estime de soi, l'établissement de limites saines et la recherche de relations basées sur le respect mutuel et la croissance personnelle.

Analyser les relations de l'enfance est un acte d'auto-exploration approfondi qui éclaire les origines de la dépendance émotionnelle. En comprenant comment vos premières expériences ont façonné votre vision des relations et de la validation, vous préparez le terrain pour un voyage de guérison et de découverte de soi. En rompant avec les schémas d'attachement qui ne vous servent plus, vous créez de l'espace pour construire des relations enrichissantes, basées sur l'amour-propre et la recherche de connexions saines et significatives.

Traumatismes passés et cycles répétitifs

Notre parcours émotionnel est souvent marqué par des événements traumatiques qui ont le pouvoir de façonner notre comportement au fil du temps. Identifier et comprendre ces traumatismes passés est essentiel pour démêler les cycles répétitifs qui peuvent alimenter la dépendance émotionnelle. En regardant le passé avec compassion et auto-acceptation, vous pouvez commencer à guérir ces blessures et créer de l'espace pour des relations plus saines et authentiques.

Traumatismes qui façonnent les comportements: Les traumatismes passés, qu'ils soient émotionnels, physiques ou psychologiques, ont le pouvoir de laisser des marques profondes dans notre psyché. Ces expériences traumatiques entraînent souvent des comportements d'auto-protection et d'adaptation qui peuvent influencer notre approche des relations. Par exemple, un traumatisme lié à l'abandon peut entraîner une recherche constante de validation pour éviter le sentiment de rejet.

Cycles répétitifs: Les traumatismes non résolus donnent souvent naissance à des cycles répétitifs de comportement. Par exemple, si vous avez connu des abus émotionnels dans une relation passée, vous pourriez vous retrouver à attirer de manière répétée des partenaires qui manifestent des comportements similaires. Ces cycles perpétuent la dépendance émotionnelle, car vous continuez à rechercher la validation dans des scénarios qui rappellent le traumatisme initial.

Regarder le passé avec compassion: Regarder le passé avec compassion est essentiel pour rompre avec les cycles répétitifs. Cela implique de reconnaître que vous n'êtes pas responsable des traumatismes que vous avez subis, mais que vous êtes responsable de la façon dont vous choisissez de les gérer maintenant. Accordez-vous la permission de ressentir vos émotions et de traiter ce qui s'est passé. Le parcours de guérison commence par l'acceptation et la confrontation des blessures passées.

Auto-acceptation et auto-soins: L'auto-acceptation est une partie cruciale du processus de guérison. Pardonnez-vous pour les choix faits en fonction de modèles de dépendance. Priorisez les soins personnels en créant un espace sûr pour exprimer vos émotions et rechercher du soutien lorsque cela est nécessaire. En prenant soin de vous-même, vous renforcez la confiance et la résilience nécessaires pour rompre avec les cycles répétitifs.

Rompre avec les schémas: En affrontant les traumatismes passés et les cycles répétitifs, vous rompez avec les schémas qui maintiennent la dépendance émotionnelle. Le voyage de guérison est une occasion de redéfinir la manière dont vous vous reliez à vous-même et aux autres. En construisant des relations basées sur l'authenticité, le respect mutuel et le soutien mutuel, vous créez un avenir dégagé du fardeau du passé.

Les traumatismes passés peuvent être des déclencheurs de la dépendance émotionnelle, mais ce sont aussi des opportunités de croissance et de guérison. En identifiant ces blessures, en explorant comment elles influencent vos schémas et en adoptant une approche de guérison, vous vous libérez des cycles répétitifs. Le chemin de l'auto-guérison n'est pas facile, mais il en vaut la peine pour atteindre la liberté émotionnelle et construire des relations basées sur l'authenticité et l'amour de soi.

Estime de soi et image de soi: Piliers de la dépendance émotionnelle

L'estime de soi et l'image de soi jouent un rôle puissant dans la dépendance émotionnelle. La façon dont vous vous percevez affecte directement votre relation aux autres et votre quête de validation externe. Réfléchir à la manière dont ces aspects de votre identité ont pu contribuer à la dépendance est essentiel pour construire une base plus solide pour l'indépendance émotionnelle.

L'estime de soi comme base

Une estime de soi saine est le fondement sur lequel des relations équilibrées et gratifiantes peuvent être construites. Lorsque vous vous valorisez et vous respectez, vous ne cherchez pas désespérément une validation externe pour combler un vide interne. Comprendre l'importance de l'estime de soi et travailler activement à la renforcer est une partie fondamentale du processus de dépassement de la dépendance émotionnelle.

L'estime de soi et la quête de validation: Votre estime de soi influence directement votre quête de validation dans les relations. Si votre estime de soi est faible, vous pouvez croire que vous avez besoin de l'amour et de l'approbation des autres pour vous sentir précieux. Cela peut conduire à des relations dans lesquelles vous vous sacrifiez, mettez les besoins des autres avant les vôtres et recherchez désespérément l'acceptation.

Examen des croyances limitantes: Souvent, la dépendance émotionnelle est enracinée dans des croyances limitantes à propos de vous-même. Examinez ces croyances et interrogez-les: croyez-vous que vous n'êtes pas digne d'amour? Que vous devez être parfait pour être aimé? Ces croyances autocritiques peuvent miner votre estime de soi et perpétuer la quête de validation externe.

Cultiver une estime de soi positive: Cultiver une estime de soi positive implique de reconnaître et de valoriser vos propres qualités, réalisations et compétences. Faites une liste de vos réussites et rappelez-vous des moments où vous avez surmonté des défis. Pratiquez l'autocompassion et traitez-vous avec la même gentillesse que vous le feriez avec un ami cher. Ces étapes contribuent à construire une base solide d'amour-propre.

Authenticité et relations saines: Une estime de soi saine vous permet d'entrer dans des relations depuis un lieu d'authenticité et de confiance. Vous n'avez pas besoin de vous modeler pour plaire aux autres ou de rechercher constamment une validation. Acceptez-vous avec vos imperfections et vos qualités. Les relations basées sur l'acceptation mutuelle sont plus susceptibles d'être saines et enrichissantes.

Renforcer l'estime de soi dans les relations: Une fois que vous avez renforcé votre estime de soi, il est essentiel de la maintenir dans les relations. Évitez de tomber dans le piège de dépendre excessivement de la validation du partenaire. Rappelez-vous que votre valeur n'est pas déterminée par les opinions des autres. Continuez à investir dans votre propre autonomie émotionnelle et dans le renforcement de l'amour-propre.

L'estime de soi est le fondement sur lequel des relations saines et équilibrées peuvent prospérer. En travaillant à développer une estime de soi positive, vous vous libérez du besoin désespéré de validation externe qui alimente la dépendance émotionnelle. Construisez une relation aimante et compatissante avec vous-même, et cette base solide vous permettra de construire des relations enrichissantes basées sur l'authenticité, le respect mutuel et la croissance mutuelle.

Défier les croyances limitantes

Les croyances limitantes concernant votre propre image peuvent être comme des chaînes invisibles qui vous retiennent dans les filets de la dépendance émotionnelle. Rompre avec ces idées négatives est une étape essentielle pour se libérer du besoin constant de validation externe. En défiant ces croyances et en cultivant une image de soi plus réaliste et positive, vous ouvrez la voie à une relation plus saine avec vous-même et avec les autres.

Identification des croyances limitantes: Les croyances limitantes sont comme des filtres à travers lesquels vous vous percevez et percevez le monde. Identifiez les pensées négatives que vous avez à propos de vous-même, telles que "je ne suis pas assez bon" ou "je ne mérite pas l'amour". Reconnaissez que ces croyances se construisent souvent au fil du temps et ne reflètent pas toujours la réalité.

Remise en question de la validité des croyances: Défier les croyances limitantes consiste à remettre en question leur validité. Recherchez des preuves contraires aux idées négatives que vous avez sur vous-même. Énumérez vos réalisations, les compliments que vous avez reçus et les moments où vous avez fait preuve de force et de résilience. Ces preuves peuvent contribuer à affaiblir le pouvoir des croyances limitantes.

Cultiver une image de soi positive: Cultiver une image de soi plus positive consiste à se concentrer sur vos vertus, vos qualités et vos réalisations. Faites une liste des choses que vous aimez en vous, de vos compétences et de vos caractéristiques positives. Travaillez à équilibrer les pensées négatives par des pensées positives et réalistes sur qui vous êtes.

Pratiquer l'autocompassion: Souvent, les croyances limitantes sont enracinées dans l'autocritique. Pratiquez l'autocompassion, qui consiste à vous traiter avec la même gentillesse et compassion que vous le feriez avec un ami cher. Au lieu de vous critiquer pour vos erreurs, acceptez vos lacunes comme faisant partie du parcours de croissance et d'apprentissage.

Intégration de la nouvelle image de soi: En travaillant à intégrer une image de soi plus réaliste et positive, vous commencez à vous libérer du besoin constant de validation externe. Votre estime de soi renforcée devient un bouclier contre les déclencheurs de la dépendance émotionnelle, vous permettant de construire des relations plus saines et authentiques.

Défier les croyances limitantes est un chemin vers l'autotransformation qui peut mener à la liberté émotionnelle. En reconnaissant le pouvoir de vos propres perceptions de vous-même et en travaillant pour cultiver une image de soi plus positive et réaliste, vous défaites les chaînes qui maintiennent la dépendance émotionnelle. Cette transformation interne améliore non seulement votre relation avec vous-même, mais crée également de l'espace pour des connexions plus authentiques et saines avec les autres.

Construire l'estime de soi et la confiance en soi

La construction de l'estime de soi et de la confiance en soi est une expérience continue et transformative qui vous ramène à votre pouvoir intérieur. Cette marche implique une série de pratiques et d'approches qui aident à nourrir votre relation avec vous-même, à célébrer vos réalisations et à créer une vie alignée sur vos valeurs et désirs. À mesure que vous renforcez votre estime de soi et votre confiance en vous, vous devenez moins dépendant de la validation externe et plus apte à développer des relations saines et équilibrées.

L'auto-compassion comme base: L'auto-compassion est la base sur laquelle l'estime de soi et la confiance en soi s'épanouissent. Traitez-vous avec gentillesse, compréhension et patience, quelles que soient les circonstances. En vous traitant avec la même compassion que vous auriez pour un ami cher, vous créez un environnement interne d'acceptation et d'amour.

Célébrer vos réalisations: Célébrez chaque réalisation, peu importe sa petitesse. Reconnaissez vos réussites, même celles qui semblent anodines. Chaque pas vers la croissance personnelle et le dépassement de la dépendance émotionnelle mérite d'être reconnu. Ces victoires cumulées renforcent votre estime de soi et votre confiance en vous.

Une vie alignée sur les valeurs: Construisez une vie qui reflète vos valeurs, vos intérêts et vos passions. En faisant des choix alignés avec qui vous êtes vraiment, vous renforcez votre identité et votre sens du but. Cela renforce non seulement votre estime de soi, mais crée aussi un espace où des relations authentiques peuvent s'épanouir.

Les défis comme opportunités: Affrontez les défis comme des opportunités de croissance et d'apprentissage. Chaque obstacle surmonté accroît votre confiance en vous et prouve votre résilience. Souvenez-vous que surmonter les difficultés est une façon puissante de renforcer votre image de vous et de montrer que vous êtes capable d'affronter l'inconnu.

Cultiver des relations saines: En renforçant votre estime de soi et votre confiance en vous, vous créez une base solide pour des relations saines. Les relations basées sur l'amour-propre sont plus équilibrées et gratifiantes. Vous êtes plus capable d'établir des limites saines, d'exprimer vos besoins et d'attirer des personnes qui valorisent l'authenticité.

Explorer les origines de la dépendance émotionnelle est un voyage profond vers la connaissance de soi. En identifiant les causes potentielles, en réfléchissant aux expériences passées et en comprenant l'influence de l'estime de soi et de l'image de soi, vous pavez la voie de la transformation personnelle. L'indépendance émotionnelle n'est pas une destination finale, mais un chemin continu de croissance, de découverte de soi et de construction de relations saines. En mettant en lumière les racines de la dépendance, vous vous donnez les moyens de créer une nouvelle narration, où l'amour de soi, l'auto-acceptation et des relations équilibrées occupent le devant de la scène.

3
CULTIVER L'AMOUR-PROPE

Soyez votre propre jardinier et observez l'amour-propre fleurir.

L'amour-propre est une force puissante agissant comme un antidote contre la dépendance émotionnelle. Dans ce chapitre, nous explorerons l'importance fondamentale de l'amour-propre dans le parcours vers la surmontée de la dépendance. Nous fournirons des astuces pratiques pour développer une estime de soi saine et partagerons des pratiques d'auto-soin et d'appréciation de soi qui vous guideront vers l'autonomie émotionnelle.

L'importance de l'amour-propre dans la surmontée de la dépendance émotionnelle

L'amour-propre émerge comme un phare d'espoir et de force sur le chemin de la surmontée de la dépendance émotionnelle. Il ne fournit pas seulement une base solide pour la santé émotionnelle, mais il est également la clé qui ouvre la voie à des relations équilibrées et authentiques. Voici pourquoi l'amour-propre est vital dans ce parcours :

Réduction du besoin de validation externe

Imaginez l'amour-propre comme une lumière interne, une flamme ardente d'autonomie émotionnelle éclairant le chemin vers la liberté. Lorsque cette flamme s'allume, une transformation subtile se produit en vous, un changement de perspective qui modifie fondamentalement la façon dont vous interagissez avec vous-même et avec le monde qui vous entoure.

La lumière intérieure de l'amour-propre: L'amour-propre est plus qu'un simple concept; c'est une source interne de validation qui transcende les opinions des autres. Lorsque vous vous aimez et vous valorisez, cette lumière intérieure brille intensément, éclairant chaque recoin de votre estime de soi. Cette lumière est la force motrice derrière l'autonomie émotionnelle, vous permettant de vous affranchir de la quête incessante de validation externe.

Transformation de la dépendance en autonomie: En nourrissant votre amour-propre, vous commencez à vous libérer des chaînes de la dépendance émotionnelle. Le besoin constant de validation externe perd de son intensité, car vous portez déjà la validation en vous. Cette transformation est révolutionnaire: vous cessez d'être un vase vide à remplir avec les opinions et les approbations des autres. Au contraire, vous devenez un récipient plein, complet en vous-même.

Défier le piège de la dépendance: La recherche incessante d'approbation des autres est un piège dans lequel beaucoup tombent involontairement. Le besoin de validation externe vous plonge dans un cycle incessant d'anxiété et d'incertitude. Cependant, à mesure que vous cultivez l'amour-propre, le piège de la dépendance perd de sa force. Vous réalisez que vous méritez l'amour et l'acceptation, indépendamment des opinions d'autrui.

Relations équilibrées et saines: Lorsque le besoin de validation externe diminue, vous êtes libre de vous engager dans des relations plus équilibrées et saines. Il n'y a plus cette pression constante de plaire aux autres pour se sentir bien avec vous-même. Au lieu de cela, vous entrez dans les relations à partir d'un lieu de estime de soi et de confiance, contribuant à une dynamique de respect mutuel et de croissance conjointe.

L'amour-propre est la clé qui libère l'autonomie émotionnelle, vous affranchissant de l'emprisonnement de la dépendance émotionnelle. À mesure que le besoin de validation externe diminue, vous devenez le maître de votre bonheur et de votre contentement. Vous devenez le gardien de votre lumière intérieure, la flamme qui vous guide vers un voyage de découverte de soi et de transformation. À chaque pas vers l'amour-propre, vous vous rapprochez de la liberté émotionnelle et d'une connexion plus authentique avec vous-même et avec les autres.

Établissement de limites sains

L'amour-propre nous permet non seulement de nous aimer, mais nous donne aussi le courage de créer un espace sûr et sain dans nos relations grâce à l'établissement de limites. Imaginez ces limites comme des clôtures soigneusement construites autour de votre jardin émotionnel, protégeant vos fleurs les plus précieuses et précieuses.

Amour-propre: Lorsque vous vous aimez, vous vous valorisez et vous vous respectez, l'établissement de limites sains devient une expression naturelle de cet amour. Les limites ne sont pas des barrières qui vous isolent des autres; ce sont les fondations des relations qui favorisent le respect mutuel et la croissance. L'amour-propre vous donne le courage de dire "non" quand c'est nécessaire et de protéger votre énergie émotionnelle.

Protéger votre dignité et votre bien-être: Les limites saines sont un puissant moyen de protéger votre dignité et votre bien-être émotionnel. Lorsque vous vous valorisez, vous ne permettez pas aux autres de franchir la ligne du respect et du traitement approprié. Vous reconnaissez que vous méritez d'être traité avec gentillesse, considération et respect, et vous refusez d'accepter des relations qui compromettent ces principes fondamentaux.

Créer de l'espace pour une croissance mutuelle: En définissant des limites claires, vous créez de l'espace pour une croissance mutuelle dans les relations. Cela permet aux deux parties de s'exprimer, de partager leurs besoins et leurs désirs, et de travailler ensemble pour trouver des solutions bénéfiques pour tous. Les limites ne séparent pas; elles créent un terrain fertile où la confiance et la connexion peuvent s'épanouir.

Liberté d'être authentique: Les limites saines offrent également la liberté d'être authentique. Vous n'avez pas besoin de vous soumettre à des situations inconfortables ou de compromettre vos valeurs pour plaire aux autres. À partir de cette base d'amour-propre, vous pouvez exprimer vos opinions, dire "non" quand c'est nécessaire et rester fidèle à qui vous êtes réellement.

L'établissement de limites saines est un acte profond d'amour-propre et d'auto-soin. C'est une affirmation de votre dignité, de votre respect et de votre valeur personnelle. En créant des frontières claires, vous favorisez des relations basées sur les piliers de la communication ouverte, du respect mutuel et de la croissance commune. Chaque limite établie est un rappel puissant que vous méritez des relations qui nourrissent votre âme, respectent vos émotions et célèbrent votre authenticité. Avec l'amour-propre comme guide, vous créez des relations qui sont des sources de soutien, de joie et de croissance.

Promotion de l'authenticité

L'amour-propre est la clé qui ouvre la porte de l'authenticité. Imaginez cette porte s'ouvrir pour révéler votre véritable essence, libre des couches de prétentions et de masques que vous auriez pu porter pour plaire aux autres.

L'amour-propre comme pont vers l'authenticité: Quand vous vous aimez, vous vous acceptez et vous vous valorisez, le courage d'être authentique émerge naturellement. L'amour-propre est la base qui soutient ce courage, vous permettant d'embrasser qui vous êtes vraiment, sans craindre le rejet ou le jugement. Il murmure le message que vous méritez l'amour et le respect, exactement tel que vous êtes.

Se libérer des masques de la conformité: La recherche d'approbation externe nous pousse souvent à porter des masques pour nous conformer aux attentes des autres. L'amour-propre est la clé pour enlever ces masques, révélant votre véritable identité en dessous. Vous cessez de prétendre être quelqu'un que vous n'êtes pas, permettant à vos connexions d'être basées sur la vérité, et non sur l'illusion.

Relations authentiques et profondes: En entrant dans des relations avec authenticité, vous créez un espace pour des connexions authentiques et profondes. Les personnes autour de vous n'ont pas besoin de deviner qui vous êtes; elles peuvent voir, ressentir et se connecter avec la véritable essence de votre personnalité. Ces connexions sont enrichissantes et significatives, car elles sont basées sur une appréciation mutuelle de l'authenticité.

Attirer ceux qui vous valorisent: En embrassant qui vous êtes, vous attirez naturellement des personnes qui valorisent et respectent cette authenticité. Vous n'avez pas besoin de vous efforcer de plaire ou d'impressionner, car ceux qui viennent vers vous le font parce qu'ils apprécient votre véritable essence. Cela crée un cercle vertueux où les relations basées sur le respect et l'appréciation s'épanouissent.

L'authenticité est un cadeau inestimable que l'amour-propre vous offre. Quand vous vous aimez, vous devenez assez audacieux pour vous débarrasser des masques et montrer au monde qui vous êtes vraiment. Les connexions que vous créez sont fondées sur la vérité, la compréhension mutuelle et le respect. Avec l'amour-propre comme votre guide, vous n'embrassez pas seulement votre propre authenticité, mais vous inspirez aussi les autres à en faire de même. Dans un monde qui valorise souvent la conformité, votre authenticité est une lumière brillante qui éclaire le chemin vers des relations plus profondes, plus réelles et plus significatives.

Développement de la résilience

L'amour-propre est une armure émotionnelle qui renforce votre résilience et votre capacité à faire face aux défis avec courage et confiance. Imaginez-le comme un bouclier qui protège votre estime de soi des critiques et des rejets externes.

Amour-propre: Lorsque vous construisez votre amour-propre, vous créez des bases solides pour la résilience. Votre estime de soi ne dépend pas de l'opinion des autres; elle est plutôt enracinée dans votre propre perception positive de vous-même. Cela vous donne la capacité de relever les défis sans être ébranlé par l'incertitude externe.

Amortir les coups émotionnels: La résilience que l'amour-propre offre ne signifie pas que vous êtes immunisé contre la douleur. Cependant, votre confiance en vous agit comme un amortisseur contre les coups émotionnels. Vous pouvez faire l'expérience de rejets, de critiques ou d'adversités, mais votre foi en vous vous permet de maintenir votre dignité et votre estime de soi intactes.

Confiance au milieu de l'adversité: L'amour-propre est la voix intérieure qui chuchote: "Vous êtes assez fort pour faire face à cela." Lorsque vous cultivez cette confiance interne, affronter les défis devient moins effrayant. Vous savez que vous êtes capable de faire face aux difficultés, d'apprendre d'elles et de continuer à progresser.

Apprentissage et croissance personnelle: La résilience cultivée par l'amour-propre crée un terrain fertile pour l'apprentissage et la croissance personnelle. Au lieu d'être abattues par les adversités, les personnes résilientes les voient comme des opportunités pour se fortifier. Avec l'amour-propre comme votre boussole, vous vous lancez dans de nouveaux défis avec une attitude de curiosité et de détermination.

L'amour-propre est plus qu'une simple formule; c'est un outil puissant pour surmonter la dépendance émotionnelle. En construisant une relation aimante avec vous-même, vous pavez la voie vers des relations plus saines, équilibrées et authentiques avec les autres. L'amour-propre est le portail qui vous mènera de la nécessité constante de validation externe à l'autosuffisance émotionnelle. À chaque pas vers l'amour-propre, vous vous rapprochez de la liberté émotionnelle que vous avez toujours méritée.

Comment développer une estime de soi saine

Construire une estime de soi saine est une expérience continue de découverte de soi et de transformation. Voici des pratiques pour renforcer votre estime de soi:

Pratiquez l'autocompassion

L'autocompassion est un acte d'amour-propre qui consiste à se traiter avec la même gentillesse et le même soin que vous le feriez pour un ami cher. C'est un rappel constant que vous êtes humain, digne d'amour et d'acceptation, et que vous êtes en chemin vers la croissance et l'apprentissage.

Compassion: Souvent, nous sommes nos critiques les plus sévères. L'autocompassion est un antidote à l'autocritique, vous permettant de vous offrir le même type de compassion que vous offririez à un ami traversant des difficultés. Cela implique de reconnaître votre douleur, vos luttes et vos imperfections avec une attitude de soin et de gentillesse.

Se rappeler de votre humanité: L'autocompassion est un rappel de votre propre humanité. Vous êtes humain et sujet à commettre des erreurs, à affronter des défis et à avoir des moments difficiles. En vous souvenant de cela, vous pouvez abandonner les attentes irréalistes de perfection et embrasser vos expériences avec compassion.

Remplacer l'autocritique par l'autocompassion: Lorsque la voix interne de l'autocritique se fait entendre, l'autocompassion est le contrepoids nécessaire. Au lieu de vous réprimander pour vos échecs ou vos erreurs, vous reconnaissez votre douleur et offrez des mots d'encouragement. Cela crée un environnement émotionnel plus chaleureux et positif pour votre développement.

L'autocompassion comme pilier de l'amour-propre: L'autocompassion est l'un des piliers de l'amour-propre. Elle renforce l'idée que vous méritez de la tendresse, même lorsque vous faites des erreurs ou que vous êtes confronté à des défis. Cette croyance nourrit votre estime de soi et renforce votre lien avec vous-même.

L'autocompassion est un acte d'amour-propre qui nourrit votre âme et enrichit votre parcours. En vous traitant avec gentillesse, vous construisez une relation plus saine avec vous-même. La pratique de l'autocompassion soulage non seulement votre voyage vers l'autosuffisance émotionnelle, mais elle établit également un exemple puissant de la façon dont vous devez vous traiter en toutes circonstances. Rappelez-vous que l'autocompassion n'est pas un signe de faiblesse, mais plutôt un témoignage de votre force et de votre sagesse intérieures.

Célébrez vos réussites

Célébrer vos réussites, peu importe à quel point elles semblent petites, est une partie vitale de la construction de l'amour-propre et de l'autosuffisance émotionnelle. Chaque étape que vous faites vers votre croissance mérite d'être reconnue et célébrée. Dans ce sujet, nous explorerons l'importance de célébrer vos victoires, comment le faire et comment cette pratique renforce votre relation avec vous-même.

Reconnaître le parcours de croissance: Souvent, nous sommes tellement concentrés sur les objectifs finaux que nous oublions de reconnaître les progrès que nous faisons en chemin. Célébrer vos réussites est une manière d'honorer le parcours de la croissance, en se rappelant que chaque étape, peu importe à quel point elle est petite, est une pièce essentielle dans le puzzle de votre développement personnel.

L'importance des petites victoires: Les grandes victoires sont souvent composées de nombreuses petites victoires. Reconnaître et célébrer les petites réussites crée un sentiment d'accomplissement continu, vous maintenant motivé et enthousiaste à propos de votre histoire. Cette pratique aide également à construire une image de soi positive et à renforcer votre estime de soi.

Garder une trace de vos réalisations: Tenir un registre de vos réussites est une façon tangible de suivre votre croissance au fil du temps. Notez vos réalisations, grandes et petites, dans un journal ou un endroit spécial. Lorsque vous vous sentez découragé, vous pouvez revenir à ces enregistrements pour vous rappeler à quel point vous avez déjà accompli.

Chaque pas est une victoire: Comprenez que chaque pas que vous faites vers la croissance est une victoire précieuse. Ne vous comparez pas aux autres ou ne minimisez pas vos réalisations. Chaque fois que vous relevez un défi, que vous apprenez quelque chose de nouveau ou que vous surmontez un obstacle, vous progressez vers une version plus forte et plus confiante de vous-même.

Célébrer vos réussites est une façon de reconnaître votre propre parcours et d'honorer l'effort que vous mettez dans votre croissance personnelle. Chaque fois que vous célébrez vos victoires, vous renforcez votre estime de soi, renforcez votre amour-propre et réaffirmez votre détermination à aller de l'avant. Sachez que votre progrès est unique et digne de célébration, peu importe la taille de vos réussites. Chaque pas que vous faites est un témoignage de votre engagement envers vous-même et du pouvoir transformateur de l'amour-propre.

Les affirmations positives

Les affirmations positives sont un puissant outil pour transformer vos pensées et renforcer votre estime de soi. Elles peuvent être comme un miroir renvoyant vers vous des messages d'amour, d'acceptation et d'autonomisation.

Le pouvoir des mots: Nos pensées et nos paroles ont un impact significatif sur notre psychologie et notre comportement. Les affirmations positives sont des déclarations intentionnelles qui façonnent nos croyances et influencent nos attitudes. Elles ont le pouvoir de reprogrammer les schémas de pensée négatifs et de renforcer une perspective plus positive de nous-mêmes.

Construire une image de soi positive: Les affirmations positives sont comme des graines que nous plantons dans notre esprit. En répétant régulièrement des phrases telles que "Je suis digne d'amour et de bonheur", vous cultivez une image de soi plus positive et saine. Ces paroles d'autonomisation deviennent une partie intrinsèque de votre dialogue interne, influençant comment vous vous voyez et comment vous interagissez avec vous-même.

Remplacer les pensées négatives: Les affirmations positives sont un outil efficace pour remplacer les pensées négatives qui nous sabotent souvent. Lorsque vous vous surprenez à penser de manière critique à votre sujet, vous pouvez interrompre ce schéma en récitant des affirmations positives. Cela aide à orienter votre esprit vers un espace plus aimant et constructif.

Rendre les affirmations personnelles et significatives: En créant vos propres affirmations, cherchez des mots qui résonnent en vous et reflètent vos objectifs et vos valeurs. Les affirmations personnelles et significatives ont un impact plus profond car elles sont alignées avec votre parcours individuel de croissance et de découverte de soi.

Intégrer les affirmations dans votre vie quotidienne: Pour que les affirmations positives soient efficaces, il est important de les intégrer régulièrement dans votre routine. Prenez un moment chaque matin ou chaque soir pour réciter vos affirmations. Vous pouvez également les écrire sur des notes autocollantes et les placer à des endroits visibles, tels que le miroir, l'ordinateur ou le réfrigérateur, pour vous rappeler tout au long de la journée.

Les affirmations positives sont un moyen tangible de nourrir votre esprit et votre âme avec des paroles d'amour et d'autonomisation. Elles renforcent votre image de soi, reprogramment les schémas négatifs et aident à construire une base solide d'amour-propre. En intégrant activement les affirmations positives dans votre vie quotidienne, vous réaffirmez votre engagement à vous traiter avec gentillesse et respect, et à cultiver une mentalité positive qui vous soutient dans votre expérience d'autonomie émotionnelle.

Définir des objectifs réalistes

Définir des objectifs réalistes est une étape essentielle pour construire une estime de soi solide et cultiver un sentiment d'accomplissement personnel. En établissant des objectifs réalisables et alignés sur vos valeurs, vous créez des opportunités pour renforcer votre confiance en vous et vous prouver que vous êtes capable de grandir et d'évoluer.

Le rôle des objectifs dans le développement personnel: Les objectifs jouent un rôle crucial dans notre parcours de développement personnel. Ils nous fournissent une orientation claire et un sentiment de but. Lorsque nous définissons des objectifs alignés sur nos intérêts et nos valeurs, nous créons un chemin vers la croissance personnelle et la construction d'une estime de soi saine.

Objectifs réalisables et durables: L'une des clés du succès dans la définition des objectifs est de choisir ceux qui sont réalistes et atteignables. Des objectifs inatteignables peuvent conduire à la frustration et ébranler votre confiance en vous. En choisissant des objectifs à votre portée, vous établissez une norme de succès qui aide à construire une image de soi positive.

L'impact sur la confiance en soi: Lorsque vous atteignez un objectif, même s'il est petit, vous ressentez un regain de confiance en vous. Chaque réussite renforce votre croyance en vos propres capacités et augmente votre estime de soi. À mesure que vous atteignez des objectifs, aussi modestes soient-ils, vous accumulez des preuves que vous êtes capable de relever des défis et de surmonter des obstacles.

Définir des objectifs significatifs: Lorsque vous définissez des objectifs, tenez compte de ce qui est vraiment important pour vous. Interrogez-vous sur les domaines de votre vie que vous souhaitez améliorer et sur les objectifs qui sont en accord avec vos valeurs et passions. Les objectifs qui ont un but plus profond sont plus motivants et gratifiants à atteindre.

Le voyage est aussi important que la destination: Pendant que vous travaillez vers vos objectifs, rappelez-vous que le voyage est aussi important que la destination. Chaque étape que vous franchissez, chaque défi que vous relevez et chaque obstacle que vous surmontez est une opportunité de croissance et d'apprentissage. Célébrez chaque étape du processus, car elles contribuent à renforcer votre confiance en vous et à consolider votre image de soi.

Définir des objectifs réalistes est un moyen puissant d'investir dans votre propre croissance et développement personnel. En choisissant des objectifs réalisables, vous nourrissez votre confiance en vous et vous prouvez que vous méritez le succès. Chaque fois que vous atteignez un objectif, vous réaffirmez votre engagement à prendre soin de vous-même et à construire une vie qui reflète votre force intérieure et votre détermination. Gardez à l'esprit que chaque pas vers vos objectifs est un témoignage de votre potentiel illimité et du chemin extraordinaire que vous parcourez vers l'autonomie émotionnelle.

Prenez soin de votre corps

L'auto-soin physique est une partie fondamentale de la construction d'une estime de soi solide et du développement personnel dans son ensemble. Prendre soin de votre corps favorise non seulement une meilleure santé physique, mais renforce également la connexion entre le corps et l'esprit, contribuant à un sentiment de bien-être holistique.

L'importance de la santé physique pour l'estime de soi: La façon dont vous prenez soin de votre corps se reflète directement dans la manière dont vous vous sentez envers vous-même. Une routine saine d'auto-soin physique améliore non seulement votre santé globale, mais renforce également votre confiance en vous et votre respect de vous-même. En traitant votre corps avec amour et attention, vous envoyez un message positif indiquant que vous méritez d'être bien traité.

Une routine de sommeil réparatrice: Le sommeil est essentiel pour votre santé mentale et émotionnelle. Avoir une routine de sommeil régulière et de qualité contribue à améliorer votre humeur, votre concentration et votre capacité à faire face au stress. Dormir suffisamment est également une manière de montrer du soin et du respect envers votre corps, lui permettant de récupérer et de se régénérer.

Alimentation équilibrée: Une alimentation équilibrée nourrit non seulement votre corps, mais affecte également votre bien-être émotionnel. Manger des aliments sains fournit l'énergie nécessaire pour affronter la journée avec vitalité et clarté mentale. De plus, choisir des options nutritives démontre votre engagement envers votre propre bien-être.

L'exercice comme forme d'auto-soin: L'exercice régulier est un moyen puissant de prendre soin de votre corps et de votre esprit. L'activité physique libère des endorphines, des hormones du bien-être, qui élèvent votre humeur et réduisent le stress. Trouvez une forme d'exercice que vous aimez, que ce soit la marche, le yoga, la course à pied ou la danse, et intégrez-la à votre routine d'auto-soin.

Lien entre le corps et l'esprit: Prendre soin de votre corps ne concerne pas seulement l'apparence physique, mais aussi cultiver une relation positive entre le corps et l'esprit. En bougeant, en vous nourrissant bien et en dormant suffisamment, vous renforcez la connexion entre ces deux aspects fondamentaux de qui vous êtes. Cette connexion solide contribue à une image positive de soi et à un sentiment d'intégrité.

L'auto-soin physique est un acte d'amour-propre qui va au-delà de la surface. En prenant soin de votre corps, vous nourrissez la base de votre estime de soi et contribuez à votre santé mentale, émotionnelle et spirituelle. Comprenez que votre corps est votre temple, et chaque choix d'auto-soin est un investissement dans votre bien-être. En créant une routine saine de sommeil, d'alimentation et d'exercice, vous démontrez un engagement continu envers votre parcours vers l'autonomie émotionnelle et vous établissez une base solide pour votre transformation positive.

Pratiques d'auto-soin et valorisation personnelle

Les pratiques d'auto-soin sont des actes d'amour-propre qui revitalisent votre énergie et renforcent votre estime de soi. En consacrant du temps à prendre soin de vous-même, vous vous reconnectez à votre propre essence et renforcez votre sens de la valeur. Voici des pratiques d'auto-soin et de valorisation personnelle:

Temps pour soi

Au milieu des exigences de la vie quotidienne et des relations, nous oublions souvent l'importance de réserver du temps pour nous-mêmes. Cependant, ce temps pour soi est essentiel pour votre santé émotionnelle, mentale et spirituelle. Dans ce sujet, nous explorerons l'importance de réserver régulièrement des moments pour des activités qui vous apportent de la joie et de la détente, ainsi que quelques façons d'incorporer cet auto-soin dans votre vie quotidienne.

Prioriser l'auto-soin: Prendre du temps pour soi n'est pas un luxe, mais une nécessité. C'est une occasion de renouer avec vos passions, vos centres d'intérêt et vos sentiments intérieurs. Le temps que vous vous accordez vous permet de recharger vos énergies, de maintenir un équilibre émotionnel et de construire une relation plus profonde avec vous-même.

Activités qui nourrissent l'âme: Trouvez des activités qui apportent de la joie, de la détente et un sentiment d'accomplissement. Cela peut être tout ce qui vous fait vous sentir bien et connecté à vous-même. Cela peut inclure la lecture d'un livre que vous aimez, la pratique de la méditation pour calmer l'esprit, une promenade dans la nature pour vous reconnecter avec le monde qui vous entoure ou simplement passer du temps tranquille à faire un passe-temps que vous aimez.

Pratiquer la pleine conscience: Lorsque vous vous accordez du temps pour vous-même, profitez-en pour pratiquer la pleine conscience. Soyez totalement présent dans le moment et plongez dans l'expérience. Laissez de côté les préoccupations futures ou les regrets passés et concentrez-vous sur le ici et maintenant. Cela peut se faire en observant les détails autour de vous lors d'une promenade, en savourant chaque bouchée pendant un repas tranquille ou simplement en appréciant le moment de paix que vous vous offrez.

Intégrer le temps pour soi dans la routine: Prendre du temps pour soi ne doit pas être une tâche compliquée. Commencez par identifier de courts intervalles tout au long de la journée où vous pouvez vous déconnecter et vous concentrer sur vous-même. Cela peut être quelques minutes de méditation le matin, une promenade dans le parc pendant le déjeuner ou un moment calme avant de vous coucher pour réfléchir à la journée.

Connexion à soi-même: Le temps pour soi est un cadeau que vous vous offrez régulièrement. Il renforce votre connexion à vous-même, favorise le bien-être émotionnel et crée un espace pour l'auto-découverte. En vous engageant à réserver du temps pour des activités qui nourrissent votre âme, vous réaffirmez votre importance et votre valeur dans votre propre vie. N'oubliez pas que prendre soin de vous-même n'est pas de l'égoïsme, mais un acte d'amour-propre nécessaire pour rester équilibré, heureux et en harmonie avec vous-même et avec le monde qui vous entoure.

Explorez vos centres d'intérêt

L'expérience de la découverte de soi et de l'amour-propre implique également l'exploration de vos centres d'intérêt et passions. Souvent, dans le tourbillon de la vie, nous pouvons perdre de vue les activités qui nous font réellement nous sentir vivants. Dans ce sujet, nous allons explorer l'importance de s'engager dans des activités qui éveillent votre passion et votre intérêt, ainsi que les moyens d'incorporer cette exploration dans votre routine.

Éveiller la passion intérieure: Lorsque nous nous impliquons dans des activités qui nous intéressent réellement, nous nourrissons notre estime de soi et enrichissons notre expérience de vie. Ces activités peuvent aller des passe-temps créatifs, comme la peinture ou jouer d'un instrument de musique, aux activités de plein air, comme le jardinage ou l'escalade. Le fait de consacrer du temps à quelque chose que vous aimez est une puissante démonstration d'amour-propre, car vous investissez dans votre propre bonheur et satisfaction.

Élargir la vision du monde: Explorer de nouveaux centres d'intérêt nourrit non seulement votre estime de soi, mais élargit également votre vision du monde. En vous engageant dans des activités différentes, vous pouvez entrer en contact avec des perspectives et des expériences que vous n'avez peut-être jamais envisagées auparavant. Cela peut enrichir votre esprit, stimuler votre créativité et même vous aider à découvrir de nouveaux aspects de vous-même.

Un voyage de découverte de soi: Explorer vos centres d'intérêt est un voyage continu de découverte de soi et de croissance personnelle. C'est une manière de nourrir votre passion intérieure, d'élargir votre vision du monde et de renforcer votre relation avec vous-même. Gardez à l'esprit que vos passions et centres d'intérêt sont précieux et méritent une place dans votre vie. En vous y consacrant, vous exprimez de l'amour-propre et construisez une vie qui résonne avec authenticité et satisfaction.

Pratiquez la gratitude

La pratique de la gratitude est l'un des moyens les plus puissants de cultiver l'amour-propre et d'améliorer le bien-être émotionnel.

La transformation de la perspective: La gratitude est comme une lentille que vous mettez sur votre vie, vous permettant de voir les choses de manière plus positive et enrichissante. En vous concentrant sur ce que vous avez plutôt que sur ce qui manque, vous commencez à réaliser que la vie est pleine de moments précieux et de bénédictions quotidiennes.

Apprendre à s'apprécier: La pratique de la gratitude ne consiste pas seulement à reconnaître les choses autour de vous; elle implique également d'apprécier la personne que vous êtes. En notant les choses pour lesquelles vous êtes reconnaissant, vous reconnaissez vos qualités, vos réalisations et la valeur intrinsèque que vous possédez en tant qu'être humain. Cela crée une base solide d'amour-propre, car vous regardez à l'intérieur et vous appréciez vous-même.

Promouvoir le bien-être émotionnel: De nombreuses études ont montré que la pratique régulière de la gratitude est associée à une augmentation du bien-être émotionnel. Elle peut réduire les sentiments de stress, d'anxiété et de dépression, et renforcer votre résilience émotionnelle. La gratitude crée un espace interne pour les sentiments positifs et favorise un sentiment général de satisfaction dans la vie.

Le voyage de découverte et d'appréciation: La pratique de la gratitude est un voyage qui vous conduit vers un endroit de découverte et d'appréciation. Elle transforme non seulement votre perspective sur la vie, mais elle vous aide également à créer une relation plus aimante et respectueuse envers vous-même. En cultivant la gratitude, vous nourrissez votre amour-propre et construisez une base solide pour une vie épanouie et significative.

Établissez des limites

Établir des limites sains est une partie essentielle du chemin pour cultiver l'amour-propre et améliorer le bien-être émotionnel.

L'importance des limites sains: Établir des limites saines est un acte d'auto-soin et de respect de soi. Cela signifie reconnaître que vos besoins, votre énergie et votre temps sont précieux et méritent d'être protégés. Lorsque vous établissez des limites claires, vous vous assurez que vos interactions et vos relations sont équilibrées, respectueuses et positives.

Renforcement de l'estime de soi: En établissant des limites, vous démontrez à vous-même et aux autres que vous vous valorisez. Cela envoie un message puissant que vous méritez d'être traité avec respect et considération. Lorsque vous dites "non" quand c'est nécessaire et protégez votre énergie, vous renforcez votre estime de soi et cultivez une relation plus aimante avec vous-même.

Le voyage de la découverte de soi et de l'autonomisation: Établir des limites saines est une étape vitale dans votre voyage de découverte de soi et d'autonomisation. En définissant des limites qui protègent votre énergie, vous investissez en vous-même et construisez une base solide pour des relations plus saines et une vie plus équilibrée. Comprenez qu'établir des limites est une démonstration d'amour-propre et de respect de soi, et vous le méritez.

Affirmations et visualisations

Les affirmations positives et les visualisations sont des outils puissants qui peuvent être utilisés pour transformer votre image de soi, cultiver la confiance intérieure et renforcer votre mentalité positive.

Le pouvoir des affirmations positives: Les affirmations positives sont des déclarations intentionnelles qui reflètent des qualités positives et des croyances sur vous-même. Elles ont le pouvoir de reprogrammer les schémas de pensée négatifs et de les remplacer par des pensées positives et autonomisantes. En répétant régulièrement des affirmations, vous construisez un nouveau récit sur qui vous êtes et sur ce que vous êtes capable d'accomplir.

Le pouvoir de la visualisation créative: La visualisation créative implique d'imaginer vivement des situations souhaitées, en ressentant les émotions qui y sont associées. Cette pratique n'augmente pas seulement votre confiance, mais envoie également des signaux positifs à votre cerveau, qui ne fait pas la différence entre les expériences réelles et imaginées. En visualisant le succès, la confiance en soi et le bonheur, vous entraînez votre esprit à croire en ces résultats.

La construction d'une mentalité positive: Les affirmations et les visualisations sont des outils puissants pour construire une mentalité positive et renforcer votre image de soi. En répétant des affirmations et en visualisant votre succès, vous programmez votre esprit à croire en votre potentiel et en des possibilités positives. Rappelez-vous que vos mots et vos images mentales ont le pouvoir de façonner votre réalité, alors choisissez soigneusement et croyez en la puissance de l'amour-propre.

Cultiver l'amour-propre est un voyage qui vous ramène à votre véritable être, vous libérant des chaînes de la dépendance émotionnelle. En développant une estime de soi saine et en pratiquant l'auto-soin, vous renforcez votre capacité à vous rapporter à vous-même de manière aimante et respectueuse. Cette autonomie émotionnelle ne vous libère pas seulement de la quête incessante de validation externe, mais vous prépare également à construire des relations authentiques, équilibrées et gratifiantes.

4
RECONSTRUIRE DES RELATIONS SAINE

Notre passé ne détermine pas notre avenir, mais nos choix peuvent.

Des relations saines sont la base d'une vie émotionnellement équilibrée et gratifiante. Dans ce chapitre, nous explorerons les outils et stratégies pour reconstruire et cultiver des relations saines après le parcours de surmonter la dépendance émotionnelle. Nous aborderons comment établir des limites saines, identifier les relations toxiques et développer des compétences de communication assertive pour renforcer vos liens interpersonnels.

Apprendre à établir des limites saines

Les relations saines sont construites sur une base de respect mutuel, de communication ouverte et de limites claires. Établir des limites saines est essentiel pour protéger votre intégrité émotionnelle, veiller à ce que vos besoins soient satisfaits et éviter de retomber dans des schémas de dépendance émotionnelle. Comment établir des limites saines:

Identifiez vos besoins

Le processus d'établissement de limites saines commence par une connaissance de soi approfondie et une compréhension claire de vos propres besoins, désirs et limites personnelles. Reconnaître et définir ces éléments est essentiel pour cultiver des relations satisfaisantes et équilibrées. Comment identifier vos besoins:

Connaissance de soi approfondie: Prenez du temps pour réfléchir à qui vous êtes, ce que vous valorisez et ce que vous recherchez dans une relation. Interrogez-vous sur vos préférences, vos valeurs fondamentales et les caractéristiques que vous considérez essentielles dans une connexion saine.

Réflexion sur les expériences passées: Analysez vos expériences passées en matière de relations. Quels ont été les moments où vous vous êtes senti heureux, respecté et valorisé? Et quelles ont été les situations où vous vous êtes senti mal à l'aise, manquant de respect ou submergé?

Compréhension des limites personnelles: Reconnaissez jusqu'où vous êtes prêt à aller dans une relation avant de sentir que vos limites sont dépassées. Cela peut s'appliquer au temps, à l'espace personnel, à l'effort émotionnel et même à des actions spécifiques.

Conscience des désirs et besoins émotionnels: Demandez-vous quels sont vos désirs émotionnels dans une relation. Avez-vous besoin d'un soutien émotionnel constant? Valorisez-vous la communication ouverte? Quelles sont les façons dont la relation peut répondre à vos besoins émotionnels?

Observation des émotions: Soyez attentif à vos émotions lors de vos interactions avec les autres. Si vous vous sentez mal à l'aise, manquant de respect ou anxieux, cela peut être un signe que vos limites ont été franchies. Faites attention à ces indices émotionnels.

Apprentissage continu: La connaissance de soi est une expérience continue. À mesure que vous grandissez et évoluez, vos besoins et désirs peuvent également évoluer. Soyez ouvert à réexaminer ces aspects de vous-même au fil du temps.

L'identification de vos besoins est une étape fondamentale pour cultiver des relations saines et équilibrées. Cela renforce non seulement votre estime de soi, mais vous permet également de créer des liens qui sont vraiment significatifs et bénéfiques pour toutes les parties impliquées.

Soyez assertif

L'assertivité est une compétence cruciale lorsqu'il s'agit d'établir des limites saines dans les relations. Être assertif signifie communiquer vos besoins, désirs et limites de manière directe, respectueuse et ferme. C'est une approche qui implique de s'exprimer de manière claire et honnête, tout en respectant les sentiments et les perspectives des autres. Voici quelques stratégies pour être assertif en communiquant vos limites:

Communiquez de manière directe: Évitez les messages ambigus ou indirects. Soyez clair dans ce que vous communiquez et évitez les détours.

Utilisez des déclarations en commençant par "je": Lorsque vous exprimez vos sentiments et limites, utilisez des déclarations qui commencent par "je". Cela évite que votre communication ne paraisse comme une accusation directe envers l'autre personne.

Soyez spécifique: Lorsque vous communiquez vos limites, soyez précis sur ce avec quoi vous êtes à l'aise ou mal à l'aise. Donnez des exemples concrets pour que l'autre personne comprenne clairement ce que vous voulez dire.

Gardez votre calme: L'assertivité implique de rester calme et posé pendant la communication. Évitez les réactions émotionnelles exagérées ou agressives.

Écoutez activement: L'assertivité implique également d'écouter le point de vue de l'autre personne. Montrez un intérêt sincère pour sa perspective.

Soyez prêt à faire face à la résistance: Certaines personnes peuvent ne pas réagir favorablement à votre assertivité, surtout si elles sont habituées à des schémas de communication différents. Soyez prêt à faire face à la résistance et maintenez fermement vos limites.

Rappelez-vous que l'assertivité n'est ni une forme d'agression ni un moyen de s'imposer aux autres. C'est une façon de s'exprimer et de communiquer de manière respectueuse et affirmée. En adoptant l'assertivité, vous construisez des relations plus saines et apprenez à prendre soin de vous tout en valorisant les autres.

N'ayez pas peur de dire "non"

Dire "non" est un acte d'autosuffisance, de respect de soi et d'autosoins. Cependant, de nombreuses personnes ont du mal à dire "non", que ce soit par peur de déplaire, d'être mal comprises ou d'être rejetées. Cependant, il est important de comprendre que dire "non" lorsque c'est nécessaire est une façon saine d'établir des limites et de veiller à ce que vos besoins et votre bien-être soient prioritaires. Voici comment dire "non" de manière efficace:

Soyez direct et simple: Lorsque vous dites "non", soyez clair et direct. Évitez les détours ou les excuses interminables qui pourraient affaiblir votre message.

Évitez les excuses excessives: Il n'est pas nécessaire de justifier exagérément la raison pour laquelle vous dites "non". Une explication brève et honnête suffit.

Restez ferme: Soyez ferme dans votre décision, même si l'autre personne insiste ou essaie de vous persuader de changer d'avis.

Rappelez-vous de votre valeur: En disant "non", vous défendez vos propres intérêts et respectez vos besoins.

Pratiquez à l'avance: Si vous pensez avoir du mal à dire "non", pratiquez ce que vous allez dire à l'avance. Cela peut aider à renforcer votre confiance dans la situation réelle.

Soyez prêt à réagir: Certaines personnes pourraient ne pas réagir positivement lorsque vous dites "non". Soyez prêt à d'éventuelles réactions négatives et maintenez fermement votre décision.

Comprenez que dire "non" n'est pas de l'égoïsme, mais un moyen de vous assurer que vous êtes en phase avec vos propres besoins et valeurs. Avec la pratique, vous apprendrez à dire "non" de manière plus confiante et respectueuse, ce qui contribuera à des relations plus saines et à votre propre bien-être.

Surveillez vos émotions

La capacité de surveiller vos émotions et de reconnaître les signaux de malaise est une compétence essentielle lorsqu'il s'agit d'établir des limites saines. Vos émotions sont des indicateurs précieux de votre ressenti par rapport à une situation ou une relation. En restant attentif à ces signaux internes, vous pouvez prendre des décisions plus conscientes et alignées sur vos besoins et votre bien-être. Voici quelques façons de surveiller vos émotions et les signes de malaise:

Pratiquez la conscience de soi: Prenez un moment pour vous accorder régulièrement avec vos émotions. Cela peut se faire par la méditation, l'écriture dans un journal ou simplement la réflexion.

Observez les signaux physiques: Vos émotions se manifestent souvent par des signaux physiques tels que tension musculaire, augmentation du rythme cardiaque, transpiration ou nausée. Soyez attentif à ces signaux lorsque vous êtes dans une situation impliquant des limites.

Identifiez le malaise: Si quelque chose vous cause de l'inconfort, de l'anxiété, de l'irritation ou de la tristesse, c'est un signe que quelque chose peut ne pas être en accord avec vos besoins.

Faites confiance à votre intuition: L'intuition est un guide puissant. Si quelque chose ne semble pas correct, même si vous ne pouvez pas en identifier exactement la raison, faites confiance à votre intuition.

Évaluez vos pensées: Les pensées que vous avez par rapport à une situation peuvent être indicatives de vos émotions. Si vous êtes constamment inquiet, incertain ou vous sentez dépassé, cela peut être un signe que vos limites sont dépassées.

Donnez-vous la permission de ressentir: Rappelez-vous que toutes les émotions sont valides. Donnez-vous la permission de ressentir ce que vous ressentez, même si c'est inconfortable.

Sachez que vos émotions sont une ressource précieuse qui peut guider vos décisions et actions. En vous connectant à vos émotions et en leur accordant l'attention qu'elles méritent, vous honorez vos besoins émotionnels et vous vous engagez dans des relations plus saines et équilibrées.

Maintenez votre position

Souvent, établir des limites saines n'est que la moitié du défi; les maintenir fermement est l'étape cruciale pour construire des relations saines et préserver votre intégrité émotionnelle. Rester ferme dans vos limites implique une combinaison d'autoconfiance, d'assertivité et d'estime de soi. Voici comment maintenir fermement vos limites :

Confiance en soi: Cultivez un sentiment de confiance en vous et d'estime de soi. Rappelez-vous que vos sentiments et besoins sont valides et méritent d'être respectés.

Définissez des conséquences claires: Lorsque vous établissez une limite, définissez également quelles seront les conséquences si cette limite est franchie. Avoir des conséquences claires à l'esprit peut vous aider à rester ferme, montrant ainsi que vous prenez vos limites au sérieux.

Pratiquez la résilience émotionnelle: Attendez-vous à rencontrer de la résistance lorsque vous établissez et maintenez des limites. Il peut y avoir des tentatives de manipulation, de pression ou même de critiques.

Développez une résilience émotionnelle pour faire face à ces défis sans céder.

Renforcez vos motifs: Rappelez-vous des motifs pour lesquels vous avez établi la limite. Qu'il s'agisse d'un engagement envers votre bien-être ou d'un besoin de respect, garder ces motifs à l'esprit peut renforcer votre détermination.

Pratiquez l'autodéfense: N'ayez pas peur de vous défendre si vos limites sont violées. Cela ne signifie pas être agressif, mais être assertif dans la communication de votre position.

Gérez la culpabilité: Parfois, vous pouvez vous sentir coupable de maintenir vos limites, surtout si les autres sont déçus. Rappelez-vous que prendre soin de vous n'est pas de l'égoïsme, mais une forme d'autosoins.

Concentrez-vous sur l'autosoins: Gardez le focus sur votre bien-être. Rappelez-vous qu'en restant ferme dans vos limites, vous donnez la priorité à votre santé émotionnelle.

Cherchez du soutien: Si vous rencontrez des difficultés à maintenir vos limites, recherchez du soutien auprès d'amis, de la famille ou de professionnels. Ils peuvent offrir encouragement et conseils.

Établir des limites sains nécessite de la pratique et un autocuidado constant. À mesure que vous développez cette compétence, vous serez mieux préparé à créer des relations équilibrées et gratifiantes, où les deux parties sont respectées, entendues et valorisées. Gardez à l'esprit que vos limites sont le reflet de votre amour-propre et de votre auto-valorisation, et méritent d'être honorées.

Identifier les relations toxiques et apprendre à s'en éloigner

Identifier et s'éloigner des relations toxiques est fondamental pour protéger votre santé émotionnelle. Les relations toxiques peuvent compromettre votre progression dans le dépassement de la dépendance émotionnelle et annuler les progrès que vous avez réalisés. Voici des signes de relations toxiques:

Manque constant de respect

Le respect est l'un des piliers fondamentaux de toute relation saine. Lorsque le manque de respect est constant dans une relation, cela peut indiquer de la toxicité et nuire gravement à votre santé émotionnelle. Identifier un manque de respect constant est crucial pour protéger votre bien-être et construire des relations saines. Voici des signes de manque de respect constant:

Humiliation et dénigrement: Si vous vous sentez souvent humilié, dénigré ou ridiculisé par votre partenaire ou par des personnes proches, c'est un signe clair de manque de respect. Les relations saines sont basées sur le respect mutuel.

Ignorer vos opinions: Si vos opinions, sentiments et perspectives sont régulièrement ignorés ou rejetés, cela démontre un manque de considération et de respect envers vos contributions.

Non-respect de vos limites: Si vos limites personnelles ne sont pas respectées et sont régulièrement dépassées, cela indique un manque de considération pour votre confort et votre bien-être.

Critiques constantes: Les critiques constructives sont normales dans les relations, mais des critiques constantes visant à miner votre estime de soi et votre valeur sont un signe de manque de respect.

Minimisation de vos réussites: Si vos réalisations et réussites sont constamment minimisées ou non reconnues, cela peut affecter votre estime de soi et susciter des sentiments de non-respect.

Manque d'empathie: Si l'autre personne ne montre pas d'empathie envers vos sentiments ou ne se soucie pas de vos besoins émotionnels, cela peut indiquer un manque de respect envers votre expérience.

Comparaison constante: Si l'on vous compare constamment à d'autres personnes, que ce soit pour minimiser vos réussites ou souligner vos lacunes, il s'agit d'un comportement irrespectueux.

Comportement contrôlant: Le contrôle excessif de vos actions, décisions et indépendance est une forme de non-respect de votre autonomie et de votre individualité.

Vous méritez d'être traité avec respect, valorisé et soutenu dans vos relations. N'hésitez pas à vous éloigner des situations qui sapent constamment votre dignité et votre bien-être émotionnel.

La manipulation

La manipulation est un comportement nocif qui peut éroder la confiance, miner l'estime de soi et affecter négativement la santé émotionnelle dans une relation. Reconnaître les signes de manipulation est fondamental pour se protéger et créer des relations saines et équilibrées. Signes de manipulation dans une relation:

Contrôle excessif: Si quelqu'un tente de contrôler constamment vos actions, décisions et émotions, c'est un signe clair de manipulation. Cela peut inclure des tentatives pour influencer vos choix, limiter votre indépendance et dicter vos actions.

Culpabilisation: Les personnes manipulatrices essaient souvent de vous attribuer la responsabilité de leurs propres sentiments ou actions. Elles peuvent vous faire vous sentir coupable de ne pas répondre à leurs attentes ou d'exprimer vos besoins.

Éloges exagérés: La manipulation peut impliquer des éloges excessifs et insincères pour gagner votre confiance et vous inciter davantage à répondre à leurs demandes.

Menaces voilées: Les personnes manipulatrices peuvent faire des menaces subtiles ou voilées pour obtenir ce qu'elles veulent. Cela peut créer un climat de peur et d'anxiété.

Isolement social: Les manipulateurs peuvent tenter de vous isoler de vos amis et de votre famille pour accroître leur contrôle sur vous et limiter votre accès à des sources de soutien.

Changements constants d'humeur: Certains manipulateurs peuvent utiliser des changements d'humeur soudains pour vous faire vous sentir coupable ou confus, afin de répondre à leurs demandes.

Exploitation de la culpabilité: Les manipulateurs exploitent souvent les sentiments de culpabilité pour obtenir ce qu'ils veulent. Ils peuvent vous faire croire que vous êtes responsable de leurs difficultés ou de leur insatisfaction.

Silence punitif: La manipulation peut impliquer un schéma de silence comme forme de punition, vous laissant incertain et anxieux quant à leur approbation.

Sachez que vous méritez d'être dans une relation où vos choix, opinions et émotions sont respectés et valorisés. N'hésitez pas à vous éloigner des relations manipulatrices pour protéger votre intégrité émotionnelle et mentale.

Le manque de soutien

Dans une relation saine, le soutien mutuel est l'un des piliers fondamentaux. Se sentir soutenu, écouté et valorisé est essentiel pour la croissance individuelle et la construction de liens significatifs. Cependant, parfois, il peut être difficile d'identifier le manque de soutien dans une relation. Voici des signes de manque de soutien:

Manque d'intérêt: Si l'autre personne ne montre pas un intérêt sincère pour vos expériences, émotions ou objectifs, cela peut indiquer un manque de soutien. Se sentir ignoré ou dévalorisé est un signe que vos besoins émotionnels ne sont pas pris en compte.

Indisponibilité: Lorsque vous avez besoin de parler à quelqu'un, de partager vos réussites ou vos défis, mais que la personne est constamment occupée ou indisponible, cela peut vous faire vous sentir seul et peu soutenu.

Non-respect de vos besoins: Si l'autre personne ignore souvent vos besoins ou objectifs, cela indique un manque de respect et de soutien dans votre relation.

Absence d'empathie: L'empathie est essentielle pour un soutien sain. Si la personne ne peut pas se mettre à votre place et comprendre vos perspectives, il peut y avoir un manque de connexion émotionnelle.

Manque d'encouragement: Dans une relation de soutien, les personnes s'encouragent mutuellement à grandir et à atteindre leurs objectifs. Le manque d'encouragement peut vous faire vous sentir démotivé et incertain dans vos ambitions.

Négligence en périodes difficiles: Lorsque vous traversez une période difficile et que vous ne recevez pas de soutien émotionnel de l'autre personne, cela peut vous laisser vulnérable et isolé.

Vos sentiments et besoins doivent être pris au sérieux. Si vous remarquez un manque de soutien constant, il peut être important d'évaluer si la relation est vraiment bénéfique pour vous et votre santé émotionnelle.

Drainage émotionnel

Dans une relation saine, vous devriez vous sentir énergisé, soutenu et positivement impliqué. Cependant, il existe des situations où une relation peut causer une drainage émotionnelle, vous laissant épuisé, anxieux et perturbé. Reconnaître la drainage émotionnelle est essentiel pour préserver votre santé mentale et votre bien-être. Voici des signes de drainage émotionnelle dans une relation:

Usure émotionnelle constante: Si vous vous sentez émotionnellement épuisé après des interactions avec l'autre personne, cela peut être un signe que la relation consomme plus d'énergie qu'elle n'en fournit.

Sentiments d'anxiété: Si la proximité de l'autre personne ou la pensée d'interagir avec elle provoquent fréquemment de l'anxiété, c'est un indicateur que la relation peut avoir un impact négatif sur votre état émotionnel.

Incapacité d'être vous-même: Si vous avez l'impression de devoir changer qui vous êtes ou de réprimer vos émotions et opinions pour plaire à l'autre personne, cela peut entraîner une drainage émotionnelle.

Manque d'équilibre: Si vous donnez toujours plus que ce que vous recevez en termes de soutien émotionnel, d'attention et de soins, cela peut créer un déséquilibre néfaste.

Usure psychologique: Les relations émotionnellement épuisantes peuvent entraîner un stress chronique, des troubles du sommeil, une perte d'intérêt pour les activités qui étaient autrefois plaisantes, et même la dépression.

Les relations doivent enrichir votre vie, pas l'épuiser. Si une relation entraîne une drainage émotionnelle constante, il est important de considérer s'il vaut la peine de continuer à investir dedans ou s'il est préférable de chercher des relations plus saines.

Comportement abusif

L'abus dans une relation est une question sérieuse et ne doit jamais être ignoré ou toléré. Toute forme d'abus, qu'il soit émotionnel, verbal, physique ou psychologique, est inacceptable dans une relation saine. Reconnaître et faire face au comportement abusif est essentiel pour protéger votre santé émotionnelle, physique et mentale. Apprenez à reconnaître et à faire face au comportement abusif dans une relation:

Abus émotionnel et verbal: Cela inclut l'humiliation, les critiques constantes, les menaces, la manipulation émotionnelle, les insultes et les railleries. L'abus verbal et émotionnel peut être aussi préjudiciable que l'abus physique.

Abus physique: Toute forme d'agression physique, comme les poussées, les coups, les gifles, l'étranglement ou tout acte causant un dommage physique, est un signe clair d'abus.

Abus psychologique: L'abus psychologique implique de contrôler l'autre personne, de l'isoler de ses amis et de sa famille, de menacer de se faire du mal ou de faire du mal à d'autres personnes, ou d'exercer un contrôle excessif sur sa vie.

Manipulation: Le comportement manipulateur comprend les mensonges fréquents, les jeux émotionnels, le contrôle excessif de vos actions et décisions, et vous faire douter de votre propre réalité.

Apprendre à se détacher des relations toxiques est un acte d'amour-propre. Ne vous blâmez pas pour avoir investi du temps et de l'énergie dans des relations qui ne sont pas saines; au lieu de cela, utilisez cette expérience comme un tremplin pour construire des relations basées sur le respect, le soutien mutuel et la croissance personnelle.

Comment communiquer vos besoins de manière assertive

La communication assertive est essentielle pour construire des relations saines. Elle implique d'exprimer vos besoins, vos désirs et vos sentiments de manière claire et respectueuse. Voici des directives pour communiquer vos besoins de manière assertive:

Choisissez le bon moment

Le choix du bon moment pour entamer une conversation est crucial pour garantir que la communication soit efficace et constructive. L'environnement et les circonstances dans lesquels se déroule une conversation peuvent avoir un impact significatif sur la réceptivité et le résultat de l'interaction. Voici des considérations importantes pour choisir le moment approprié:

Un environnement calme et paisible: Privilégiez un environnement où les deux parties peuvent se sentir à l'aise et concentrées. Évitez les endroits bruyants ou où d'autres personnes pourraient interrompre la conversation. Choisir un espace calme contribue à créer un climat propice à une communication ouverte et honnête.

Émotions équilibrées: Évitez d'entamer une conversation lorsque vous ou l'autre personne êtes émotionnellement chargés, irrités ou fatigués. Les émotions intenses peuvent interférer avec la capacité d'écouter et de comprendre ce qui est dit. Attendez que les deux parties soient émotionnellement plus équilibrées pour aborder le sujet.

Évitez les interruptions: Assurez-vous que chacun dispose du temps nécessaire pour la conversation sans interruptions. Éteindre les appareils électroniques ou choisir un moment où il n'y a pas d'obligations immédiates peut aider à maintenir la concentration sur la discussion.

Prévisibilité: Si possible, avertissez à l'avance que vous aimeriez avoir une conversation importante. Cela donne à l'autre personne le temps de se préparer émotionnellement et contribue également à créer une atmosphère d'ouverture.

Choisissez le bon moment: Chaque personne a ses propres rythmes et horaires préférés pour discuter. Certains peuvent être plus réceptifs le matin, tandis que d'autres préfèrent l'après-midi ou le soir. Respectez ces préférences pour vous assurer que les deux parties sont attentives et engagées dans la conversation.

Soutien mutuel: Si possible, choisissez un moment où les deux parties sont disponibles pour se soutenir mutuellement après la conversation. Certaines conversations peuvent déclencher des émotions fortes, et disposer du soutien mutuel peut être réconfortant.

Soyez précis dans la communication

Être précis dans la communication est essentiel pour s'assurer que vos besoins, désirs et préoccupations soient compris de manière claire et précise. En étant spécifique, vous évitez les malentendus et aidez l'autre personne à comprendre exactement ce que vous essayez de transmettre. Voici des façons d'être spécifique dans la communication:

Décrivez vos attentes en détail: Au lieu d'utiliser des déclarations vagues comme "Tu ne m'aides jamais", soyez spécifique sur ce que vous attendez. Par exemple, dites "J'apprécierais si tu pouvais m'aider à faire le ménage de la cuisine après le dîner".

Fournissez des exemples: Lorsque vous expliquez un problème ou une préoccupation, utilisez des exemples spécifiques pour illustrer ce qui se passe. Cela aide à contextualiser la situation et rend plus facile pour l'autre personne de comprendre votre point de vue.

Évitez les généralisations: Évitez d'utiliser des généralisations qui peuvent être interprétées de différentes manières. Des phrases comme "Tu fais toujours ça" ou "Tu ne m'écoutes jamais" ne sont pas spécifiques et peuvent conduire à des discussions non productives. Identifiez plutôt des situations spécifiques à discuter.

Définissez des objectifs clairs: Lorsque vous communiquez un besoin ou une demande, soyez clair sur ce que vous espérez accomplir avec la conversation. Cela aide à maintenir le focus sur la solution et évite que la discussion ne dévie vers d'autres problèmes.

Utilisez un langage descriptif: Utilisez un langage descriptif pour expliquer vos émotions et vos sentiments. Au lieu de dire simplement "Je suis contrarié", expliquez pourquoi vous vous sentez ainsi et comment la situation vous affecte.

Soyez ouvert aux questions: Soyez ouvert aux questions de l'autre personne pour clarifier les détails. Parfois, les gens peuvent avoir besoin de plus d'informations pour comprendre pleinement ce que vous essayez de communiquer.

Être précis dans la communication évite non seulement les malentendus, mais montre également que vous êtes prêt à partager vos pensées et sentiments de manière claire et ouverte. Cela renforce la base pour des relations saines et constructives.

Utilisez des déclarations commençant par "je"

Utiliser des déclarations qui commencent par "je" est une stratégie efficace pour une communication plus assertive et respectueuse. Cela vous permet de partager vos sentiments, vos pensées et vos besoins de manière plus personnelle et directe, évitant ainsi que l'autre personne ne se sente accusée ou sur la défensive. Voici les avantages d'utiliser des déclarations commençant par "je" dans la communication:

Met l'accent sur vos sentiments: En commençant une déclaration par "je ressens", vous exprimez vos sentiments de manière claire et honnête. Cela aide l'autre personne à comprendre comment vos paroles ou actions l'affectent émotionnellement.

Évite les accusations directes: Les déclarations qui commencent par "tu" peuvent sembler accusatrices et défensives, conduisant à des discussions conflictuelles. En utilisant "je", vous évitez de blâmer directement l'autre personne et partagez plutôt votre perspective.

Favorise l'empathie et la compréhension: En exprimant vos sentiments et besoins personnels, vous invitez l'autre personne à se mettre à votre place et à comprendre votre point de vue. Cela favorise l'empathie et une communication plus ouverte.

Met l'accent sur une communication constructive: Les déclarations commençant par "je" facilitent une communication plus constructive et axée sur la solution. Vous communiquez ce que vous aimeriez voir changé ou amélioré, au lieu de simplement pointer les failles.

Encourage l'expression des sentiments: Utiliser des déclarations commençant par "je" encourage l'expression de sentiments et de besoins authentiques. Cela contribue à établir la confiance et la connexion dans les relations.

Exemple d'utilisation: Au lieu de dire "Tu ne fais jamais attention à moi", vous pouvez dire "Je ressens que notre communication pourrait être plus attentionnée. J'aimerais discuter de façons de mieux nous impliquer mutuellement."

Les déclarations commençant par "je" sont un outil précieux pour une communication assertive et saine. Elles aident à créer un espace pour un dialogue ouvert et collaboratif, favorisant des relations plus respectueuses et équilibrées.

Écoute active

L'écoute active est une compétence fondamentale dans la communication assertive et saine. Elle va au-delà de simplement écouter les mots de l'autre personne; elle implique de comprendre, d'interpréter et de répondre de manière empathique. En pratiquant l'écoute active, vous montrez du respect, un intérêt authentique et une ouverture à comprendre la perspective de l'autre personne. Voici des façons de pratiquer l'écoute active:

Maintenez le contact visuel: En établissant un contact visuel pendant que l'autre personne parle, vous montrez que vous êtes engagé dans la conversation et intéressé par ce qu'elle a à dire.

Éliminez les distractions: Assurez-vous d'être exempt de distractions telles que les appareils électroniques, afin de pouvoir vous concentrer pleinement sur la conversation.

Montrez des signes d'intérêt: Utilisez des gestes verbaux et non verbaux, comme hocher la tête et poser des questions éclaircissantes, pour montrer que vous écoutez et que vous êtes intéressé.

Ne pas interrompre: Évitez d'interrompre l'autre personne pendant qu'elle parle. Attendez qu'elle ait fini pour répondre ou poser des questions.

Posez des questions ouvertes: Les questions ouvertes encouragent l'autre personne à partager plus de détails et à exprimer ses idées. Cela montre que vous êtes réellement intéressé à comprendre sa perspective.

Reformulez et résumez: De temps en temps, reformulez ou résumez ce que l'autre personne a dit pour vérifier si vous avez bien compris et montrer que vous suivez.

Validez les sentiments: Reconnaissez les sentiments de l'autre personne, même si vous n'êtes pas totalement d'accord. Cela crée un environnement de respect et d'empathie.

Fournissez des commentaires constructifs: Lorsque c'est approprié, offrez des commentaires constructifs de manière respectueuse et prudente.

En pratiquant l'écoute active, vous montrez que vous appréciez la perspective de l'autre personne et que vous êtes prêt à vous engager de manière authentique et respectueuse. Cela aide à construire des relations saines et équilibrées, où la communication est un processus à double sens.

Respectez les différences

La diversité des perspectives, des expériences et des opinions est une part intrinsèque des interactions humaines. En respectant les différences dans la communication, vous créez un environnement de respect mutuel et de compréhension, contribuant à des relations plus saines et enrichissantes. Voici des façons de pratiquer le respect des différences:

Ouvrez-vous au nouveau: Soyez prêt à écouter et à considérer des points de vue différents des vôtres. Même si au début vous n'êtes pas d'accord, être ouvert à de nouvelles idées peut élargir votre perspective.

Évitez les jugements hâtifs: Évitez de tirer des conclusions hâtives ou de porter des jugements sur les autres en fonction des différences d'opinion. Au lieu de cela, cherchez à comprendre le contexte et les raisons derrière les perspectives divergentes.

Pratiquez l'empathie: Mettez-vous à la place de l'autre personne pour comprendre ses motivations, ses expériences et ses sentiments. Cela peut aider à créer un lien plus profond, même en cas de désaccord.

Focalisez sur la compréhension: Au lieu de vous concentrer sur le fait de convaincre l'autre personne que vous avez raison, concentrez-vous sur la compréhension de pourquoi elle a cette perspective et comment elle en est arrivée à cette conclusion.

Posez des questions et expliquez: Posez des questions respectueuses pour mieux comprendre le point de vue de l'autre personne. Si nécessaire, expliquez votre propre perspective de manière calme et respectueuse.

Célébrez la diversité: Reconnaissez que la diversité des opinions et des expériences enrichit la conversation et peut conduire à des solutions plus créatives et mieux fondées.

Évitez le mépris et les insultes: Évitez un langage dépréciatif, les insultes ou les attitudes condescendantes envers les opinions différentes. Cela nuit non seulement à la communication, mais mine aussi la qualité des relations.

Trouvez des points communs: Cherchez des zones d'accord et des points communs, même en présence de différences significatives. Cela peut servir de point de départ pour une conversation constructive.

Respectez les limites: Toutes les conversations ne doivent pas nécessairement aboutir à un consensus. Respectez les limites de l'autre personne et sachez quand il est approprié de convenir de ne pas être d'accord.

En démontrant du respect pour les différences, vous contribuez à un environnement plus inclusif et empathique, où les gens peuvent se sentir valorisés et entendus, quelles que soient leurs opinions. Cela crée une base solide pour des relations saines et une communication constructive.

Soyez ouvert au compromis

Le compromis est une pièce maîtresse dans la construction de relations saines et dans la communication assertive. Être ouvert au compromis montre de la flexibilité, de l'empathie et un véritable désir de trouver des solutions répondant aux besoins des deux parties. Comme le compromis joue un rôle vital dans la communication assertive:

Démonstration de respect: Lorsque vous êtes prêt à compromettre, vous montrez que vous valorisez les opinions et les besoins de l'autre personne. Cela crée un environnement de respect mutuel, où les deux parties se sentent écoutées et prises en considération.

Construction de relations solides: Les relations saines reposent sur la capacité à trouver des solutions bénéfiques pour les deux parties. Le compromis est la base pour établir la confiance et la coopération, créant ainsi une base solide pour la relation.

Résolution des conflits: Le compromis est un outil efficace pour résoudre les conflits de manière constructive. En recherchant des solutions intermédiaires, vous évitez les impasses et ouvrez la voie à la recherche d'un terrain d'entente.

Équilibrage des besoins: Le compromis permet d'équilibrer les besoins des deux parties. Cela est particulièrement important dans les situations où les opinions ou les souhaits divergent. Trouver un compromis aide à éviter qu'une personne ou une perspective ne domine l'autre.

Promotion de la coopération: En vous compromettant, vous encouragez la coopération et le travail d'équipe. Cela est essentiel pour faire face aux défis communs et pour atteindre des objectifs mutuels.

Éviter la rigidité et l'intransigeance: Le manque de compromis peut conduire à la rigidité et à l'intransigeance, ce qui rend difficile la résolution des problèmes et peut entraîner des conflits inutiles. Le compromis aide à surmonter ces obstacles.

Lien émotionnel: Le compromis renforce le lien émotionnel entre les parties, montrant que vous êtes prêt à investir dans la relation et à trouver des solutions respectant les sentiments de tous.

Développement de compétences en communication: La pratique du compromis contribue au développement de compétences en communication efficaces, telles que la négociation, l'écoute active et l'empathie.

Développement personnel: L'engagement exige l'auto-réflexion et une approche mature pour faire face aux défis. Cela favorise la croissance personnelle et la résilience émotionnelle.

Reconstruire des relations après avoir surmonté la dépendance émotionnelle peut être un chemin difficile, mais également gratifiant. En établissant des limites saines, en identifiant les relations toxiques et en développant des compétences en communication assertive, vous construisez une base solide pour des relations équilibrées et gratifiantes. Soyez conscient que votre parcours d'amour-propre continue d'influencer positivement toutes vos relations interpersonnelles, vous permettant de cultiver des relations basées sur le respect mutuel, la compréhension et le soutien authentique.

5

PRENDE SOIN DU CORPS ET DE L'ESPRIT

*Trouvez l'étincelle qui allume votre passion
et la lumière guidera votre chemin.*

Nous ne pouvons pas oublier que, dans notre parcours de construction de relations saines et de surmontée de la dépendance émotionnelle, il est essentiel de prendre le temps et l'espace pour nourrir nos propres intérêts et passions. Cette pratique n'enrichit pas seulement nos vies individuelles, mais renforce également nos relations, leur permettant de se développer de manière plus saine et équilibrée. Dans ce chapitre, nous explorerons l'importance de découvrir des passions et des passe-temps qui enrichissent votre vie, la nécessité de maintenir une vie sociale équilibrée et comment se concentrer sur soi-même, même en étant dans une relation.

Découvrir des passions et des passe-temps qui vous comblent

Trouver des passions et des passe-temps qui nous comblent est un chemin naturel et amusant d'auto-exploration et de découverte de soi. Ces activités nous relient à nos intérêts véritables, stimulent notre créativité et nous offrent un espace pour nous exprimer de manière unique. Étapes pour découvrir et cultiver ces passions:

Auto-exploration

Le voyage d'auto-exploration est une recherche passionnante pour découvrir qui vous êtes et ce qui vous inspire vraiment. Ce voyage est crucial pour nourrir votre identité et votre bien-être émotionnel. Stratégies pour vous aider à explorer et à découvrir des passions et des intérêts qui vous comblent:

Réflexion approfondie: Prenez le temps de réfléchir tranquillement sur vos expériences de vie, vos rêves et vos aspirations. Demandez-vous quelles activités ou moments vous font vous sentir le plus vivant et enthousiaste.

Listez vos activités préférées: Faites une liste de toutes les activités que vous aimez, même si elles semblent petites ou insignifiantes. Cela peut aller de la cuisine à la marche dans la nature.

Explorez vos curiosités: Si quelque chose vous intrigue, plongez dedans. Recherchez, lisez et apprenez davantage sur les sujets qui vous intéressent. Cela peut ouvrir des portes vers des passions inattendues.

Sortez de votre zone de confort: N'ayez pas peur de vous aventurer en territoire inconnu. Parfois, les plus grandes passions se trouvent en dehors de votre zone de confort.

Persévérez: La découverte de passions et d'intérêts ne se produit pas du jour au lendemain. Soyez patient et continuez à explorer jusqu'à ce que vous trouviez quelque chose qui vous passionne vraiment.

Observez vos émotions: Faites attention aux activités qui vous rendent enthousiaste, énergique et engagé. Vos émotions peuvent être un guide précieux pour identifier vos véritables passions.

Tenez un journal: Gardez un journal de vos expériences et de vos sentiments pendant que vous expérimentez différentes activités. Cela peut vous aider à suivre ce qui vous fait vous sentir le plus vivant.

Apprenez des autres: Parlez à vos amis, votre famille et vos collègues de vos passions et de vos intérêts. Ils peuvent offrir des perspectives que vous n'aviez pas envisagées.

N'ayez pas peur de changer: Vos passions et vos intérêts peuvent évoluer avec le temps. N'ayez pas peur de changer de direction et d'explorer de nouveaux domaines.

L'auto-exploration est un voyage personnel unique. À mesure que vous plongez dans vos passions et vos intérêts, vous créez un lien plus profond avec vous-même et enrichissez votre vie de manière inimaginable. Rappelez-vous que ce voyage n'a pas de précipitation, et l'important est d'être ouvert à vous connaître et à vous permettre de grandir à travers vos découvertes.

Expérimentation

L'expérimentation est une approche passionnante et captivante pour découvrir des passions et des centres d'intérêt qui peuvent vous combler. Cela implique d'être prêt à sortir de sa zone de confort, à s'ouvrir à de nouvelles expériences et à explorer des territoires inconnus. Voici des façons d'embrasser l'expérimentation dans votre quête de passions:

Participer à des ateliers et des cours: Prendre part à des ateliers, des cours ou des leçons dans différents domaines peut être un excellent moyen de s'exposer à de nouvelles activités. Que ce soit apprendre à cuisiner, à peindre, à danser ou à jouer d'un instrument, l'expérience d'être dans un environnement d'apprentissage peut susciter des intérêts inattendus.

Groupes d'intérêt: Rejoignez des groupes ou des clubs partageant des intérêts similaires à ceux que vous explorez. Cela peut aller des groupes sportifs aux clubs de lecture ou de discussion sur les films. L'interaction avec des personnes partageant vos intérêts peut être inspirante et vous aider à identifier ce qui vous passionne vraiment.

Événements culturels et artistiques: Participez à des événements culturels, des expositions d'art, des foires et des festivals. Ces événements présentent souvent une variété d'activités et d'expériences qui peuvent susciter votre curiosité.

Voyages et exploration: Voyager dans différents endroits offre l'occasion d'expérimenter des cultures, des cuisines et des activités uniques. Un voyage peut être un moyen incroyable de découvrir des passions que vous n'auriez jamais envisagées dans votre zone de confort.

Osez vous défier: Soyez courageux et essayez des choses que vous éviteriez normalement. Cela peut inclure des activités pour lesquelles vous pensez ne pas avoir de talent ou de compétence. Vous pourriez être surpris par ce que vous découvrez.

Gardez l'esprit ouvert: Soyez prêt à essayer quelque chose même si cela ne semble pas être initialement à votre goût. Parfois, la véritable passion peut être trouvée à des endroits inattendus.

Explorez en ligne: Internet est une source infinie de ressources et d'opportunités pour essayer de nouvelles choses. Des tutoriels d'artisanat aux cours de cuisine en ligne, il existe un large éventail d'activités à explorer.

Apprenez de l'échec: Toutes les expériences d'expérimentation ne conduiront pas à des passions durables, et c'est tout à fait normal. L'échec fait naturellement partie du processus de découverte et d'apprentissage. Utilisez ces expériences pour affiner vos préférences.

L'expérimentation est une façon excitante et enrichissante de découvrir des passions et des centres d'intérêt. En embrassant la volonté d'explorer l'inconnu, vous élargissez votre vision du monde et découvrez des activités qui peuvent apporter joie, satisfaction et un sentiment renouvelé de dessein à votre vie.

Se reconnecter avec l'enfance

L'enfance est souvent une période de découverte et d'exploration, où nos intérêts et nos passions commencent à se former. Se remémorer et se reconnecter avec les passe-temps et les activités qui vous apportaient de la joie dans l'enfance peut être une puissante façon de découvrir des passions durables. Voici des façons de se reconnecter avec l'enfance à la recherche d'intérêts:

Explorez vos souvenirs: Réfléchissez aux activités que vous aimiez faire quand vous étiez enfant. Cela peut inclure le dessin, les jeux en plein air, les jeux de société, la musique, la danse ou tout ce qui vous enthousiasmait.

Revivez les expériences: Envisagez comment vous pouvez ramener ces activités dans votre vie d'adulte. Par exemple, si vous aimiez dessiner, vous pouvez peut-être commencer à peindre ou à faire des illustrations comme passe-temps.

Demandez à vos parents ou à vos proches: Parlez à vos parents, à votre famille ou à des personnes proches qui peuvent se souvenir des activités que vous aimiez lorsque vous étiez enfant. Ils peuvent offrir des insights précieux sur vos premières passions.

Inspirez-vous de l'enfant intérieur: Imaginez-vous comme l'enfant que vous étiez. Quelles activités vous rendaient enthousiaste? Quels jeux vous faisaient oublier le temps? Essayez d'apporter un peu de cet esprit de curiosité et d'exploration dans votre vie actuelle.

Poussez votre passion au niveau suivant: Si vous découvrez que vous avez toujours une passion pour quelque chose que vous aimiez dans votre enfance, envisagez comment vous pouvez la porter au niveau suivant. Par exemple, si vous aimiez construire des choses avec des blocs, peut-être pouvez-vous expérimenter la menuiserie ou la sculpture.

Associez à vos intérêts actuels: Essayez d'associer vos intérêts d'enfance à vos intérêts actuels. Cela peut aboutir à des activités uniques et personnalisées qui reflètent qui vous êtes maintenant.

Gardez l'esprit ouvert: Sachez que vos passions peuvent évoluer et changer avec le temps. Ce que vous aimiez dans votre enfance peut avoir une influence profonde sur qui vous êtes aujourd'hui, mais il est également important d'être ouvert à de nouvelles expériences et à de nouveaux intérêts.

Se reconnecter avec l'enfance est une expérience émotionnellement gratifiante qui peut révéler des passions authentiques et profondément ancrées dans votre essence. En honorant l'enfant intérieur, vous pouvez apporter une nouvelle vitalité à votre vie d'adulte et découvrir des activités qui procurent une joie et une satisfaction véritables.

Accompagnez votre flux

Trouver vos véritables passions et passe-temps implique souvent d'identifier les activités qui vous plongent dans un état de flux, où vous êtes tellement immergé dans la tâche que vous perdez la notion du temps. C'est souvent ce que l'on appelle être dans le "flow", un état de concentration profonde et d'engagement total dans une activité. Suivre votre flux peut être un moyen efficace de découvrir ce qui vous remplit réellement et vous apporte satisfaction. Comment identifier vos passions à travers le "flow":

Conscience de soi: Commencez par observer vos propres réactions et sentiments lorsque vous êtes engagé dans différentes activités. Remarquez quand vous vous sentez énergisé, concentré et inspiré.

Perte de la notion du temps: Faites attention aux moments où vous êtes tellement absorbé dans une activité que vous perdez la notion du temps. C'est souvent un signe que vous êtes dans le "flow".

Sentiment d'accomplissement: Les activités qui vous font vous sentir accompli et satisfait sont plus susceptibles d'être alignées sur vos passions. Le sentiment d'accomplissement peut découler des progrès visibles ou de l'amélioration d'une compétence.

Un défi à la hauteur: Le "flow" est plus susceptible de se produire lorsque vous relevez un défi qui est à la hauteur de vos compétences. L'activité est stimulante, mais vous vous sentez capable de la gérer.

Engagement total: Pendant le "flow", vous êtes totalement absorbé par l'activité. Votre esprit est concentré, et vous n'êtes pas préoccupé par les distractions extérieures.

Intérêts personnels: Prenez en compte vos préférences personnelles et vos centres d'intérêt. Le "flow" est plus susceptible de se produire dans des activités qui sont en accord avec ce que vous aimez et valorisez.

Essayez différentes activités: Expérimentez une variété d'activités pour découvrir celles qui déclenchent le "flow" en vous. Cela peut être quelque chose d'artistique, sportif, intellectuel ou créatif.

Tenez un journal: Gardez un journal des activités où vous expérimentez le "flow". Notez vos observations et vos sentiments pendant ces moments pour vous aider à identifier des modèles.

Recherchez la cohérence: Identifiez s'il existe des activités où vous entrez souvent dans l'état de "flow". Cela peut être un indicateur d'un intérêt véritable et passionné.

Le "flow" est un état puissant qui nous connecte profondément à nos passions et à nos intérêts. En observant les activités qui déclenchent cet état en vous, vous serez plus près de découvrir ce qui vous remplit réellement et vous apporte de la joie. N'oubliez pas que trouver vos passions est un voyage continu, et être ouvert à de nouvelles expériences peut conduire à des découvertes surprenantes.

Variété et flexibilité

Quand il s'agit de découvrir des passions et des hobbies qui vous comblent, il est important de garder à l'esprit que la variété et la flexibilité peuvent être vos meilleurs alliés. La vie regorge d'opportunités pour apprendre, grandir et s'amuser dans différents domaines, et s'intéresser à plus d'un hobby est tout à fait normal et sain. Voici comment la variété et la flexibilité peuvent enrichir votre vie:

Élargissement des horizons: Explorer une variété de hobbies vous permet de découvrir différents mondes et perspectives. Cela peut élargir vos horizons, vous aidant à mieux vous comprendre et à mieux comprendre le monde qui vous entoure.

Réduction de l'ennui: Se concentrer sur une seule activité pendant trop longtemps peut conduire à l'ennui. Avoir plusieurs hobbies rend la vie intéressante et excitante, car vous aurez toujours quelque chose de nouveau à essayer.

Développement de diverses compétences: Chaque hobby offre l'opportunité de développer différents ensembles de compétences. La variété des intérêts peut aboutir à un éventail diversifié de talents que vous pouvez appliquer dans différentes situations.

Stimulation mentale: Différents hobbies stimulent votre cerveau de manière unique. Apprendre quelque chose de nouveau garde votre esprit actif et stimulé, favorisant un vieillissement sain.

Connexions sociales: Chaque hobby peut être une porte pour rencontrer de nouvelles personnes partageant des intérêts similaires. Avoir plusieurs activités que vous aimez peut augmenter vos opportunités de vous faire de nouveaux amis.

Réduction du stress: Alterner entre différents hobbies peut être un moyen efficace de soulager le stress et de recharger vos énergies. Vous vous sentez dépassé par un hobby? Passez à un autre pendant un certain temps.

Découverte de passions inattendues: Explorer différents domaines peut conduire à des découvertes inattendues. Vous pourriez être surpris de tomber amoureux de quelque chose que vous n'aviez jamais envisagé auparavant.

Adaptabilité: La capacité de s'intéresser et de s'impliquer dans plusieurs activités montre de l'adaptabilité et une ouverture au changement. C'est une qualité précieuse dans tous les domaines de la vie.

Expression individuelle: Chaque hobby vous permet de vous exprimer de manière unique. Avoir divers intérêts vous permet d'explorer différentes facettes de votre personnalité.

Gardez à l'esprit qu'il n'y a pas d'approche unique correcte pour découvrir vos intérêts personnels. L'important est d'être ouvert à l'expérience de nouvelles choses et de suivre ce qui résonne en vous. Soyez une personne polyvalente et curieuse, permettant à votre vie d'être enrichie par une variété d'expériences. Si vous êtes attiré par plusieurs domaines, embrassez cette diversité et permettez-lui de contribuer à votre croissance personnelle et à votre bonheur général.

Permission de changer

Une des beautés de l'aventure à la découverte de passions et de passe-temps réside dans la permission de changer et d'évoluer à mesure que vous grandissez et vous transformez. Tout comme les personnes changent et se développent, les centres d'intérêt peuvent également subir des transformations. Ainsi, être ouvert à ce changement est essentiel pour votre découverte continue de soi et pour cultiver un sentiment de satisfaction et d'accomplissement dans votre vie. Voici pourquoi vous devriez vous donner la permission de changer:

Croissance personnelle: À mesure que vous évoluez et vous développez en tant qu'individu, vos priorités et intérêts peuvent aussi changer. Vous permettre d'explorer de nouveaux passe-temps et passions est une façon d'embrasser votre croissance personnelle.

Renouvellement de l'énergie: Souvent, le changement d'intérêts peut apporter une sensation renouvelée d'énergie et d'enthousiasme. En vous impliquant dans quelque chose de nouveau, vous pouvez ressentir une augmentation de la motivation et de l'enthousiasme.

Exploration continue: Se permettre de changer signifie que vous explorez toujours et apprenez de nouvelles choses. Cela maintient votre esprit actif et curieux, contribuant à un sentiment constant de découverte.

Adaptation aux changements de vie: À mesure que la vie présente de nouvelles circonstances et défis, vos intérêts peuvent s'aligner différemment. Changer vos passe-temps pour s'adapter à votre situation actuelle est une façon de prendre soin de vous.

Trouver votre véritable passion: En vous permettant de changer, vous pouvez éventuellement découvrir une passion qui résonne vraiment avec qui vous êtes à un moment donné de votre vie.

Redéfinition des priorités: Changer vos centres d'intérêt est une façon de réévaluer et de redéfinir vos priorités. Cela aide à vous assurer que vous investissez du temps et de l'énergie dans ce qui est le plus significatif pour vous à ce moment-là.

Acceptation de la fluidité de la vie: La vie est fluide et en constante évolution. Accepter que vos intérêts puissent aussi être fluides est une façon d'embrasser la nature dynamique de l'existence.

Liberté d'être authentique: En vous permettant de changer, vous vous donnez la liberté d'être authentique et de suivre ce qui a vraiment du sens pour vous à chaque étape de la vie.

Croissance et défi constants: Changer vos centres d'intérêt vous pousse à sortir de votre zone de confort et à expérimenter de nouvelles choses. Cela contribue à votre croissance et à votre développement continus.

Comprenez que le changement ne signifie pas que vous abandonnez quelque chose. Au lieu de cela, c'est une opportunité d'évoluer et de devenir une version encore plus authentique de vous-même. Soyez bienveillant envers vous-même et autorisez-vous à embrasser l'évolution naturelle de vos intérêts. À mesure que vous changez, vos intérêts peuvent aussi changer, et c'est une partie saine et excitante du processus de découverte de soi et de croissance personnelle.

L'importance d'avoir une vie sociale équilibrée

Alors que nous nous concentrons sur notre croissance personnelle et les relations que nous formons, il est facile d'oublier l'importance fondamentale d'avoir une vie sociale équilibrée. Maintenir des liens sociaux en dehors des relations intimes est essentiel pour notre santé émotionnelle et mentale. Une vie sociale diversifiée ne complète pas seulement nos efforts pour établir des relations saines, mais contribue également à un sentiment plus large de satisfaction et de bien-être. L'importance d'une vie sociale équilibrée:

Réduction de la dépendance

La dépendance émotionnelle est un état dans lequel une personne place une quantité excessive de son bonheur, de son bien-être émotionnel et de son sentiment d'identité dans une seule relation. Cela peut mettre une pression écrasante sur l'autre personne et entraîner un déséquilibre préjudiciable dans la dynamique de la relation. Une vie sociale équilibrée est un antidote efficace contre la dépendance émotionnelle, vous permettant d'éviter de surcharger une seule relation avec toutes vos besoins émotionnels. Comment la diversification des relations sociales réduit la dépendance:

Éviter de surcharger la relation: Lorsque la plupart de vos besoins émotionnels et sociaux sont dirigés vers une seule relation, vous risquez de surcharger cette personne d'attentes et de demandes excessives. Cela crée une dynamique insoutenable et exerce une pression injuste sur la relation.

Diversification du soutien: En cultivant une vie sociale équilibrée, vous construisez un système de soutien émotionnel plus large et résilient. Vous pouvez partager vos inquiétudes, joies et défis avec des amis, des membres de la famille et des collègues, répartissant la charge émotionnelle de manière plus saine et équilibrée.

Développement personnel: Interagir avec une variété de personnes offre des opportunités de croissance personnelle. Chaque relation sociale apporte des perspectives uniques et des expériences qui contribuent à votre compréhension du monde et de vous-même.

Multiples connexions significatives: La diversification des relations sociales vous permet de former plusieurs relations significatives. Cela ne réduit pas seulement la dépendance émotionnelle à un seul individu, mais enrichit également votre vie avec différents types de relations.

Indépendance et estime de soi: En dépendant moins d'une seule relation pour votre bonheur et votre estime de soi, vous renforcez votre indépendance émotionnelle. Cela se traduit par une augmentation de la confiance en soi et de la capacité à faire face aux défis de la vie de manière plus équilibrée.

Prévention des relations toxiques: Dépendre excessivement d'une relation peut vous rendre plus enclin à tolérer des comportements toxiques ou néfastes, par crainte de perdre cette connexion. Une vie sociale équilibrée réduit la probabilité d'accepter des comportements inappropriés au nom de la dépendance émotionnelle.

Ainsi, en investissant dans une vie sociale diversifiée, vous prenez des mesures proactives pour éviter le piège de la dépendance émotionnelle. Cultiver un réseau de soutien émotionnel plus large et sain offre équilibre, croissance et résilience, tant dans vos relations intimes que dans votre vie dans son ensemble.

Nouvelles perspectives

L'une des richesses les plus précieuses de l'interaction avec une variété de personnes réside dans l'opportunité d'acquérir de nouvelles perspectives. Chaque individu apporte avec lui un bagage unique d'expériences, d'origines, de valeurs et de cultures. En vous engageant avec cette diversité, vous élargissez votre vision du monde de manière profonde et significative. Voici comment l'interaction avec différentes perspectives peut enrichir votre vie:

Amélioration de l'empathie et de la compréhension: En entrant en contact avec les expériences et les défis de personnes issues de différentes origines, vous développez une empathie plus profonde. Cela vous aide à comprendre la complexité de la vie des autres et à adopter une perspective plus inclusive et compatissante.

Stimulation de la pensée critique: L'exposition à différentes manières de penser et de vivre remet en question vos propres idées préconçues. Cela stimule la pensée critique, vous encourageant à remettre en question vos croyances et à envisager des alternatives.

Inspiration et créativité: La diversité des perspectives peut être une source inépuisable d'inspiration. Écouter des histoires de vie uniques, apprendre sur les traditions culturelles et explorer différentes approches des défis peut déclencher votre créativité et votre imagination.

Développement de la tolérance: L'exposition à différentes cultures et valeurs contribue à développer une plus grande tolérance et acceptation des différences. Vous apprenez à apprécier les nuances qui rendent chaque individu unique.

Démystification des stéréotypes: L'interaction avec des personnes d'origines diverses peut briser les stéréotypes et les préjugés. Vous réalisez que les généralisations ne reflètent souvent pas la richesse et la complexité de chaque personne.

Expansion des connaissances: Chaque individu apporte avec lui un ensemble unique de connaissances et d'expériences. En interagissant avec une variété de personnes, vous avez l'occasion d'apprendre et d'élargir vos horizons dans divers domaines.

Favorisation de la réflexion personnelle: En écoutant des histoires de vie différentes de la vôtre, vous pouvez commencer à réfléchir à vos propres choix, valeurs et priorités. Cette autoréflexion peut conduire à une croissance personnelle significative.

La quête de nouvelles perspectives sociales enrichit non seulement votre vie, mais promeut également la compréhension globale et l'acceptation. À travers ces interactions, vous élargissez non seulement votre vision du monde, mais vous contribuez également à la construction d'une société plus diversifiée, inclusive et harmonieuse.

Soutien social

Un réseau de soutien social joue un rôle crucial dans notre santé émotionnelle et mentale. Avoir des amis, de la famille et des collègues de confiance sur lesquels vous pouvez compter offre un système de soutien précieux dans tous les aspects de la vie. L'importance de ce réseau va bien au-delà de l'aspect social; il a un impact profond sur votre santé mentale et votre qualité de vie. Voici comment un réseau de soutien social contribue à votre bien-être:

Soulagement du stress et de l'isolement: En période de stress, de défis ou de difficultés, compter sur le soutien émotionnel d'amis et de la famille peut atténuer le sentiment d'isolement. Savoir que vous n'êtes pas seul dans vos luttes contribue à réduire le fardeau émotionnel.

Partage d'expériences: En partageant vos expériences avec les personnes de votre réseau de soutien, vous découvrez que souvent les autres ont connu des situations similaires. Cela peut offrir du réconfort et une perspective, ainsi que des idées sur la manière de faire face à des défis spécifiques.

Augmentation de l'estime de soi: Être entouré de personnes qui se soucient de vous et apprécient votre présence contribue à une estime de soi saine. Le soutien constant vous rappelle que vous êtes aimé et apprécié, renforçant l'image positive que vous avez de vous-même.

Réduction de l'impact de la solitude: La solitude peut avoir des effets néfastes sur la santé mentale. Avoir un réseau social actif contribue à prévenir la solitude, car vous avez des personnes avec qui partager des moments, des expériences et des émotions.

Élargissement des ressources: Un réseau de soutien social diversifié offre une vaste gamme de ressources et de compétences. Vous pouvez compter sur différentes personnes pour différents types de soutien, qu'il s'agisse d'un soutien émotionnel, pratique ou même professionnel.

Favorisation de moments joyeux: Partager des moments de joie, de célébrations et de réalisations avec des amis et de la famille crée des souvenirs positifs et renforce les liens affectifs. Cela accroît le sentiment d'appartenance et de connexion.

Soutien dans la prise de décisions: Les personnes de votre réseau de soutien peuvent offrir des idées et des perspectives objectives dans des situations où vous devez prendre des décisions importantes. Cela peut vous aider à voir les avantages et les inconvénients de manière plus claire.

Résilience émotionnelle: Le soutien social contribue à développer la résilience émotionnelle. Savoir que vous avez des personnes en qui vous pouvez avoir confiance en temps difficile renforce votre capacité à faire face aux défis et aux adversités.

Cultiver un réseau de soutien social est un investissement précieux dans votre santé émotionnelle et mentale. Non seulement il garantit que vous avez un système de soutien fiable en temps difficile, mais il enrichit également votre vie quotidienne de relations significatives et positives.

Estime de soi et confiance

Les interactions sociales jouent un rôle crucial dans la construction et le maintien d'une estime de soi saine et de la confiance en soi. Alors que les relations intimes ont un impact significatif sur notre image de soi, nos interactions avec un groupe plus large de personnes ont également un effet profond sur notre perception de nous-mêmes. Voici comment les relations sociales contribuent à accroître l'estime de soi et la confiance en soi:

Validation externe et estime de soi: Interagir socialement vous permet d'expérimenter la validation externe de vos qualités et caractéristiques. En recevant des retours positifs, des compliments et de la reconnaissance de la part d'amis, de collègues et de membres de la famille, vous renforcez votre estime de soi. Cela vous rappelle vos qualités et réalisations, contribuant à une image positive de vous-même.

Amélioration des compétences sociales: En participant à des interactions sociales, vous avez l'opportunité de pratiquer et de développer vos compétences sociales. À mesure que vous communiquez efficacement, partagez vos idées et vous connectez avec les autres, votre confiance en vos compétences sociales augmente.

Diversité des perspectives: Chaque personne dans votre réseau social apporte une perspective unique. L'exposition à différentes opinions et points de vue enrichit votre propre vision du monde et vous enseigne que vos idées ont de la valeur. Cela aide à renforcer la confiance que vous avez quelque chose de significatif à apporter.

Soutien émotionnel et estime de soi: Les relations sociales positives offrent un soutien émotionnel lorsque vous faites face à des défis. Les amis et la famille qui offrent une oreille attentive, des conseils et de l'encouragement renforcent votre sentiment d'être aimé et valorisé, contribuant à une estime de soi renforcée.

Acceptation et confiance en soi: Être accepté et valorisé dans votre réseau social renforce la croyance que vous méritez l'amour et le respect. Cela contribue à une plus grande confiance en vous, car vous savez que vous n'avez pas besoin de vous efforcer pour être accepté; vous êtes aimé et valorisé pour ce que vous êtes.

Célébration des réussites: Les amis et la famille partagent vos joies et succès. La célébration collective de vos victoires renforce votre estime de soi, vous rappelant vos réalisations et compétences.

Influence positive: Les relations sociales positives peuvent vous inspirer à vous efforcer d'atteindre vos objectifs. En voyant les autres réussir et surmonter les défis, vous êtes motivé à faire de même, ce qui contribue à une plus grande confiance en soi.

Vos interactions sociales ne sont pas seulement un complément à vos relations intimes, mais elles ont également un impact puissant sur votre image de soi et votre confiance en vous. En cultivant des relations positives et saines dans différents domaines de votre vie, vous construisez une base solide de soutien émotionnel et de validation qui contribue à votre estime de soi et à votre confiance globale.

Divertissement et loisirs

La vie ne devrait pas se résumer uniquement au travail et aux responsabilités; le divertissement et les loisirs sont également des composants essentiels d'une vie équilibrée et saine. Les activités sociales jouent un rôle crucial en fournissant des moments de détente, de joie et de rajeunissement. Voici comment les activités sociales contribuent au plaisir et aux loisirs dans votre vie:

Soulagement du stress et relaxation: Participer à des activités sociales procure un soulagement nécessaire du stress accumulé. Les moments de détente et de rire avec des amis, de la famille ou des collègues aident à détendre l'esprit et le corps, soulageant les tensions quotidiennes.

Pause dans la routine: La vie quotidienne suit souvent une routine monotone de travail, de tâches ménagères et d'autres obligations. Les activités sociales qui sortent de cette routine apportent un élément de nouveauté et d'excitation, offrant une pause bienvenue.

Stimulation de la créativité et de l'inspiration: Les rencontres sociales et les activités récréatives peuvent stimuler votre créativité et votre inspiration. En participant à des expériences différentes et en interagissant avec des personnes aux intérêts variés, vous pouvez acquérir de nouvelles perspectives et idées.

Renforcement des relations: Participer à des activités sociales avec des amis, de la famille ou des collègues peut renforcer vos relations. En partageant des moments de plaisir et de joie, vous créez des souvenirs positifs qui deviennent des liens émotionnels plus profonds.

Promotion de la santé mentale: Le divertissement et les loisirs ont un impact positif sur votre santé mentale. Rire, jouer et profiter d'activités qui vous apportent de la joie libèrent des endorphines, des neurotransmetteurs qui favorisent le bien-être et le bonheur.

Équilibre émotionnel: Participer à des activités sociales ne procure pas seulement de la joie, mais contribue également à équilibrer vos émotions. Prendre le temps de s'amuser et de se détendre réduit le risque d'épuisement émotionnel et de burnout.

Stimulation de l'aventure: Les activités sociales impliquent souvent l'exploration de nouveaux endroits, activités et expériences. Cela stimule le sentiment d'aventure et de curiosité, contribuant à une mentalité plus ouverte et optimiste.

Création de souvenirs durables: Les activités sociales se traduisent souvent par des souvenirs joyeux et durables. Ces souvenirs peuvent être une source de réconfort et de bonheur, même dans les moments difficiles de la vie.

Consacrer du temps aux activités sociales et récréatives n'est pas seulement une indulgence; c'est un élément essentiel d'une vie équilibrée et saine. Le plaisir, la joie et la détente issus de ces activités nourrissent votre esprit, votre corps et votre âme, contribuant à un sentiment général de bien-être et de satisfaction.

Enrichissement de la vie en général

Une vie sociale équilibrée est un trésor qui enrichit tous les aspects de votre existence. Elle ajoute de la profondeur, de la variété et du sens à votre voyage, offrant une vue complète des expériences humaines. Comment une vie sociale équilibrée peut-elle enrichir votre vie en général:

Élargissement des expériences: La vie sociale équilibrée élargit vos expériences de vie. Elle vous expose à différentes cultures, idées, visions du monde et histoires de vie, vous permettant d'enrichir votre propre perspective.

Création de précieux souvenirs: Participer à des activités sociales et à des événements avec des amis et des proches crée des souvenirs précieux. Ces souvenirs, remplis de rires, de conversations significatives et de moments partagés, forment un héritage de moments inoubliables.

Élargissement du cercle social: Une vie sociale équilibrée aide à élargir votre cercle social. Cela signifie que vous aurez l'opportunité de rencontrer et d'interagir avec une grande variété de personnes, enrichissant ainsi votre réseau de relations.

Développement de compétences sociales: Interagir avec différentes personnes et participer à diverses activités sociales contribue au développement de vos compétences sociales. Cela inclut les compétences en communication, en empathie, en résolution de conflits et en travail d'équipe.

Découverte de nouveaux centres d'intérêt: Les activités sociales peuvent vous présenter des centres d'intérêt que vous n'avez jamais envisagés auparavant. Cette découverte de nouveaux passe-temps et passions ajoute des couches d'enthousiasme à votre vie.

Lutte contre l'isolement: Une vie sociale équilibrée lutte contre l'isolement et la solitude. Le sentiment d'appartenance et de connexion avec d'autres êtres humains est vital pour la santé mentale et émotionnelle.

Développement personnel: À travers les interactions sociales, vous avez l'opportunité de grandir en tant que personne. Apprendre des autres, partager des expériences et remettre en question vos propres croyances et préjugés contribuent à votre développement personnel.

Équilibre entre travail et loisirs: Une vie sociale équilibrée aide à maintenir un équilibre sain entre le travail et les loisirs. En réservant du temps pour les activités sociales, vous évitez de vous surmener et permettez à votre corps et à votre esprit de se reposer.

Augmentation du bonheur et du bien-être: Le contact humain, le partage de rires et la construction de relations gratifiantes sont étroitement liés au bonheur et au bien-être. Une vie sociale riche et équilibrée contribue de manière significative à votre contentement général.

En fin de compte, une vie sociale équilibrée ne concerne pas seulement les événements sociaux ou les rencontres fortuites; c'est une manière d'embrasser la plénitude de l'expérience humaine. Elle contribue à créer un récit riche et varié de votre vie, rempli de sens, de relations profondes et de souvenirs qui perdureront toujours.

Évasion de la routine

La vie quotidienne nous plonge souvent dans une routine qui peut devenir monotone et prévisible. La socialisation joue un rôle fondamental pour rompre cette routine, offrant une évasion revigorante de l'ordinaire. Comment la socialisation aide-t-elle à briser la monotonie et à insuffler de nouvelles énergies à la vie:

Nouvelles expériences: Lorsque vous socialisez, vous ouvrez la porte à de nouvelles expériences. Chaque rencontre sociale apporte avec elle l'opportunité d'apprendre quelque chose de nouveau, d'expérimenter des situations différentes et de créer des souvenirs uniques.

Exploration de lieux différents: Les activités sociales ont souvent lieu dans des endroits différents. Cela peut vous amener à explorer de nouveaux quartiers, villes ou même pays, vous permettant de voir et de vivre des endroits que vous n'aviez peut-être pas considérés auparavant.

Rupture de la routine: La socialisation est une pause rafraîchissante dans la routine quotidienne. Les rencontres sociales ajoutent un élément de surprise et de spontanéité à votre emploi du temps, évitant que les choses ne deviennent ennuyeuses.

Renouvellement de l'enthousiasme: Lorsque vous vous retrouvez avec des amis, des collègues ou des proches, il y a un renouvellement de l'enthousiasme. L'échange d'histoires, de rires et d'interactions significatives ravive votre passion pour la vie et vous rappelle à quel point elle peut être excitante.

Stimulation de la créativité: Les rencontres sociales impliquent souvent la participation à des activités créatives telles que la peinture, la musique, la danse ou même des jeux. Ces activités stimulent votre créativité et vous permettent de vous exprimer de manière nouvelle et excitante.

Connexions significatives: Socialiser avec des amis proches et des proches renforce les liens émotionnels. Ces connexions significatives nourrissent votre âme et vous procurent un sentiment d'appartenance.

Recharge émotionnelle: Les rencontres sociales offrent une pause du stress quotidien. Elles vous permettent de vous détendre, de vous recharger émotionnellement et de mettre de côté vos préoccupations pour un moment.

Aventure et défi: Découvrir de nouvelles choses et interagir avec différentes personnes peut être une aventure excitante et stimulante. Ces défis ajoutent un élément d'excitation à votre vie, la maintenant stimulante et captivante.

Élargissement des perspectives: En interagissant avec des personnes d'origines différentes, vous élargissez vos perspectives sur la vie. Cela aide à rompre la stagnation mentale et à élargir votre compréhension du monde qui vous entoure.

Alors que vous vous concentrez sur la construction de relations saines et que vous surmontez la dépendance émotionnelle, ne négligez pas l'importance d'une vie sociale équilibrée. Cultiver un réseau diversifié de connexions sociales contribue à votre croissance, à votre bonheur et à votre résilience émotionnelle. Prenez le temps de socialiser, de vous faire de nouveaux amis, de participer à des activités sociales et de nourrir les relations en dehors de votre cercle intime.

Comment maintenir son propre focus, même en étant dans une relation

Bien que nous cherchions à cultiver des relations saines, nous ne devons jamais perdre de vue l'importance de rester individuels et autonomes. Garder le focus sur soi, même en étant dans une relation, est crucial pour l'autosuffisance émotionnelle et la croissance personnelle. Voici quelques stratégies pour atteindre cet équilibre:

Temps seul

Au milieu des complexités des relations, nous oublions souvent de réserver du temps pour nous-mêmes. Cependant, avoir du temps seul est crucial pour notre santé émotionnelle et mentale, que nous soyons en relation ou non. Voici pourquoi:

Auto-connexion et réflexion: Prendre régulièrement du temps pour soi offre l'occasion de se reconnecter à soi-même. Dans un monde trépidant, il est facile de perdre contact avec nos propres pensées et sentiments. Ce temps vous permet de réfléchir à votre parcours personnel, à vos besoins et à vos objectifs.

Pratique de passe-temps et d'intérêts: Le temps seul est l'occasion de s'engager dans des passe-temps que vous aimez. Cela apporte non seulement de la joie et de la satisfaction, mais cela aide également à maintenir votre identité individuelle. La pratique d'intérêts personnels contribue à une estime de soi saine et au sentiment d'accomplissement.

Recharge d'énergie: La vie moderne est souvent trépidante et épuisante. Avoir du temps pour soi vous permet de vous reposer et de recharger vos batteries. C'est essentiel pour maintenir votre bien-être émotionnel et physique, ainsi que pour vous assurer d'avoir l'énergie nécessaire pour contribuer positivement à vos relations.

Connaissance de soi et croissance personnelle: Le temps seul est également une période d'auto-exploration et de découverte de soi. En vous donnant de l'espace pour être seul, vous avez l'occasion de mieux comprendre vos propres émotions, pensées et valeurs. Cela peut conduire à une croissance personnelle significative.

Réduction du stress: Le temps seul peut être une manière efficace de réduire le stress. Loin des demandes et des pressions externes, vous pouvez vous détendre, pratiquer des techniques de relaxation et recharger vos batteries.

Équilibre entre interactions sociales et solitude: Trouver un équilibre sain entre les interactions sociales et les moments de solitude est essentiel. La solitude n'a pas besoin d'être négative; en fait, elle peut être un moment précieux pour se connecter à soi-même, cultiver l'autoréflexion et nourrir sa paix intérieure.

Communiquer ses besoins: Dans les relations, il est important de communiquer clairement et respectueusement vos besoins en matière de temps seul. Partagez avec votre partenaire l'importance de ce temps pour vous et expliquez comment cela contribue à votre bien-être émotionnel.

Prendre soin de soi est essentiel pour être une présence saine et positive dans n'importe quelle relation. Par conséquent, n'hésitez pas à réserver du temps pour vous-même, vous permettant de grandir, de guérir et de continuer à construire une base solide pour tous les aspects de votre vie.

Définir des limites

Quand il s'agit de rester centré sur soi-même dans une relation, établir des limites saines joue un rôle crucial. Définir et communiquer clairement vos besoins en matière d'espace et de temps est un moyen puissant de vous assurer de rester authentique et autonome au sein de la relation. Voici des stratégies pour établir des limites saines:

Connaissance de soi et communication ouverte: Avant de communiquer vos limites à votre partenaire, il est important que vous ayez une compréhension claire de ces limites. Prenez le temps de réfléchir à vos besoins personnels, y compris combien de temps vous souhaitez consacrer à des activités individuelles et comment ces activités contribuent à votre bien-être.

Communication assertive: Lorsqu'il est temps de communiquer vos limites à votre partenaire, faites-le de manière claire et respectueuse. Utilisez la communication assertive en exprimant vos sentiments et besoins sans accusations ni hostilité. Utilisez le "je" dans vos déclarations pour vous concentrer sur vos propres émotions et besoins, plutôt que de blâmer votre partenaire.

Trouvez le bon moment: Choisissez un moment approprié et calme pour discuter de vos limites avec votre partenaire. Évitez d'aborder le sujet pendant un moment de tension ou de stress. Avoir une conversation dans un environnement calme et confortable augmente la probabilité d'une communication efficace.

Définissez des limites claires: Soyez précis en définissant vos limites. Partagez combien de temps vous aimeriez consacrer à vos activités individuelles, quels jours de la semaine peuvent être réservés à ces activités et comment cela correspond à vos besoins émotionnels et de croissance personnelle.

Équilibre entre espace et connexion: Établir des limites saines ne signifie pas s'éloigner complètement de votre partenaire. Il s'agit de trouver un équilibre entre le temps que vous consacrez à vous-même et le temps que vous partagez avec votre partenaire. Cela permet à chacun de continuer à nourrir la relation tout en respectant ses besoins individuels.

Partagez des expériences: Après avoir consacré du temps à vos activités individuelles, partagez vos expériences avec votre partenaire. Cela maintient un sentiment de connexion et d'engagement, même lorsque vous suivez des intérêts différents. Cet échange d'expériences peut également enrichir vos conversations et renforcer votre lien.

Flexibilité et compromis: Les relations saines impliquent engagement et flexibilité. Soyez prêt à ajuster vos limites en fonction des besoins changeants de chacun. À mesure que vous et votre partenaire évoluez ensemble, vos limites peuvent changer, et il est important de maintenir un dialogue continu à ce sujet.

Avantages des limites saines: Établir des limites saines contribue non seulement à votre bien-être individuel, mais renforce également la relation dans son ensemble. Cela crée un environnement de respect mutuel où chacun a la liberté d'être authentique, de poursuivre des intérêts personnels tout en maintenant la connexion et l'intimité. Ainsi, rappelez-vous que définir des limites n'est pas seulement sain, mais c'est aussi une démonstration de prendre soin de soi et de sa relation.

Partagez vos expériences

Partager vos expériences individuelles avec votre partenaire est un moyen significatif de maintenir la connexion et l'engagement, même lorsque vous poursuivez des intérêts séparés. Cette pratique renforce non seulement la relation, mais enrichit également la compréhension mutuelle et crée des opportunités pour des conversations significatives. Comment pouvez-vous tirer le meilleur parti du partage d'expériences:

Créer des ponts de compréhension: En partageant vos expériences, vous offrez à votre partenaire un aperçu de votre vie individuelle. Cela leur permet de mieux comprendre ce qui vous rend heureux, ce qui vous inspire et comment vous grandissez en tant qu'individu. De même, lorsque votre partenaire partage ses propres expériences, vous gagnez des perspectives sur ses passions, préoccupations et réalisations personnelles.

Conversations riches et significatives: Le partage d'expériences individuelles crée des opportunités pour des conversations profondes et significatives. Demandez à votre partenaire quelles activités il a faites et montrez un intérêt sincère. Ces conversations peuvent aller au-delà de la superficialité, vous permettant d'explorer les émotions, les défis et les apprentissages que chacun rencontre dans ses parcours personnels.

Construire un sentiment d'intimité: En partageant vos expériences et en écoutant celles de votre partenaire, vous construisez un sentiment d'intimité plus profond. Ce partage crée un espace sûr où vous pouvez tous les deux être vulnérables et authentiques. Savoir que votre partenaire s'intéresse et s'engage à comprendre votre vie individuelle renforce le lien émotionnel entre vous.

Trouver des points communs: En partageant vos expériences individuelles, vous pouvez découvrir des intérêts ou des activités communes qui n'étaient pas connus auparavant. Cela peut conduire à de nouvelles opportunités de s'engager ensemble et d'explorer des activités que vous appréciez tous les deux. Même si vos intérêts individuels sont différents, ces points communs peuvent renforcer davantage la connexion entre vous.

Partager joies et défis: En partageant vos expériences, vous partagez non seulement vos joies, mais aussi vos défis. Cela permet à votre partenaire d'être une source de soutien émotionnel lorsque vous traversez des moments difficiles. La capacité de partager vos préoccupations et de trouver un soutien mutuel contribue à construire une relation plus solidaire et empathique.

Pratiquer l'empathie: Partager des expériences est également un moyen de pratiquer l'empathie. En écoutant attentivement les expériences de votre partenaire et en montrant un intérêt sincère, vous montrez que vous valorisez ses sentiments et son parcours individuel. Cela crée un environnement où vous vous sentez compris et soutenus tous les deux.

Sachez que le partage d'expériences doit être un échange mutuel. Soyez prêt à écouter aussi bien qu'à parler. En le faisant, vous maintenez non seulement une connexion saine dans votre relation, mais enrichissez également vos propres vies individuelles grâce à la compréhension et au soutien mutuel.

Croissance personnelle continue

Maintenir un focus constant sur votre croissance personnelle, même en étant dans une relation, est une approche puissante pour maintenir la vitalité et l'autosuffisance émotionnelle. La croissance individuelle enrichit non seulement votre propre vie, mais contribue également à la santé et à la qualité de la relation que vous partagez avec votre partenaire. Raisons pour lesquelles la croissance personnelle continue est essentielle:

Enrichissement personnel: Rechercher la croissance personnelle est une expérience qui vous défie constamment à vous étendre, à apprendre et à évoluer en tant qu'individu. En acquérant de nouvelles compétences, en acquérant des connaissances et en explorant de nouveaux domaines d'intérêt, vous créez une vie plus riche et significative pour vous-même.

Cela se traduit par un sentiment d'accomplissement personnel qui se reflète positivement dans tous les domaines de votre vie, y compris la relation.

Contribution à la relation: La croissance personnelle continue apporte une valeur significative à la relation. En évoluant, vous apportez de nouvelles perspectives, expériences et idées à la relation. Cela peut être particulièrement bénéfique pour la résolution de problèmes et la prise de décisions, car vous apportez une variété d'informations à la table.

Autonomie et autosuffisance: En recherchant votre propre croissance, vous renforcez votre autonomie et votre autosuffisance. Cela est essentiel pour maintenir une identité forte et indépendante au sein de la relation. L'autosuffisance émotionnelle est une base solide pour une relation saine, car elle vous permet de partager votre vie avec votre partenaire sans dépendre de lui pour votre propre bonheur.

Inspiration mutuelle: Votre engagement envers la croissance personnelle peut inspirer votre partenaire à faire de même. Lorsque vous montrez un dévouement à l'apprentissage et au développement, vous créez un environnement encourageant pour que tous deux grandissent ensemble. Le soutien mutuel dans ce voyage de croissance peut encore renforcer la connexion entre vous.

Adaptabilité et résilience: La croissance personnelle vous prépare à faire face aux défis et aux changements de manière plus efficace. À mesure que vous apprenez à affronter de nouveaux obstacles et à vous adapter à différentes situations, vous apportez une résilience précieuse à la relation. Cela vous aide à affronter les hauts et les bas de la vie ensemble avec plus de confiance.

Équilibre entre le "moi" et le "nous": La croissance personnelle continue aide à trouver un équilibre sain entre vos besoins individuels et les besoins de la relation. À mesure que vous évoluez en tant qu'individu, vous apprenez à équilibrer votre propre croissance avec la croissance conjointe qui se produit dans la relation.

La croissance personnelle n'est pas égoïste, mais une contribution précieuse pour vous et pour la relation dans son ensemble. Continuer à explorer de nouvelles opportunités, apprendre de vos expériences et investir dans votre propre développement est un moyen puissant de cultiver une relation saine et enrichissante.

Communication ouverte

La communication ouverte est le fondement des relations saines et réussies. Elle devient encore plus essentielle lorsque vous cherchez à équilibrer vos besoins individuels avec la dynamique d'une relation. Maintenir les lignes de communication ouvertes et transparentes avec votre partenaire est essentiel pour garantir que vous puissiez vous soutenir mutuellement dans vos parcours de croissance personnelle. Aspects importants de la communication ouverte:

Clarté et compréhension: La communication ouverte vous permet de transmettre clairement et précisément vos besoins individuels. Lorsque vous partagez vos désirs, aspirations et intérêts avec votre partenaire, vous créez un espace pour une compréhension mutuelle. Cela aide à éviter les malentendus et les conflits qui peuvent survenir en raison de suppositions erronées.

Éviter les ressentiments: Lorsque les besoins individuels ne sont pas communiqués, des ressentiments et des frustrations peuvent survenir. La communication ouverte vous permet d'exprimer ce que vous ressentez et ce dont vous avez besoin, évitant ainsi que des sentiments négatifs s'accumulent et créent des tensions dans la relation.

Coopération et soutien mutuel: En partageant vos objectifs de croissance personnelle et vos intérêts individuels, vous créez l'opportunité de coopération et de soutien mutuel. Votre partenaire peut devenir un allié dans votre parcours, offrant encouragement, compréhension et même participant à certaines activités avec vous.

Négociation de l'espace et du temps: La communication ouverte est également cruciale lorsqu'il s'agit de négocier de l'espace et du temps pour des activités individuelles. En discutant de vos besoins et en écoutant ceux de votre partenaire, vous pouvez trouver un équilibre sain entre le temps que vous passez ensemble et les activités que vous souhaitez faire séparément.

Respect de l'individualité: La communication ouverte renforce le respect de l'individualité de chacun. En partageant vos besoins, vous reconnaissez que chacun a ses propres aspirations et intérêts. Cela contribue à un environnement où chacun se sent valorisé et accepté pour ce qu'il est.

Renforcement de la connexion: La communication ouverte est une opportunité de se connecter émotionnellement à un niveau plus profond. Lorsque vous partagez vos pensées, vos sentiments et vos objectifs avec votre partenaire, vous construisez une base solide de confiance et d'intimité.

Résolution des conflits: Lorsque des malentendus ou des conflits surviennent, la communication ouverte est essentielle pour trouver des solutions. La capacité d'exprimer vos préoccupations et d'écouter celles de votre partenaire facilite la résolution des problèmes de manière constructive et respectueuse.

La communication ouverte est une voie à double sens. Alors que vous partagez vos besoins et vos sentiments, vous devez également être prêt à écouter votre partenaire attentivement et avec empathie. La pratique de la communication ouverte crée un environnement où chacun se sent en sécurité pour être authentique, ce qui est essentiel pour la croissance individuelle et pour une relation saine.

Équilibre entre espace et connexion

Trouver le juste équilibre entre le temps que vous consacrez à vous-même et le temps que vous partagez avec votre partenaire est essentiel pour maintenir la santé émotionnelle et l'harmonie dans une relation. Bien qu'il soit naturel de vouloir se connecter et partager des moments avec la personne que vous aimez, il est également essentiel de préserver votre individualité et de poursuivre vos intérêts personnels. Voici des moyens d'équilibrer l'espace et la connexion dans une relation:

Comprenez vos besoins: Tout d'abord, il est important que vous compreniez vos propres besoins et limites en termes d'espace et de connexion. Réfléchissez à la quantité de temps que vous devez consacrer à vos activités individuelles et à la quantité de temps que vous souhaitez passer avec votre partenaire. Cela vous permettra d'établir des limites saines de manière consciente.

Temps de qualité: Lorsque vous passez du temps ensemble, concentrez-vous sur la qualité plutôt que sur la quantité. Au lieu d'être simplement physiquement présent, concentrez-vous sur l'engagement dans des conversations significatives, le partage d'expériences et la création de souvenirs positifs. Cela vous permet de tirer le meilleur parti du temps partagé.

Activités individuelles: Consacrez régulièrement du temps à des activités individuelles qui vous énergisent et vous procurent un sentiment d'accomplissement. Cela peut impliquer des passe-temps, de l'exercice, de la lecture, entre autres centres d'intérêt. Avoir vos propres moments de réalisation personnelle contribue à votre estime de soi et à votre bien-être émotionnel.

Planification équilibrée: Établissez un calendrier ou une routine qui permette à chacun de disposer de temps pour ses activités individuelles et également pour des moments de connexion. Cela peut impliquer de déterminer des jours spécifiques pour se consacrer à ses propres centres d'intérêt et d'autres jours pour profiter de la compagnie l'un de l'autre.

Flexibilité et compréhension: Soyez prêt à être flexible et compréhensif lorsque des changements de plans surviennent. Parfois, des circonstances inattendues peuvent nécessiter des ajustements dans votre emploi du temps. Adoptez une attitude ouverte et adaptable pour vous assurer que vous vous soutenez mutuellement.

Maintenez le dialogue: L'équilibre entre espace et connexion n'est pas statique; il peut évoluer avec le temps. Continuez à maintenir un dialogue ouvert avec votre partenaire et ajustez-vous ensemble au besoin. Une communication constante aide à s'assurer que vous êtes tous les deux satisfaits de la dynamique de la relation.

Trouver le bon équilibre entre espace et connexion nécessite de l'empathie, de la compréhension et du respect mutuel. Rappelez-vous qu'il est sain et normal d'avoir des centres d'intérêt individuels et de chercher des moments de découverte de soi, même en étant dans une relation. En prenant soin de votre individualité tout en nourrissant la connexion avec votre partenaire, vous construirez une relation équilibrée et satisfaisante pour vous deux.

Concentration sur les objectifs personnels

Lorsque nous sommes dans une relation, il est facile de concentrer une grande partie de notre attention et de notre énergie sur la dynamique du partenariat. Cependant, il est essentiel de ne pas perdre de vue vos propres objectifs personnels et aspirations individuelles. Maintenir la focalisation sur vos objectifs personnels tout en étant en relation n'enrichit pas seulement votre propre vie, mais contribue également à une relation plus saine et stimulante. Voici des façons de poursuivre vos objectifs personnels:

Définissez des objectifs clairs: Identifiez vos objectifs personnels clairs et spécifiques. Ils peuvent varier de l'avancement de votre carrière, à l'acquisition de nouvelles compétences, à l'atteinte d'objectifs de santé et de forme physique, jusqu'à l'exploration de nouveaux centres d'intérêt et passe-temps.

Communiquez vos objectifs: Partagez vos objectifs avec votre partenaire de manière ouverte et honnête. Cela leur permet de comprendre vos ambitions et de vous offrir un soutien, des encouragements et de la compréhension pendant que vous travaillez pour les atteindre.

Établissez des priorités: Trouvez un équilibre entre consacrer du temps à la relation et réserver du temps pour travailler sur vos objectifs personnels. Établir des priorités et gérer votre temps efficacement aide à vous assurer que vous pouvez progresser dans les deux domaines.

Élaborez un plan d'action: Développez un plan d'action détaillé pour atteindre vos objectifs. Définissez des étapes mesurables et concrètes qui vous rapprocheront de vos aspirations. Cela peut impliquer des échéances, des tâches spécifiques et des ressources nécessaires.

Soyez cohérent: La cohérence est essentielle pour le succès. Réservez régulièrement du temps pour travailler sur vos objectifs, même s'il ne s'agit que d'un petit pas chaque jour. L'engagement constant conduit à des résultats tangibles avec le temps.

Recherchez un soutien mutuel: En poursuivant vos objectifs personnels, soutenez et encouragez également votre partenaire à faire de même. Créer un environnement de soutien mutuel encourage la croissance personnelle et renforce la relation.

Célébrez les réalisations: À mesure que vous atteignez des jalons dans vos objectifs personnels, célébrez ces réussites. Partagez vos victoires avec votre partenaire et autorisez-vous à être fier de votre progrès.

Trouvez des synergies: Cherchez des moyens d'intégrer vos objectifs personnels dans la relation. Par exemple, si vous êtes tous les deux intéressés par un sujet particulier, envisagez de suivre ensemble des cours ou des ateliers liés.

Grandissez ensemble: Bien que vous vous concentriez sur vos propres objectifs, rappelez-vous que la croissance personnelle contribue également à la croissance de la relation. En vous développant en tant qu'individu, vous avez plus à partager et à apporter à la relation.

Communiquez vos progrès: Continuez à communiquer vos progrès à votre partenaire. Cela maintient non seulement l'engagement mutuel, mais aide également à maintenir la transparence et la connexion émotionnelle.

En gardant le cap sur vos objectifs personnels tout en étant dans une relation, vous créez un équilibre sain entre votre individualité et le partenariat. Cela enrichit non seulement votre vie, mais contribue également à la dynamique positive de la relation, inspirant chacun à grandir et à évoluer ensemble.

Apprendre ensemble

Intégrer vos centres d'intérêt individuels dans une relation est un moyen merveilleux de créer des liens significatifs et de partager des expériences enrichissantes. Apprendre ensemble renforce non seulement le lien entre vous et votre partenaire, mais permet également à chacun d'explorer de nouvelles passions et de grandir en tant qu'individu et en tant que couple. Voici des façons d'apprendre ensemble en intégrant vos centres d'intérêt individuels:

Identifiez les centres d'intérêt communs: Repérez les domaines qui suscitent l'intérêt des deux. Cela peut impliquer des passe-temps, des activités sportives, de la musique, de l'art, de la cuisine, des voyages et bien plus encore. En identifiant des centres d'intérêt communs, vous créez des opportunités naturelles pour vous engager ensemble.

Expérimentez de nouvelles activités: Soyez ouverts à essayer des activités qui intéressent l'un d'entre vous. Cela peut inclure l'essai d'un nouveau sport, l'apprentissage d'une nouvelle compétence ou la participation à des événements culturels. L'expérience d'apprendre quelque chose de nouveau renforce le lien.

Suivez des cours ou des ateliers: Participez à des cours ou des ateliers liés à vos centres d'intérêt communs. Cela peut aller des cours de cuisine aux cours de danse, voire des cours en ligne sur des sujets d'intérêt mutuel.

Planifiez des voyages basés sur les centres d'intérêt: Lors de la planification de voyages ensemble, envisagez des destinations qui permettent d'explorer vos centres d'intérêt communs. Cela peut inclure des visites de musées, de sites historiques, d'événements culturels ou de destinations naturelles.

Créez des projets ensemble: Collaborez sur des projets impliquant vos centres d'intérêt. Cela peut être aussi simple que de cuisiner un repas spécial ensemble, de créer une œuvre d'art ou de travailler sur un projet de décoration pour votre maison.

Favorisez le soutien mutuel: Pendant que l'un d'entre vous apprend quelque chose de nouveau, l'autre peut offrir un soutien et des encouragements. Cela contribue à renforcer un sentiment d'équipe et de confiance mutuelle.

Soyez présents et ouverts: Lorsque vous participez à des activités ensemble, soyez présents et ouverts. Prenez le temps de vous connaître davantage et de profiter des expériences partagées.

Respectez les limites individuelles: Rappelez-vous que, bien qu'il soit excellent d'apprendre ensemble, chacun a encore ses propres préférences et limites. Respectez les besoins individuels et n'hésitez pas à explorer également des intérêts séparés.

Célébrez les réalisations: Au fur et à mesure que vous apprenez ensemble et atteignez des objectifs dans vos centres d'intérêt, célébrez ces réussites en tant que couple. Cela renforce le sentiment de réalisation mutuelle.

Maintenez le plaisir et la spontanéité: Lors de l'apprentissage ensemble, adoptez une approche détendue et amusante. C'est une occasion de créer des souvenirs positifs et de renforcer le lien émotionnel.

Intégrer vos centres d'intérêt individuels dans votre relation est un moyen puissant d'approfondir votre connexion et de créer une base solide pour le partage et la croissance. Apprendre ensemble n'enrichit pas seulement vos expériences, mais contribue également à construire une histoire partagée qui renforce la relation au fil du temps.

Amour-propre et soin de soi

L'amour-propre et le soin de soi sont essentiels pour créer une base solide dans une relation saine. Lorsque vous vous aimez et prenez soin de vous, vous êtes dans une bien meilleure position pour contribuer de manière positive à la relation et maintenir la santé émotionnelle et mentale. Voici des façons de cultiver l'amour-propre et le soin de soi, enrichissant ainsi votre relation:

Apprenez à vous connaître: Avant d'aimer profondément quelqu'un, il est important de se comprendre soi-même. Prenez le temps d'explorer vos propres besoins, désirs, valeurs et limites. Plus vous vous connaissez, plus l'amour que vous pouvez offrir est authentique et sain.

Pratiquez l'auto-soin: L'auto-soin implique de prendre soin de votre santé physique, émotionnelle et mentale. Cela inclut le maintien d'une routine de sommeil adéquate, une alimentation saine, de l'exercice et des pratiques favorisant le bien-être émotionnel, comme la méditation et le yoga.

Pratiquez l'auto-pardon: Nous commettons tous des erreurs et faisons face à des défis. Pratiquer l'auto-pardon est essentiel pour libérer les sentiments de culpabilité et d'autocritique. Comprenez que vous êtes humain et méritez de la compassion.

Cultivez l'estime de soi: Travaillez sur votre estime de soi et une image positive de vous-même. Reconnaissez vos réalisations et vos compétences. Plus vous vous valorisez, plus vous êtes confiant dans votre relation.

Réservez du temps pour vous-même: Prévoyez régulièrement du temps pour vous dans votre routine. Cela vous permet de recharger vos énergies, de faire ce que vous aimez et de renouer avec vous-même.

Recherchez la croissance personnelle: Continuez à apprendre et à évoluer en tant qu'individu. Cela améliore non seulement votre propre vie, mais apporte également de nouvelles perspectives et expériences à la relation.

Acceptez-vous inconditionnellement: Vous accepter tel que vous êtes est une partie essentielle de l'amour-propre. Cela inclut accepter vos imperfections et aimer la totalité de qui vous êtes.

Évitez l'autocritique excessive: Soyez gentil avec vous-même et évitez de vous critiquer excessivement. L'autocritique constante peut saper votre confiance en vous et avoir un impact négatif sur la relation.

Sachez que vous méritez l'amour: Vous méritez l'amour, le soin et le respect, à la fois de vous-même et de votre partenaire. Croire en votre propre valeur est la base d'une relation saine.

Lorsque vous vous aimez et prenez soin de vous, vous êtes mieux équipé pour contribuer de manière positive à la relation. L'amour-propre n'est pas seulement bénéfique pour vous, mais aussi pour votre partenaire et pour la relation dans son ensemble. Il crée une base solide d'estime de soi, de confiance et de communication saine, permettant à l'amour de s'épanouir de manière authentique et significative.

Respect mutuel

Le respect mutuel est l'un des fondements les plus solides d'une relation saine et durable. Il constitue la base de la confiance, de la communication efficace et de l'harmonie entre les partenaires. Comment maintenir le respect mutuel dans votre relation:

Reconnaître l'individualité: Chaque personne est unique, avec ses propres intérêts, désirs et besoins. Respecter l'espace individuel et les choix de chacun est essentiel pour permettre à chacun de croître en tant qu'individu au sein de la relation.

Soutenir les intérêts individuels: Soutenir les intérêts individuels de votre partenaire montre que vous vous souciez de son épanouissement et de son bonheur. Célébrez ses réussites et encouragez-le à poursuivre ses objectifs personnels.

Accorder de l'espace et de la liberté: Le respect mutuel inclut la compréhension que chacun a besoin d'espace et de liberté pour ses propres activités et amitiés. N'essayez pas de contrôler ou de restreindre l'autonomie de votre partenaire.

Écouter avec empathie: Pratiquez l'écoute active et empathique lorsque votre partenaire parle. Cela montre que vous valorisez ses pensées et ses sentiments, et favorise également une communication plus efficace.

Communiquer avec respect: Utilisez un langage respectueux et évitez les mots ou les comportements qui pourraient être préjudiciables. Traitez votre partenaire de la même manière que vous aimeriez être traité, même lors de désaccords.

Être tolérant: Accepter les différences fait partie intégrante du respect mutuel. Votre partenaire peut avoir des opinions, des valeurs ou des intérêts différents, et c'est normal. Pratiquez la tolérance et la compréhension.

Partager le contrôle et les décisions: Une relation basée sur le respect mutuel implique de prendre des décisions ensemble en tenant compte des opinions des deux partenaires. Évitez de prendre des décisions unilatérales qui affectent la relation sans consulter votre partenaire.

Éviter les critiques destructrices: Les critiques constructives peuvent être utiles, mais les critiques constantes et destructrices minent le respect mutuel. Sachez que la manière dont vous exprimez vos préoccupations est cruciale pour maintenir un environnement respectueux.

Reconnaître la valeur de l'autre: Exprimez votre appréciation et votre gratitude pour les qualités et les contributions de votre partenaire à la relation. Reconnaître et valoriser ce qu'ils apportent à votre vie renforce le respect mutuel.

Être un soutien inconditionnel: Quels que soient les hauts et les bas de la vie, soyez un soutien inconditionnel pour votre partenaire. Montrez que vous êtes là pour eux, même lorsque les choses deviennent difficiles.

Se traiter avec gentillesse: Le respect mutuel commence par le respect de soi. Traitez-vous avec gentillesse et amour-propre, cela influencera positivement la façon dont vous traitez votre partenaire.

Nourrir les intérêts personnels est un élément vital pour construire des relations saines et surmonter la dépendance émotionnelle. Découvrir des passions, maintenir une vie sociale équilibrée et se concentrer sur soi, même en étant dans une relation, nous aide à grandir individuellement et à créer des relations plus fortes et plus significatives. Se rappeler que nous sommes des individus complets et précieux, quelles que soient les relations que nous entretenons, est la clé d'une vie équilibrée et épanouissante.

6

DÉVELOPPER LA RÉSILIENCE ÉMOTIONNELLE

Tout comme le bambou, la flexibilité est le secret de la force.

La vie est pleine de défis émotionnels qui peuvent mettre à l'épreuve notre capacité à faire face à des situations difficiles. Développer une résilience émotionnelle est essentiel pour faire face au rejet, aux ruptures relationnelles, à la solitude, à la tristesse et pour transformer la souffrance en croissance personnelle. Dans ce chapitre, nous explorerons des stratégies puissantes pour cultiver cette résilience et trouver de la force au milieu des adversités.

Faire face au rejet et à la fin des relations

Faire face au rejet et à la fin des relations est une partie inévitable de la vie. Cependant, cela ne signifie pas que c'est facile. La résilience émotionnelle est la capacité à faire face aux défis émotionnels de manière saine et adaptative. Stratégies pour développer la résilience face au rejet et à la fin des relations:

Permettez-vous de ressentir

Faire face au rejet et à la fin d'une relation est une expérience émotionnellement intense. Il est vital de se rappeler que vos émotions sont valides et naturelles. Vous permettre de ressentir toute une gamme d'émotions est une étape fondamentale du processus de guérison. Points importants concernant le fait de se permettre de ressentir:

Validation des émotions: Le rejet et la fin peuvent déclencher une série d'émotions intenses telles que la tristesse, la colère, la frustration et même le soulagement. Il est important de valider ces émotions et de reconnaître qu'elles sont normales en réponse à des événements significatifs dans votre vie.

Pas de jugement: Ne vous jugez pas pour ressentir certaines émotions. La tristesse, par exemple, n'est pas un signe de faiblesse, mais plutôt un reflet de votre investissement émotionnel dans la relation. Donnez-vous la permission de ressentir sans vous juger.

Processus de deuil: La fin d'une relation est souvent comparée à un processus de deuil. Tout comme dans n'importe quel processus de deuil, vous pouvez traverser différentes étapes telles que le déni, la colère, la négociation, la dépression et l'acceptation. Ces étapes ne suivent pas un ordre linéaire et vous pouvez vivre un mélange d'émotions.

Espace pour guérir: Se permettre de ressentir toutes ces émotions fait partie du processus de guérison. Nier ou réprimer vos émotions peut prolonger le processus et rendre la récupération plus difficile. Accepter vos émotions est une étape fondamentale pour commencer à guérir.

Expression saine: Trouvez des moyens sains d'exprimer vos émotions. Cela peut inclure parler à des amis de confiance, écrire dans un journal, faire de l'exercice ou s'engager dans des activités créatives. Trouver des exutoires constructifs pour vos émotions aide à libérer la tension.

Respectez votre rythme: Chaque personne gère le rejet et la fin à son propre rythme. Certaines personnes peuvent se sentir mieux plus rapidement, tandis que d'autres ont besoin de plus de temps. Respectez votre propre processus et ne vous comparez pas aux autres.

Apprentissage et croissance: Se permettre de ressentir toutes ces émotions n'est pas seulement un moyen de faire face à la douleur, mais aussi une opportunité d'apprentissage et de croissance. En explorant vos émotions, vous pouvez en apprendre davantage sur vous-même, vos besoins et vos valeurs.

Faire face au rejet et à la fin est un processus complexe, et se permettre de ressentir toutes les émotions qui surgissent est une partie essentielle de ce processus. En validant vos émotions et en adoptant une approche compatissante envers vous-même, vous pavez la voie vers la guérison et la croissance personnelle.

Acceptez la réalité

Faire face au rejet et à la fin d'une relation implique de confronter une nouvelle réalité, aussi difficile soit-elle. Accepter cette réalité est une étape fondamentale du processus de guérison. Points importants concernant l'acceptation de la réalité:

Reconnaissance du changement: Après une rupture, il est courant de se sentir tenté de nier ou d'éviter la réalité. Cependant, éviter la situation ne la fera pas disparaître. Il est essentiel de reconnaître que la relation est terminée et que la dynamique entre vous a changé.

Processus d'adaptation: Accepter la réalité est un processus d'adaptation. Cela implique de reconnaître que la vie continuera, mais d'une manière différente de ce à quoi vous étiez habitué. L'adaptation prend du temps, mais elle est essentielle pour vous permettre d'avancer et de vous remettre.

Liberté pour guérir: Accepter la réalité vous permet d'initier le processus de guérison. Tant que vous luttez contre la réalité, vous vous empêchez de progresser vers la guérison et la croissance personnelle.

Évitez le déni: Le déni est une forme courante d'évitement de la réalité. Vous pouvez vous surprendre à penser que la rupture est temporaire ou que votre ancien partenaire reviendra. Bien que ces pensées puissent être réconfortantes, il est important de faire face à la vérité pour aller de l'avant.

Affrontez les sentiments: Accepter la réalité implique souvent de confronter des sentiments inconfortables tels que la tristesse, la colère et la peur de l'inconnu. Vous permettre d'affronter ces sentiments est une étape nécessaire pour parvenir à une acceptation plus profonde.

Concentration sur le présent et l'avenir: Lorsque vous acceptez la réalité, vous pouvez diriger votre énergie vers le présent et l'avenir. Cela signifie vous concentrer sur vos propres besoins, objectifs et bien-être, au lieu de revivre constamment le passé.

Autocompassion: L'acceptation implique également de pratiquer l'autocompassion. Comprenez que la rupture n'est pas un échec personnel, mais une partie naturelle de la vie. Traitez-vous avec gentillesse et compréhension alors que vous naviguez dans ce processus difficile.

Croissance et apprentissage: En acceptant la réalité de la rupture, vous pouvez commencer à explorer ce que vous avez appris de la relation et comment vous pouvez appliquer ces enseignements à votre croissance personnelle. Chaque rupture apporte des opportunités d'apprentissage précieuses.

Un pas vers la liberté: Accepter la réalité est un pas vers la liberté émotionnelle. Lorsque vous cessez de lutter contre l'inévitable, vous libérez de l'énergie qui peut être dirigée vers votre bien-être et la construction d'un avenir significatif.

Accepter la réalité de la rupture peut être un processus douloureux, mais c'est une étape essentielle vers la guérison et la croissance. Affronter la vérité et se permettre de vivre la réalité est une façon d'honorer vos propres émotions et d'ouvrir la voie à un avenir plus sain et plus heureux.

Cherchez du soutien

Faire face au rejet et à la fin d'une relation peut représenter un défi émotionnel significatif. À ce moment-là, chercher du soutien est essentiel pour naviguer à travers les émotions et le processus de guérison. Voici des façons de chercher du soutien pendant cette période:

Amis et famille: Parler à des amis et à la famille en qui vous avez confiance peut offrir un espace sûr pour partager vos émotions. Ils peuvent apporter un soutien émotionnel, vous écouter sans jugement et même offrir des conseils utiles. Le soutien des personnes proches peut aider à soulager le sentiment de solitude.

Professionnel de la santé mentale: Un professionnel de la santé mentale, comme un psychologue ou un thérapeute, peut offrir un environnement neutre et confidentiel pour explorer vos sentiments après une rupture. Ils ont l'expérience nécessaire pour vous aider à comprendre vos émotions, à faire face à la douleur et à développer des stratégies d'adaptation saines.

Groupes de soutien: Participer à des groupes de soutien pour les personnes qui traversent des ruptures ou des rejets peut être très bénéfique. Dans ces contextes, vous pouvez partager vos expériences, écouter celles des autres et obtenir des idées précieuses sur la manière de faire face aux défis émotionnels.

Soutien en ligne: Il existe de nombreux forums en ligne et communautés sur les réseaux sociaux où vous pouvez vous connecter avec des personnes vivant des situations similaires. Bien que le soutien en ligne puisse être utile, assurez-vous de vérifier la fiabilité des sources et évitez de comparer excessivement vos propres expériences à celles des autres.

Professionnel de la santé: Si vous avez du mal à faire face aux émotions après une rupture, envisager de parler à un professionnel de la santé, comme un médecin, peut aider. Ils peuvent vous offrir des conseils sur la manière de prendre soin de votre santé physique et émotionnelle pendant cette période.

Faites attention au choix du soutien: Lorsque vous cherchez du soutien, il est important de choisir des personnes qui sont solidaires, empathiques et non jugeantes. Évitez les personnes qui minimisent vos sentiments ou qui ne comprennent pas la gravité de ce que vous traversez.

Ne portez pas seul le fardeau: Faire face à une rupture ou à un rejet peut être un processus difficile. Ne tentez pas de porter le fardeau seul. Chercher du soutien est une manière saine de partager votre douleur, d'apprendre des autres et d'obtenir de l'aide quand vous en avez le plus besoin.

Le soutien des amis, de la famille et des professionnels de la santé mentale peut être un élément crucial de votre parcours de guérison après une rupture. N'hésitez pas à chercher de l'aide et à partager vos émotions, car cela peut vous aider à surmonter la douleur et à trouver un chemin vers la croissance et le renouvellement émotionnel.

Pratiquez l'auto-soin

Lorsque nous faisons face au rejet et à la fin des relations, pratiquer l'auto-soin devient encore plus important pour notre santé émotionnelle et mentale. Prendre soin de soi pendant cette période aide à favoriser la guérison, la résilience et la croissance personnelle. Voici des stratégies pour pratiquer l'auto-soin après un rejet ou une rupture:

Priorisez le bien-être physique: Une alimentation saine, de l'exercice régulier et un sommeil adéquat sont essentiels pour votre bien-être physique et émotionnel. L'exercice libère des endorphines, qui peuvent aider à améliorer votre humeur. Manger des aliments nutritifs fournit de l'énergie et soutient le bon fonctionnement du corps. Un sommeil réparateur est essentiel pour la récupération émotionnelle.

Engagez-vous dans des activités que vous aimez: Participer à des activités qui vous apportent de la joie et de la satisfaction peut aider à distraire votre esprit des émotions douloureuses et à promouvoir des sentiments positifs. Cela peut inclure des passe-temps, des sports, de l'art, de la musique, de la lecture ou toute activité qui vous aide à vous détendre et à vous amuser.

Établissez des limites: Établir des limites saines pour vous-même est important. Cela peut inclure limiter le temps passé à penser à la relation passée, éviter les endroits ou les activités qui pourraient déclencher des émotions douloureuses et établir des limites dans les interactions avec l'ancien partenaire sur les réseaux sociaux.

Cherchez de nouvelles expériences: Explorer des choses nouvelles et stimulantes peut aider à redécouvrir le sentiment de nouveauté et d'excitation dans votre vie. Essayez quelque chose que vous avez toujours voulu faire, participez à des cours ou des ateliers, voyagez ou rencontrez de nouvelles personnes. Ces expériences peuvent vous aider à élargir vos horizons et à augmenter votre confiance en vous.

Appuyez-vous sur vos amis et votre famille: Partager vos sentiments avec des personnes en qui vous avez confiance peut être une manière efficace de libérer des émotions et d'obtenir un soutien émotionnel. Les amis et la famille peuvent offrir des paroles d'encouragement, de la compagnie et une perspective externe sur la situation.

Évitez les comparaisons: Évitez de comparer votre processus de guérison à celui des autres. Chaque personne fait face au rejet et à la fin d'une manière unique. Se concentrer sur vos propres besoins et sur ce qui est le mieux pour vous est plus important que de chercher à vous comparer aux autres.

Soyez gentil avec vous-même: Faire face au rejet et à la fin d'une relation est un processus difficile. Soyez gentil avec vous-même et ne vous jugez pas pour ressentir un large éventail d'émotions. L'autocompassion est essentielle pour guérir et grandir à partir de cette expérience.

Cherchez un soutien professionnel: Si vous avez du mal à faire face au rejet ou à la fin, envisager de consulter un professionnel de la santé mentale peut être une excellente option. Un thérapeute peut vous fournir des conseils, des stratégies d'adaptation et un espace sûr pour explorer vos émotions.

Rappelez-vous de vous-même: Pratiquer l'auto-soin après un rejet ou une fin de relation n'est pas de l'égoïsme, c'est une nécessité. En priorisant votre bien-être physique, émotionnel et mental, vous créez une base solide pour récupérer et avancer de manière saine et renforcée.

Évitez le ressentiment

Faire face à fin d'une relation peut être émotionnellement intense et difficile. Il est courant d'éprouver des sentiments de colère, de douleur et de ressentiment après la rupture. Cependant, permettre à ces sentiments de persister peut prolonger votre souffrance et affecter négativement votre bien-être émotionnel. Voici des moyens d'éviter le ressentiment après une rupture:

Pratiquez l'acceptation: Accepter que la relation a pris fin est une étape importante pour éviter le ressentiment. Plus tôt vous pourrez accepter cette réalité, plus vite vous pourrez commencer à guérir. Évitez de rester bloqué dans le déni ou dans l'espoir d'une réconciliation qui peut ne pas se produire.

Comprenez vos émotions: Reconnaissez et validez vos émotions de colère et de ressentiment. Ces sentiments sont naturels après une rupture, mais il est important de ne pas les laisser dominer votre vie. Prenez du temps pour comprendre d'où viennent ces sentiments et pourquoi vous vous sentez ainsi.

Pratiquez l'empathie: Essayez de voir la situation du point de vue de votre ex-partenaire. Comprendre leurs motivations et leurs perspectives peut aider à humaniser la situation et à réduire les sentiments de ressentiment. Prenez conscience que vous avez probablement tous les deux eu vos raisons pour la rupture.

Libérez la colère de manière constructive: Au lieu de laisser la colère s'accumuler, trouvez des moyens sains de la libérer. Cela peut inclure écrire dans un journal, faire des exercices physiques intenses, exprimer vos sentiments lors d'une conversation respectueuse ou explorer des activités créatives.

Pratiquez le pardon: Le pardon ne signifie pas justifier les actions de votre ex-partenaire, mais se libérer du fardeau du ressentiment. Pardonner ne signifie pas nécessairement accepter ce qui s'est passé, mais permettre à vous-même de continuer sans porter le poids émotionnel.

Acceptez le temps de guérison: La guérison émotionnelle après une rupture prend du temps. Ne précipitez pas le processus. En pratiquant l'auto-soin, la compréhension et le pardon, vous verrez progressivement que le ressentiment commence à diminuer.

Sachez que chaque défi, y compris une rupture, offre une opportunité de croissance personnelle. En travaillant pour éviter le ressentiment, vous prenez des mesures pour renforcer votre résilience émotionnelle et construire une base plus solide pour l'avenir.

Focus sur la croissance personnelle

Faire face au rejet et à la fin d'une relation peut être l'une des expériences les plus difficiles de la vie, mais cela peut aussi être une occasion précieuse de croissance personnelle et émotionnelle. Bien que le processus puisse être douloureux, envisager cette situation comme une opportunité de croissance peut aider à transformer la souffrance en quelque chose de positif. Voici des moyens de se concentrer sur la croissance personnelle après une rupture:

Réflexion constructive: Prenez du temps pour réfléchir sur la relation et la fin de manière constructive. Demandez-vous ce que vous avez appris de l'expérience. Cela peut inclure des idées sur vos propres besoins, vos schémas relationnels et les domaines que vous souhaitez développer.

Identifiez vos forces: Reconnaissez vos propres forces et vertus. La fin peut ébranler l'estime de soi, mais il est important de se rappeler que vous avez des qualités uniques qui vous rendent précieux et digne d'amour. Concentrez-vous sur vos forces et sur ce que vous avez à offrir.

Définissez des objectifs de croissance: Utilisez la fin comme point de départ pour définir des objectifs de croissance personnelle. Cela peut inclure des objectifs liés à votre carrière, votre éducation, votre santé, vos compétences ou tout autre domaine dans lequel vous souhaitez progresser.

Sortez de votre zone de confort: Profitez de l'occasion pour vous défier et sortir de votre zone de confort. Essayez de nouvelles choses, participez à des activités que vous n'avez jamais envisagées auparavant et explorez des opportunités d'apprentissage. Ces expériences peuvent vous aider à développer de nouvelles perspectives et compétences.

Cultivez l'auto-soin: Donnez la priorité à l'auto-soin pendant cette période. Prenez soin de votre santé physique, émotionnelle et mentale. Cela peut inclure des exercices réguliers, de la méditation, de la thérapie, de l'expression créative ou toute autre activité qui vous aide à vous sentir bien.

Créez un réseau de soutien: Cherchez du soutien auprès d'amis, de la famille et même de groupes de soutien en ligne. Partager vos expériences et écouter les histoires d'autres personnes peut apporter du réconfort et vous rappeler que vous n'êtes pas seul.

Pratiquez la gratitude: Bien qu'il puisse être difficile de ressentir de la gratitude en période difficile, essayez d'identifier les aspects de la situation pour lesquels vous pouvez être reconnaissant. Cela peut inclure les leçons apprises, les opportunités de croissance et le soutien de votre entourage.

Reconstruisez votre identité: Une rupture peut souvent conduire à la réévaluation de votre identité et de vos objectifs. Profitez de cette opportunité pour reconstruire qui vous êtes, ce que vous voulez accomplir et le genre de vie que vous souhaitez créer.

Soyez patient avec vous-même: La croissance personnelle ne se produit pas du jour au lendemain. Donnez-vous le temps d'évoluer et de vous développer. Soyez patient avec vous-même et célébrez chaque petit pas vers la croissance.

Transformer la douleur en force: En considérant le rejet et la fin comme des opportunités de croissance personnelle, vous transformez la douleur en force. Sachez que surmonter ce défi vous rendra non seulement plus résilient, mais vous permettra également de construire une base plus solide pour les futures relations et pour votre propre parcours de découverte de soi.

Laissez-vous du temps

Après avoir fait face au rejet ou à la fin d'une relation, il est fondamental de se rappeler que la guérison émotionnelle ne se produit pas immédiatement. Accordez-vous le temps nécessaire pour traiter vos émotions, réfléchir et vous rétablir. Considérations importantes lors de l'accord de temps à vous-même pendant cette période:

Respectez votre propre rythme: Chaque personne fait face à la fin d'une manière unique, et il n'y a pas de calendrier fixe pour la guérison. Respectez votre propre rythme émotionnel et évitez de vous comparer aux autres personnes ou aux normes externes. Soyez bienveillant envers vous-même et permettez-vous de ressentir toutes les phases émotionnelles qui se présentent.

Il n'y a pas de délai pour la douleur: La tristesse, la colère, la confusion et d'autres émotions peuvent survenir et disparaître à des moments différents. Il n'y a pas de délai défini pour combien de temps vous devez ressentir d'une certaine manière. Il est important de se rappeler que la guérison ne suit pas un scénario linéaire et que vos émotions peuvent varier.

Évitez les pressions externes: Parfois, la pression de la société, des amis ou de la famille peut vous faire sentir que vous devez "surmonter" rapidement la fin. Cependant, cette pression peut être préjudiciable et contre-productive. Concentrez-vous sur vos propres besoins émotionnels et donnez-vous le temps nécessaire, indépendamment des attentes externes.

Pratiquez l'auto-compassion: Pendant cette période difficile, traitez-vous avec de l'auto-compassion. Au lieu de vous critiquer pour ne pas vous rétablir plus rapidement, reconnaissez que vous traversez un processus douloureux et méritez de la douceur et de la compréhension. Comprenez qu'il est normal de ressentir toute une gamme d'émotions.

Célébrez les progrès: À mesure que le temps passe, vous pouvez commencer à remarquer de petits progrès dans votre guérison émotionnelle. Célébrez ces moments de croissance, même s'ils sont petits. Cela peut inclure des jours où vous vous sentez plus léger, des moments de clarté ou de nouvelles prises de conscience personnelles.

Trouvez des supports sains: Trouvez des moyens sains de soutien pendant cette période. Parler à des amis, à la famille ou à un professionnel de la santé mentale peut être un moyen utile de partager vos émotions et d'obtenir des conseils. Avoir un système de soutien peut vous aider à vous sentir moins isolé et mieux compris.

Soyez patient avec le processus: La guérison émotionnelle ne suit pas un calendrier spécifique. Il peut y avoir des hauts et des bas en cours de route, et c'est parfaitement normal. Soyez patient et bienveillant envers vous-même, en comprenant que le parcours de guérison est un processus progressif.

En regardant vers l'avenir: En vous accordant le temps nécessaire pour vous rétablir, vous investissez dans votre bien-être et permettez au processus de guérison de se dérouler de manière saine et naturelle. Bien que cela puisse être difficile, rappelez-vous qu'en traversant ce processus, vous créez de l'espace pour un avenir où la guérison, la croissance et le bonheur peuvent à nouveau s'épanouir.

Évitez l'isolement excessif

Après avoir fait face au rejet ou à la fin d'une relation, il est courant de ressentir le besoin de se retirer et d'être seul pendant un certain temps. Cependant, il est important d'éviter l'isolement excessif, car cela peut accroître le sentiment de solitude et prolonger le processus de guérison. Raisons pour lesquelles il est important de maintenir un certain niveau de connexion sociale:

Lutter contre la solitude: L'isolement excessif peut conduire à la solitude, qui à son tour peut aggraver les sentiments de tristesse et de découragement. Rester en contact avec des amis et de la famille aide à lutter contre la solitude et fournit un sentiment d'appartenance et un soutien émotionnel.

Échange d'expériences: En partageant vos émotions et vos expériences avec d'autres personnes, vous pouvez obtenir différentes perspectives et des idées précieuses. Parler à des amis de confiance ou à des membres de la famille peut apporter un sentiment de soulagement et de compréhension.

Éviter de trop ruminer: Rester isolé peut conduire à une rumination excessive, où vous êtes coincé dans des pensées négatives et autocritiques. Interagir avec d'autres personnes peut aider à rompre ce cycle de rumination et à apporter un nouveau focus à votre vie.

Maintenir une routine sociale: Rester en contact avec des amis et de la famille vous permet de maintenir une routine sociale saine. Cela peut inclure des activités sociales régulières telles que sortir dîner, participer à des événements sociaux ou simplement discuter de sujets divers.

Sentiment de normalité: Maintenir des liens sociaux peut aider à maintenir un sentiment de normalité dans votre vie pendant une période de changement. Cela contribue à équilibrer l'expérience de guérison avec des interactions sociales qui font partie intégrante de la vie quotidienne.

Gardez à l'esprit que bien que l'isolement puisse sembler attrayant en période de douleur émotionnelle, maintenir un certain niveau de connexion sociale peut être essentiel pour soutenir votre processus de guérison et promouvoir un bien-être émotionnel plus sain.

Explorez de nouveaux centres d'intérêt

Après un rejet ou la fin d'une relation, il est courant de se sentir déconnecté de soi-même et du monde qui nous entoure. Une façon efficace de retrouver l'équilibre émotionnel et de redéfinir son identité est d'explorer de nouveaux centres d'intérêt et activités. Investir du temps dans des passe-temps peut avoir un impact positif sur l'estime de soi, vous aidant à redécouvrir vos passions et à construire une vie significative, indépendamment d'une relation. Voici quelques façons d'explorer de nouveaux centres d'intérêt:

Réfléchissez à vos passions passées: Pensez aux choses que vous aimiez faire avant la relation ou aux activités qui vous ont toujours intrigué. Peut-être avez-vous mis de côté certaines passions pour consacrer du temps à la relation. C'est maintenant l'occasion de raviver ces passions.

Essayez de nouvelles activités: Soyez prêt à essayer des activités que vous n'avez jamais tentées auparavant. Cela peut inclure cuisiner une nouvelle recette, apprendre un instrument de musique, pratiquer un sport, peindre, danser, faire de la randonnée ou même explorer une nouvelle culture.

Participez à des cours et des ateliers: S'inscrire à des cours ou à des ateliers est un excellent moyen de plonger dans de nouveaux centres d'intérêt. Si vous avez toujours voulu apprendre quelque chose, comme la photographie, les langues, la cuisine ou la danse, c'est le moment idéal pour vous inscrire à un cours local ou en ligne.

Faites du bénévolat: Participer à des activités bénévoles aide non seulement les autres, mais peut également être un moyen gratifiant de découvrir de nouveaux centres d'intérêt. Recherchez des opportunités qui correspondent à vos valeurs et à vos intérêts personnels.

Rejoignez des groupes ou des clubs: Participer à des groupes ou des clubs liés à vos centres d'intérêt est un excellent moyen de rencontrer de nouvelles personnes partageant des passions similaires. Cela crée également un sentiment d'appartenance et de camaraderie.

Gardez l'esprit ouvert: Soyez ouvert à essayer des choses en dehors de votre zone de confort. Parfois, les activités auxquelles vous vous attendez le moins peuvent devenir des passions gratifiantes.

Faites une découverte de soi-même: Explorer de nouveaux centres d'intérêt ne consiste pas seulement à occuper votre temps; c'est un voyage de découverte de soi. En essayant de nouvelles choses, vous pouvez en apprendre davantage sur vous-même, vos goûts, vos dégoûts et vos désirs.

Développez votre estime de soi: Acquérir de nouvelles compétences et découvrir des centres d'intérêt renforce votre estime de soi, vous rappelant votre capacité à grandir et à vous adapter. Cela peut être particulièrement utile après une rupture, lorsque l'estime de soi peut être ébranlée.

Investir dans de nouveaux centres d'intérêt vous aide non seulement à combler le vide laissé par une relation, mais vous offre également l'opportunité de créer une vie enrichissante et satisfaisante. En vous engageant dans des activités qui vous dynamisent et vous rendent heureux, vous commencez à construire un nouveau récit pour votre vie et à développer une résilience émotionnelle plus profonde.

Définissez des limites sur les réseaux sociaux

Les réseaux sociaux peuvent jouer un rôle significatif dans nos vies, mais après un rejet ou une rupture, ils peuvent aussi devenir sources d'angoisse et d'anxiété. Voir les photos, les mises à jour et les interactions de son ex-partenaire sur les réseaux sociaux peut être émotionnellement difficile et nuire à votre processus de guérison. Établir des limites saines concernant l'utilisation des réseaux sociaux est un moyen efficace de protéger votre paix mentale et de vous concentrer sur votre propre parcours de guérison. Voici des stratégies pour définir des limites sur les réseaux sociaux:

Réduisez la fréquence de vérification: Au lieu de vérifier constamment les réseaux sociaux, fixez des horaires spécifiques dans la journée pour le faire. Réduire la fréquence aidera à limiter l'exposition à des contenus susceptibles de déclencher des émotions négatives.

Ne plus suivre ou supprimer l'amitié: Si la présence de votre ex-partenaire sur les réseaux sociaux vous met mal à l'aise, envisagez de ne plus le suivre ou de mettre fin à votre amitié sur ces plateformes. Il ne s'agit pas d'un manque de respect, mais d'une action visant à protéger votre santé émotionnelle.

Mutez les mots-clés ou les profils: Sur certaines plateformes de réseaux sociaux, il est possible de mettre en sourdine des mots-clés ou des profils que vous ne souhaitez pas voir dans votre fil d'actualité. Cela vous permet de contrôler le type de contenu qui apparaît sur votre timeline.

Envisagez une pause hors ligne: Si les réseaux sociaux ont un impact négatif sur votre santé émotionnelle, envisagez de vous déconnecter temporairement. Cela peut être une pause nécessaire pour vous concentrer sur vous-même, loin des distractions des réseaux sociaux.

Priorisez les activités hors ligne: Au lieu de passer du temps à naviguer sur les réseaux sociaux, privilégiez des activités hors ligne qui vous font vous sentir bien, comme faire de l'exercice, lire, passer du temps avec des amis ou vous adonner à de nouveaux passe-temps.

Partagez votre intention avec des amis: Partager votre intention de limiter l'utilisation des réseaux sociaux avec des amis proches peut contribuer à créer un système de soutien. Ils peuvent vous encourager et vous comprendre pendant cette période.

Pratiquez l'autoréflexion: Remarquez comment les réseaux sociaux affectent vos émotions et votre état d'esprit. Si vous constatez qu'ils contribuent à des sentiments négatifs, prenez des mesures pour ajuster votre utilisation.

Soyez bienveillant envers vous-même: Rappelez-vous que la guérison prend du temps, soyez bienveillant envers vous-même si vous vous surprenez à consulter les réseaux sociaux ou à être affecté par eux. Le processus de limiter votre engagement est progressif.

Concentrez-vous sur votre parcours de guérison: La clé est de vous concentrer sur votre propre parcours de guérison et de développement personnel. En créant de l'espace pour vous concentrer sur vous-même, vous vous donnez la possibilité de grandir, de guérir et, éventuellement, de passer à autre chose.

Rappelez-vous que définir des limites sur les réseaux sociaux n'est pas une façon de fuir la réalité, mais un acte d'auto-soin visant à protéger votre santé émotionnelle pendant une période sensible.

Faire face au rejet et à la rupture nécessite de la résilience émotionnelle et de la compassion envers soi-même. En adoptant ces stratégies, vous pouvez aborder ces défis de manière plus positive et en ressortir plus fort.

Transformer la souffrance en croissance personnelle

La capacité à transformer la souffrance en croissance personnelle est une compétence puissante qui nous permet de faire face aux adversités de manière constructive et d'en ressortir plus forts. Bien que cela soit un processus difficile, il est possible de trouver du sens et de l'apprentissage même dans les expériences les plus douloureuses. Stratégies pour transformer la souffrance en croissance personnelle:

Résigner la perspective

Résigner la perspective est une technique puissante pour changer la manière dont vous percevez et interprétez les situations difficiles, y compris la souffrance. Au lieu de voir la souffrance comme quelque chose de purement négatif, vous pouvez choisir de la regarder de manière plus large et positive. Approches pour changer de perspective par rapport à la souffrance:

Identifiez les aspects positifs: Même dans les situations les plus difficiles, il peut y avoir des aspects positifs cachés. Recherchez les leçons apprises, la croissance personnelle et les nouvelles opportunités qui ont émergé à la suite de la souffrance. Reconnaître ces aspects positifs peut aider à changer votre perspective.

Voyez-le comme un défi: Au lieu de considérer la souffrance comme quelque chose qui vous abat, voyez-la comme un défi que vous relevez. Les défis ont le potentiel de stimuler votre croissance personnelle et votre capacité à surmonter. Faire face à la souffrance comme un défi peut vous permettre de trouver des solutions et de la résilience.

Appréciez la croissance personnelle: Réfléchissez à la façon dont la souffrance peut contribuer à votre croissance personnelle. Souvent, les expériences les plus difficiles nous obligent à sortir de notre zone de confort et à développer de nouvelles compétences. Appréciez l'opportunité de devenir une personne plus forte, plus résiliente et plus expérimentée.

Concentrez-vous sur la transformation: Voyez la souffrance comme une opportunité de transformation. Tout comme un papillon émerge plus fort de sa chrysalide, vous pouvez également sortir de situations difficiles avec une nouvelle perspective et une compréhension plus profonde de vous-même et de la vie.

Reconnaissez l'humanité partagée: Se rappeler que la souffrance est une partie partagée de l'expérience humaine peut aider à la contextualiser. Tout le monde est confronté à des défis à un moment donné, et cela fait partie du chemin de chaque individu. Se sentir connecté à l'humanité de manière plus large peut aider à réduire l'isolement et la solitude.

Pratiquez l'acceptation: Accepter la souffrance comme une partie temporaire du voyage peut réduire la résistance et le conflit interne. Au lieu de lutter contre la souffrance, pratiquez à l'accepter et permettez-vous de ressentir les émotions qui y sont associées.

Cultivez la gratitude pour la vie: Même au milieu de la souffrance, recherchez des moments pour lesquels vous êtes encore reconnaissant. La gratitude peut aider à équilibrer une vision plus large de la vie, en vous rappelant les choses qui apportent encore de la joie et du sens.

Développez la résilience spirituelle: Si vous avez une perspective spirituelle, considérez comment la souffrance peut contribuer à votre croissance spirituelle. Beaucoup de traditions spirituelles soulignent l'importance de surmonter et de transformer les défis.

En adoptant la pratique de résigner la perspective par rapport à la souffrance, vous pouvez découvrir que les expériences difficiles ont le potentiel de stimuler votre croissance personnelle et de vous conduire à une vision de la vie plus profonde et enrichissante.

Tirez des leçons précieuses

Chaque expérience, y compris celles marquées par la souffrance, a le potentiel d'offrir des leçons précieuses pour votre croissance personnelle. En cherchant ces leçons, vous transformez la souffrance en une opportunité d'apprentissage et de développement. Voici des moyens d'extraire des leçons précieuses de la souffrance:

Réfléchissez en toute honnêteté: Prenez le temps de réfléchir sur l'expérience de souffrance de manière honnête. Demandez-vous comment cette situation vous a affecté émotionnellement, mentalement et spirituellement. Cette réflexion approfondie peut aider à identifier les leçons sous-jacentes.

Identifiez les schémas récurrents: Observez s'il existe des schémas récurrents dans vos expériences de souffrance. Identifier ces schémas peut vous aider à comprendre des domaines spécifiques de croissance qui pourraient avoir besoin d'attention.

Analysez vos réactions et comportements: Examinez vos réactions et comportements face à la souffrance. Cela peut révéler comment vous faites face à l'adversité et quelles stratégies sont les plus efficaces pour faire face aux défis futurs.

Explorez les causes profondes: Allez au-delà des symptômes de la souffrance et cherchez à comprendre les causes profondes. Qu'est-ce qui a conduit à cette situation? Y a-t-il des facteurs internes ou externes qui ont contribué à la souffrance? Cette exploration peut fournir des insights profonds.

Évaluez les choix et décisions: Évaluez les choix et décisions qui vous ont conduit à cette situation de souffrance. Qu'auriez-vous pu faire différemment? Quelles leçons pouvez-vous apprendre pour prendre des décisions plus judicieuses à l'avenir?

Trouvez un but dans les leçons: Essayez de trouver un but dans les leçons que vous apprenez. Comment ces leçons peuvent-elles vous permettre de devenir une personne plus sage, plus compatissante et plus résiliente? Trouver un but dans les leçons peut apporter un sentiment de sens à la souffrance.

Appliquez les leçons au quotidien: Ce n'est pas suffisant de simplement identifier les leçons; il est important de les appliquer dans votre vie quotidienne. Demandez-vous comment vous pouvez utiliser ce que vous avez appris pour prendre des décisions plus éclairées, améliorer vos relations et atteindre vos objectifs.

Pratiquez l'auto-compassion: Tout en tirant des leçons précieuses de la souffrance, rappelez-vous de pratiquer l'auto-compassion. Au lieu de vous blâmer, soyez gentil avec vous-même. Reconnaissez que la souffrance fait partie de la vie humaine et que en tirer des leçons est une étape importante pour la croissance.

Enregistrez vos réflexions: Tenir un journal ou écrire vos réflexions peut aider à enregistrer les leçons que vous apprenez de la souffrance. Écrire peut également être une façon thérapeutique de traiter vos émotions et vos idées.

En tirant des leçons précieuses de la souffrance, vous transformez non seulement vos expériences douloureuses en opportunités de croissance, mais vous enrichissez également votre histoire de vie de sagesse et d'apprentissage.

Cultivez la résilience mentale

La résilience mentale est une qualité précieuse qui vous permet d'affronter les défis de la vie de manière adaptative et constructive. Développer cette capacité peut vous aider à surmonter la souffrance et à grandir en force face à l'adversité. Voici des façons de cultiver la résilience mentale:

Pratiquez la résolution de problèmes: La résilience mentale consiste à trouver des solutions pratiques aux problèmes auxquels vous êtes confrontés. Lorsque vous êtes confronté à des défis, divisez-les en parties plus petites et développez des stratégies pour les résoudre étape par étape.

Adoptez différentes perspectives: Entraînez-vous à regarder les défis sous différents angles. Cela aide à élargir votre vision et à trouver des solutions créatives que vous n'avez peut-être pas envisagées initialement.

Acceptez l'incertitude: La vie est pleine d'incertitudes, et la résilience mentale consiste à apprendre à les gérer. Pratiquez l'acceptation de l'incertitude et concentrez-vous sur ce que vous pouvez contrôler plutôt que de vous attarder sur ce qui échappe à votre contrôle.

Cultivez la flexibilité: Être flexible dans votre approche de la vie est essentiel pour la résilience mentale. Soyez prêt à ajuster vos plans lorsque c'est nécessaire et à vous adapter aux changements sans vous sentir déstabilisé.

Construisez un réseau de soutien: Avoir un réseau de soutien fiable est essentiel pour la résilience mentale. Maintenez des liens avec des amis, des membres de votre famille et des collègues qui peuvent vous apporter un soutien émotionnel, des conseils et une perspective extérieure.

Gardez un état d'esprit positif: Cultiver un état d'esprit positif ne signifie pas ignorer les difficultés, mais trouver des aspects positifs au milieu des défis. Cela contribue à maintenir l'espoir et la motivation.

Pratiquez l'auto-compassion: L'auto-compassion est une partie fondamentale de la résilience mentale. Traitez-vous avec gentillesse et compassion, surtout lorsque vous rencontrez des difficultés. Cela crée une base émotionnelle solide pour affronter les défis.

Apprenez des expériences passées: Réfléchir à la manière dont vous avez géré les défis passés peut fournir des idées sur vos compétences en matière de résilience. Utilisez ces expériences passées comme points d'apprentissage pour mieux faire face aux défis futurs.

Développez des compétences d'auto-régulation: L'auto-régulation implique le contrôle conscient de vos émotions et de vos réponses émotionnelles. Apprenez à reconnaître et à gérer vos émotions de manière saine, ce qui contribue à une plus grande résilience.

Cherchez des opportunités de croissance: Considérez les défis comme des opportunités de croissance. En surmontant les difficultés, vous renforcez votre résilience et renforcez votre capacité à faire face à des situations similaires à l'avenir.

Cultiver la résilience mentale est un processus continu qui implique la pratique, la patience et la découverte de soi. Plus vous investirez dans le développement de cette compétence, plus vous serez prêt à faire face de manière positive et constructive aux adversités de la vie.

Définissez des objectifs de croissance

En période de souffrance, établir des objectifs de croissance personnelle peut être un moyen efficace d'orienter votre énergie vers quelque chose de positif et constructif. Établir des objectifs ne fournit pas seulement un sentiment de but, mais crée également un chemin tangible vers la croissance et le dépassement de soi. Voici des façons d'établir des objectifs de croissance pendant les périodes difficiles:

Identifiez vos passions et centres d'intérêt: Commencez par identifier les domaines qui éveillent votre curiosité et votre passion. Posez-vous la question sur les activités ou les sujets qui vous stimulent et vous motivent.

Définissez des objectifs réalistes: Assurez-vous que vos objectifs soient réalistes et atteignables. Commencez par de petits objectifs et, à mesure que vous gagnez en confiance, augmentez progressivement la complexité des objectifs.

Concentrez-vous sur le processus, pas seulement sur les résultats: Bien qu'il soit important d'avoir un résultat en tête, concentrez-vous également sur le processus. Valorisez l'apprentissage, la croissance personnelle et les expériences qui surviennent en cours de route.

Choisissez des objectifs alignés avec vos valeurs: Assurez-vous que vos objectifs sont alignés avec vos valeurs personnelles et aspirations. Cela renforcera votre motivation et votre sensation de sens.

Divisez les objectifs en étapes plus petites: Divisez les objectifs plus importants en étapes plus petites et plus gérables. Cela rendra le processus pour les atteindre moins intimidant et plus réalisable.

Suivez vos progrès: Gardez une trace de vos progrès au fur et à mesure que vous travaillez vers vos objectifs. Cela vous maintiendra non seulement motivé, mais vous permettra également de voir combien de progrès ont déjà été réalisés.

Soyez flexible et adaptable: Parfois, les défis peuvent changer le cours de nos plans. Soyez prêt à ajuster vos objectifs selon les besoins, sans vous sentir vaincu par les changements inattendus.

Profitez du voyage d'apprentissage: Chaque étape vers vos objectifs est une opportunité d'apprentissage et de croissance. Abordez chaque défi comme une chance de vous développer et d'acquérir de nouvelles compétences.

Recherchez du soutien: Partagez vos objectifs avec des amis, de la famille ou un mentor. Le soutien des autres peut vous offrir encouragement et responsabilité.

Célébrez les réalisations: Lorsque vous atteignez des étapes importantes dans vos objectifs, prenez le temps de célébrer vos réussites. Cela renforce votre motivation et met en lumière votre progression.

Établir des objectifs de croissance personnelle vous aide non seulement à transformer la souffrance en croissance, mais renforce également votre résilience émotionnelle. En concentrant votre énergie sur des objectifs positifs et significatifs, vous créez un sentiment de direction et de motivation qui vous propulse en avant, même dans les moments les plus difficiles.

Pratiquez la gratitude

La pratique de la gratitude est un outil puissant pour transformer la souffrance en croissance personnelle. Même dans les situations les plus difficiles, trouver des choses pour lesquelles être reconnaissant peut apporter une perspective plus positive et renforcer votre résilience. Voici des façons de pratiquer la gratitude en période de souffrance:

Tenez un journal de gratitude: Prenez chaque jour un moment pour écrire trois choses pour lesquelles vous êtes reconnaissant. Cela aide à orienter votre attention vers le positif dans votre vie, même si la souffrance est présente.

Trouvez la gratitude dans les petites choses: Ne vous limitez pas aux grands événements. Reconnaissez et appréciez les petites joies du quotidien, comme un sourire amical, un moment de calme ou un rayon de soleil.

Concentrez-vous sur les relations personnelles: Exprimez votre gratitude envers les personnes qui font partie de votre vie. Souvenez-vous des liens significatifs que vous avez et du soutien que vous recevez de vos amis, de votre famille et de vos proches.

Cultivez la gratitude face à l'adversité: Bien que cela puisse sembler difficile, essayez de trouver des éléments de gratitude même dans les situations difficiles. Cela ne signifie pas minimiser la douleur, mais reconnaître que l'adversité peut être source d'opportunités de croissance.

Pratiquez la gratitude pour la découverte de soi: Utilisez les moments de souffrance comme des occasions pour mieux vous connaître. Remerciez pour votre résilience, votre force intérieure et votre capacité à faire face aux défis.

Partagez votre gratitude: Exprimer votre gratitude envers les autres peut renforcer les relations et créer un cercle positif de soutien mutuel. Dites aux personnes importantes dans votre vie combien vous appréciez leur présence et leur soutien.

Cultivez la gratitude dans le présent: La gratitude est une pratique axée sur le présent. Détournez votre attention des regrets du passé et des inquiétudes pour l'avenir, en vous concentrant sur le moment présent.

Pratiquez la gratitude pour l'auto-compassion: Soyez reconnaissant pour votre capacité à prendre soin de vous-même et à vous traiter avec compassion. Cela renforce votre résilience et contribue à neutraliser les pensées autocritiques.

Rappelez-vous des défis surmontés: Regardez en arrière et rappelez-vous des défis que vous avez surmontés par le passé. Cela peut générer de la gratitude pour votre force et votre détermination, vous donnant confiance pour affronter les défis futurs.

La pratique de la gratitude ne nie pas l'existence de la souffrance, mais elle contribue à créer un équilibre émotionnel et mental plus sain. En trouvant des aspects pour lesquels être reconnaissant, vous créez une perspective plus riche et positive, ce qui contribue à votre résilience et à votre croissance personnelle.

Cultivez la résilience émotionnelle

La résilience émotionnelle est une qualité essentielle pour faire face aux adversités de la vie avec force et équilibre. Cultiver la résilience émotionnelle implique de développer la capacité à gérer les émotions de manière saine et adaptative. Voici des façons de cultiver la résilience émotionnelle:

Reconnaissance des émotions: La première étape pour cultiver la résilience émotionnelle est de reconnaître et de valider vos émotions. Éviter ou nier ses sentiments peut entraîner une accumulation de tensions émotionnelles. Accepter qu'il est normal de ressentir toute une gamme d'émotions est fondamental pour la résilience.

Auto-conscience: Développez l'auto-conscience pour mieux comprendre vos propres réactions émotionnelles. Soyez conscient de comment différentes situations déclenchent certaines émotions en vous.

Pratique de la pleine conscience: La pratique de la pleine conscience implique d'être pleinement présent dans le moment présent, en observant vos émotions sans jugement. Cela vous permet d'observer vos émotions de manière objective et d'éviter d'être submergé par elles.

Expression émotionnelle appropriée: Apprenez à exprimer vos émotions de manière constructive. Cela peut impliquer de parler de vos sentiments avec quelqu'un en qui vous avez confiance, d'écrire dans un journal ou d'utiliser des formes d'expression créatives, comme l'art.

Acceptation du changement émotionnel: Les émotions sont fluides et changent avec le temps. Accepter que vos émotions puissent varier et ne pas être attaché à une émotion spécifique est un aspect important de la résilience émotionnelle.

Développement de stratégies d'adaptation: Créez un répertoire de stratégies saines pour faire face aux émotions intenses. Cela peut inclure des exercices, la méditation, des techniques de relaxation, des passe-temps ou une implication sociale.

Résolution constructive de problèmes: Au lieu de vous sentir submergé par des émotions négatives, travaillez à une résolution constructive des problèmes. Identifiez les sources de vos préoccupations et essayez de trouver des solutions pratiques.

Apprentissage des émotions: Toutes les émotions ont quelque chose à enseigner. Au lieu d'essayer de repousser les émotions inconfortables, explorez ce qu'elles peuvent révéler sur vos besoins, vos désirs ou vos domaines de croissance.

Développement de la compassion envers soi-même: Traitez-vous avec gentillesse et compassion, surtout lorsque vous faites face à des émotions difficiles. La compassion envers soi-même vous permet d'être votre ami, même lorsque vous traversez des moments difficiles.

Recherche de soutien: N'ayez pas peur de chercher du soutien auprès d'amis, de membres de la famille ou de professionnels de la santé mentale. Partager vos émotions et recevoir des conseils peut renforcer votre résilience.

Cultiver la résilience émotionnelle est un processus continu qui implique la pratique de compétences émotionnelles saines. Plus vous êtes conscient de vos émotions, que vous les comprenez et apprenez à y faire face de manière adaptative, plus vous serez capable de faire face aux difficultés avec courage et équilibre.

Partagez votre histoire

Partager votre parcours de dépassement est un moyen puissant de transformer la souffrance en croissance personnelle, tout en offrant également du soutien et de l'inspiration à d'autres personnes qui pourraient traverser des défis similaires. En partageant votre histoire, vous n'aidez pas seulement vous-même, mais créez également un lien significatif avec les autres. Voici pourquoi partager votre histoire peut être bénéfique:

Empowerment personnel: En racontant votre parcours de dépassement, vous reprenez le contrôle du récit de votre vie. Cela peut aider à renforcer votre estime de soi en vous rappelant vos réalisations et votre résilience.

Traitement émotionnel: Partager vos expériences douloureuses peut être un moyen efficace de traiter vos émotions. Parler de vos luttes et de comment vous les avez surmontées peut aider à libérer les émotions refoulées et à alléger le fardeau émotionnel.

Inspiration pour les autres: Votre histoire de dépassement peut servir de phare d'espoir pour ceux qui traversent des défis similaires. Voir quelqu'un surmonter des adversités peut être extrêmement inspirant et motivant pour les autres.

Sens du but: Partager votre histoire peut donner un nouveau sens à vos expériences passées. En aidant les autres à faire face à des difficultés similaires, vous contribuez à un dessein plus grand.

Réduction de la stigmatisation: En parlant ouvertement de vos luttes, vous contribuez à combattre la stigmatisation associée aux problèmes émotionnels ou aux situations difficiles. Cela peut créer un environnement plus accueillant et compatissant pour tous.

Connexions significatives: Partager votre histoire peut créer des liens authentiques avec d'autres personnes. Vous pouvez trouver une communauté de soutien partageant vos expériences et valeurs.

Réflexion et apprentissage continus: En partageant votre parcours, vous êtes encouragé à réfléchir sur vos expériences, les leçons apprises et la croissance accomplie. Cela favorise un apprentissage continu et un perfectionnement personnel.

Valorisation du voyage: En racontant votre voyage, vous reconnaissez combien vous avez grandi et surmonté. Cela peut vous donner une nouvelle appréciation de votre parcours, malgré toutes les difficultés rencontrées.

Promotion de la résilience collective: En partageant des récits de dépassement, vous contribuez à une culture de la résilience. Cela peut inspirer d'autres personnes à faire face aux défis de manière plus positive et courageuse.

Transformer la souffrance en croissance personnelle demande de la patience, de la compassion envers soi-même et la volonté de relever les défis de manière constructive. En adoptant ces stratégies, vous êtes sur la voie non seulement pour surmonter les adversités, mais aussi pour émerger en tant que personne plus résiliente et renforcée.

Faire face au rejet, à la fin des relations, à la solitude et à la tristesse demande de la résilience émotionnelle. Alors que vous relevez ces défis, rappelez-vous qu'ils sont des occasions de croissance personnelle et de transformation. En adoptant des stratégies saines et constructives, vous pouvez développer une résilience émotionnelle qui vous permet de surmonter les adversités et de sortir plus fort que jamais.

7
APPRENDE À DIRE "NON"

Dire "non" aux autres, c'est dire "oui" à soi-même.

Dire "non" est un acte d'autodiscipline et de soin de soi qui peut souvent être difficile. Cependant, c'est une compétence cruciale pour maintenir la santé émotionnelle, l'équilibre personnel et l'assertivité dans les relations. Dans ce chapitre, nous explorerons les complexités d'apprendre à dire "non", depuis surmonter la peur de décevoir les autres jusqu'à établir des limites saines dans divers domaines de la vie.

Surmonter la peur de décevoir les autres

L'une des raisons pour lesquelles beaucoup de gens trouvent difficile de dire "non" est la peur de décevoir ou de blesser les autres. Cette peur peut être paralysante et conduire à accepter des compromis indésirables ou à un excès de travail. Surmonter cette peur nécessite un changement de perspective et se concentrer sur le soin de soi.

Authenticité personnelle

L'authenticité personnelle est la base pour apprendre à dire "non" de manière saine et assertive. Lorsque vous agissez selon vos propres besoins et valeurs, vous construisez une relation honnête avec vous-même et avec les autres. L'importance de l'authenticité personnelle dans l'apprentissage à dire "non":

Valorisation de soi: Reconnaître et honorer vos propres besoins et limites est une démonstration d'amour-propre. Vous méritez le respect et la considération autant que n'importe qui d'autre, et cela commence par l'authenticité d'exprimer vos choix.

Définition des priorités: En étant authentique, vous alignez vos actions sur vos priorités. Dire "non" lorsque nécessaire vous permet de concentrer votre énergie sur les activités qui sont réellement importantes pour vous.

Construction de relations authentiques: En étant authentique dans vos refus, vous construisez des relations plus honnêtes et transparentes. Les personnes autour de vous apprendront à faire confiance à vos paroles et actions, sachant que vous agissez toujours selon vos convictions.

Renforcement de l'estime de soi: Agir de manière authentique et dire "non" lorsque nécessaire renforce votre estime de soi. Vous vous démontrez à vous-même que vos opinions et besoins sont importants et méritent d'être respectés.

Éviter le ressentiment: Si vous n'êtes pas authentique et que vous acceptez des demandes ou des engagements que vous ne souhaitez pas accepter, vous risquez de vous sentir résentiment. L'authenticité aide à éviter ces sentiments négatifs.

Inspiration pour les autres: En étant authentique dans votre capacité à dire "non", vous pouvez inspirer d'autres personnes à s'exprimer également de manière authentique. Cela crée un environnement où chacun se sent libre d'exprimer ses besoins et limites.

Développement personnel: La pratique de l'authenticité est un chemin vers le développement personnel continu. À mesure que vous apprenez à accorder de l'importance à vos propres besoins et à les communiquer avec sincérité, vous grandissez en tant qu'individu.

L'authenticité personnelle est fondamentale pour apprendre à dire "non" avec confiance et clarté. Cela implique de reconnaître votre propre valeur, de prioriser vos besoins et de construire des relations sincères.

Gardez à l'esprit que votre authenticité est une force qui vous permet de prendre des décisions saines pour vous-même et de nourrir des relations significatives.

Communication claire

La communication claire joue un rôle crucial lorsque vous apprenez à dire "non". Exprimer vos raisons de manière honnête, directe et respectueuse est essentiel pour éviter les malentendus et construire des relations saines. L'importance de la communication claire en refusant les demandes:

Évite les malentendus: Communiquer de manière claire évite les malentendus et les interprétations erronées. Lorsque vous expliquez vos raisons de manière directe, les chances que votre message soit compris correctement augmentent considérablement.

Réduit les suppositions: Si vous ne communiquez pas vos raisons de manière claire, les gens peuvent supposer des motifs pour votre refus. Cela peut entraîner des interprétations erronées et un impact négatif sur les relations.

Démontre du respect: En expliquant vos raisons de manière honnête et respectueuse, vous montrez de la considération pour les autres. Cela montre que vous valorisez la relation suffisamment pour être transparent sur vos décisions.

Favorise l'acceptation: Lorsque vous communiquez vos raisons de manière claire, les autres ont la possibilité de comprendre votre point de vue. Cela peut faciliter l'acceptation de votre réponse et éviter d'éventuels sentiments de ressentiment.

Construit la confiance: La communication claire construit la confiance dans les relations. Les gens font davantage confiance à quelqu'un qui s'exprime de manière honnête et directe, car cela démontre l'authenticité et l'intégrité.

Facilite la négociation: Parfois, vous pouvez avoir besoin de négocier ou de trouver des alternatives pour répondre à une demande particulière. Communiquer vos raisons de manière claire permet aux deux parties d'explorer des options et de parvenir à un accord mutuellement bénéfique.

Encourage le dialogue ouvert: Communiquer vos raisons de manière claire et respectueuse ouvre la voie au dialogue ouvert. Les gens peuvent poser des questions ou exprimer des préoccupations, ce qui peut conduire à une compréhension plus approfondie et à une communication plus efficace.

Vous donne de la puissance: En exprimant clairement vos raisons, vous vous donnez du pouvoir. Vous défendez vos besoins et vos limites de manière confiante, ce qui contribue à votre estime de soi et à votre confiance en vous.

Établit des normes de communication: En communiquant de manière claire et assertive, vous établissez des normes de communication saines. Cela peut influencer positivement la façon dont les autres communiquent avec vous à l'avenir.

La communication claire est essentielle lorsque vous apprenez à dire "non". Elle évite les malentendus, renforce la confiance, montre du respect et favorise des relations plus saines. En exprimant vos raisons de manière directe et honnête, vous construisez des bases solides pour une communication efficace et des relations plus authentiques.

Acceptation des réactions des autres

Lorsque vous apprenez à dire "non" et à établir des limites saines, il est important de reconnaître que toutes les réactions des autres ne seront pas positives ou réceptives. Gérer les réactions des autres de manière équilibrée et maintenir la confiance dans vos décisions est essentiel pour votre estime de soi et votre bien-être. L'importance d'accepter les réactions des autres:

Reconnaître la diversité des réactions: Les gens ont différentes personnalités, expériences de vie et attentes. Certains peuvent comprendre et respecter vos limites, tandis que d'autres peuvent réagir avec surprise, déception ou même résistance. Reconnaître cette diversité de réactions est fondamental.

Rappelez-vous de vos motivations: Lorsque vous dites "non", vous avez probablement des raisons légitimes de le faire. Comprenez que vos raisons sont valables et que vous prenez une décision pour prendre soin de vous et de vos besoins.

Ne vous sentez pas obligé de trop expliquer: Bien qu'il soit important de communiquer vos raisons de manière claire, ne vous sentez pas obligé de donner des explications détaillées. Certaines personnes peuvent insister pour avoir des justifications, mais vous avez le droit de garder certains aspects privés.

Respectez votre intégrité: En acceptant la réaction des autres, prenez conscience que votre intégrité est en jeu. Rester ferme dans vos limites montre de l'estime de soi et de la valorisation personnelle. Si vous cédez uniquement pour faire plaisir aux autres, vous risquez de compromettre votre propre intégrité.

Développez la résilience émotionnelle: Faire face à des réactions négatives ou décevantes peut être difficile. Cependant, développer une résilience émotionnelle vous aidera à ne pas être excessivement affecté par ces réactions. Sachez que vous ne pouvez pas contrôler la réaction des autres, mais vous pouvez contrôler votre réponse.

Priorisez votre bien-être: Accepter la réaction des autres ne signifie pas que vous devez ignorer vos propres besoins et limites. Donnez la priorité à votre bien-être émotionnel et physique dans vos décisions, même si cela peut entraîner des réactions négatives.

Restez axé sur le soin de soi: Continuer à prendre soin de vous est essentiel, quelle que soit la réaction des autres. Prendre soin de soi implique d'établir et de maintenir des limites saines, même en cas de résistance.

Célébrez les interactions positives: Alors que certaines personnes peuvent réagir négativement, d'autres comprendront et respecteront vos limites. Célébrez les interactions positives où vos décisions sont respectées et valorisées.

Apprenez des expériences: Chaque réaction des autres peut être une opportunité d'apprentissage. Évaluez comment vous gérez différentes réactions et s'il existe des moyens d'améliorer votre communication ou de faire face à la résistance.

En fin de compte, l'acceptation des réactions des autres fait partie intégrante du processus d'apprentissage de la manière de dire "non" et d'établir des limites saines. Comprenez que vos décisions sont basées sur vos besoins et vos valeurs, et que vous méritez le respect et le soutien indépendamment des réactions auxquelles vous êtes confronté.

Priorisez votre bien-être

Prioriser votre bien-être est essentiel pour mener une vie équilibrée et saine. Apprendre à dire "non" lorsque nécessaire est une façon puissante de prendre soin de vous et de vous assurer que vos besoins émotionnels, physiques et mentaux sont satisfaits. L'importance de prioriser votre bien-être:

L'autosoins comme base: L'autosoins est la base d'un bien-être durable. Lorsque vous établissez des limites saines et que vous dites "non" aux situations qui ne sont pas alignées avec vos besoins, vous montrez du respect pour vous-même et créez de l'espace pour prendre soin de vos propres besoins.

Évite la surcharge: Dire "oui" à tout peut entraîner une surcharge émotionnelle et physique. Prioriser votre bien-être signifie reconnaître vos propres limites et éviter de prendre plus que ce que vous pouvez gérer.

Renforce l'estime de soi: En disant "non" lorsque nécessaire, vous démontrez de l'estime de soi et de la valorisation personnelle. Cela renforce votre confiance et la manière dont vous vous percevez.

Évite les ressentiments: Lorsque vous dites "oui" alors que, en réalité, vous voudriez dire "non", vous pouvez créer des sentiments de ressentiment et de frustration. Prioriser votre bien-être évite que vous vous sentiez pris dans des situations qui ne sont pas saines pour vous.

Fait de la place pour l'essentiel: En refusant des demandes ou des situations qui ne sont pas prioritaires pour vous, vous faites de la place pour ce qui est vraiment significatif. Cela vous permet d'orienter votre énergie vers les choses qui comptent vraiment.

Favorise l'équilibre: L'équilibre est essentiel pour un bien-être holistique. Prioriser votre bien-être aide à maintenir cet équilibre entre travail, relations, loisirs et temps pour vous-même.

Renforce les relations saines: En établissant des limites saines et en disant "non" lorsque nécessaire, vous construisez des relations basées sur le respect mutuel. Les personnes autour de vous apprendront à respecter vos décisions et vos limites.

Améliore la santé mentale: Le bien-être émotionnel est directement lié à votre santé mentale. Dire "non" aux situations qui provoqueraient un stress excessif ou de l'anxiété contribue à maintenir votre esprit dans un état plus sain.

Favorise la maîtrise de soi: La capacité de dire "non" implique de l'autodiscipline et de la conscience de soi. Cela montre que vous êtes maître de vos décisions et que vous n'êtes pas à la merci des attentes des autres.

Inspire les autres: En priorisant votre bien-être et en établissant des limites saines, vous pouvez inspirer les autres à faire de même. Cela crée une culture de respect mutuel et de soin au sein de vos relations.

Comprenez que prioriser votre bien-être n'est pas de l'égoïsme; c'est un acte d'autocompassion et de responsabilité. En prenant soin de vous-même, vous pouvez offrir davantage aux autres de manière saine et durable. Le bien-être est un investissement dans votre qualité de vie à long terme.

Techniques pour refuser les demandes sans se sentir coupable

Refuser les demandes peut être une tâche difficile, surtout lorsque vous souhaitez être respectueux et empathique envers les autres. Cependant, avec quelques techniques efficaces, il est possible de dire "non" de manière douce et assertive, sans susciter de sentiments de culpabilité. Voici des techniques efficaces pour dire "non" sans se sentir coupable:

Utiliser un langage positif

Refuser une demande avec un langage positif et explicatif est une manière respectueuse de communiquer vos limites sans créer d'inconfort. Plutôt que de simplement dire "non", cette approche vous permet d'expliquer votre situation de manière polie et claire, tout en montrant que vous appréciez la demande. Voici comment utiliser la technique du langage positif:

Exprimez votre appréciation: Commencez par reconnaître l'importance de la demande et montrer votre gratitude pour l'invitation. Cela crée une base positive pour votre refus et aide la personne à comprendre que vous avez sérieusement pris en considération la demande.

Expliquez votre situation: Après avoir exprimé votre appréciation, expliquez poliment pourquoi vous ne pouvez pas répondre à la demande. Soyez honnête sur la raison pour laquelle vous ne pouvez pas vous engager pour le moment. Par exemple, vous pouvez mentionner que votre emploi du temps est chargé, que vous avez déjà d'autres engagements ou que vous êtes occupé par d'autres projets.

Laissez la porte ouverte pour le futur: Si c'est approprié, laissez la porte ouverte pour de futures collaborations ou opportunités. Cela montre que vous êtes intéressé à contribuer, mais seulement quand cela sera possible. Par exemple, vous pouvez dire: "Actuellement, mon agenda est assez chargé, mais j'adorerais envisager cette possibilité à l'avenir."

Proposez des alternatives, si possible: Si vous ne pouvez pas répondre à la demande, mais que vous connaissez quelqu'un qui peut aider ou avez des suggestions alternatives, partagez ces informations. Cela montre que vous êtes prêt à aider d'une manière ou d'une autre, même si vous ne pouvez pas le faire directement.

La communication claire et respectueuse est essentielle lors de l'utilisation de cette technique. En expliquant vos raisons de manière honnête et positive, vous construisez des relations saines et démontrez votre engagement envers le soin de soi et la responsabilité.

Proposer des alternatives

Proposer des alternatives lors du refus d'une demande est une approche qui montre votre volonté d'aider, même si votre disponibilité immédiate est limitée. Cela montre que vous valorisez la demande et que vous souhaitez trouver des moyens de contribuer, tant qu'ils sont alignés sur vos engagements et limitations. Voici comment proposer des alternatives de manière efficace:

Reconnaître la demande: Commencez par exprimer votre gratitude pour l'invitation ou la demande. Cela montre que vous êtes conscient de ce qui est demandé et que vous appréciez l'opportunité qui vous est offerte.

Expliquer vos limites: Ensuite, expliquez poliment pourquoi vous ne pouvez pas répondre à la demande à ce moment-là. Soyez clair sur votre disponibilité limitée ou sur d'autres engagements déjà pris.

Proposer une alternative: Présentez une alternative qui soit plus réalisable pour vous. Cela peut être une date ultérieure, une approche différente ou même la suggestion d'une autre personne qui peut aider.

Être empathique et positif: Gardez un ton positif et empathique en proposant l'alternative. Montrez que vous êtes réellement intéressé à contribuer, dans la mesure où cela est possible dans vos limites.

Maintenir une communication ouverte: Faites savoir que vous êtes ouvert à la discussion et que vous êtes prêt à trouver des solutions qui fonctionnent pour les deux parties. Cela favorise la compréhension mutuelle et la collaboration.

Proposer des alternatives est une manière efficace de dire "non" de manière constructive. Cela montre votre considération pour la demande tout en établissant des limites saines pour garantir votre bien-être et votre équilibre. N'oubliez pas que la communication transparente et respectueuse est fondamentale lorsque vous utilisez cette technique.

Remercier pour l'invitation

Remercier pour l'invitation ou l'opportunité lors du refus d'une demande est une stratégie efficace pour maintenir une atmosphère positive et respectueuse pendant la communication. Cela montre que vous valorisez la considération de l'autre et que vous êtes conscient de l'importance de la demande. Voici comment utiliser cette technique:

Reconnaissance sincère: Commencez par exprimer votre gratitude pour l'invitation ou l'opportunité. Cela montre que vous valorisez la considération de l'autre et que vous êtes conscient de ce qui est demandé.

Explication polie: Après avoir exprimé votre gratitude, expliquez poliment pourquoi vous ne pouvez pas accepter la demande ou l'invitation pour le moment. Soyez honnête concernant votre disponibilité limitée ou d'autres raisons qui vous empêchent de participer.

Maintien d'un ton positif: Assurez-vous de maintenir un ton positif en expliquant votre refus. Montrez que vous êtes sincère et respectueux dans votre réponse.

Ouverture aux opportunités futures: Faites savoir que vous êtes ouvert à de futures opportunités ou collaborations. Cela aide à maintenir les portes ouvertes pour d'éventuelles interactions futures.

Exprimer sa gratitude lors du refus d'une demande démontre une maturité émotionnelle et une considération pour la relation. Cela contribue à minimiser tout sentiment négatif potentiel et garde la porte ouverte pour de futures interactions productives.

Pratiquez la réponse standard

Avoir une réponse standard prête pour refuser les demandes peut être un outil précieux pour faire face à des situations inconfortables. Cela vous permet de répondre de manière polie et assertive, évitant de vous sentir obligé d'inventer des excuses ou des justifications complexes. Comment utiliser la stratégie de la réponse standard:

Simplicité et clarté: Une réponse standard doit être simple et directe. Évitez de créer des excuses compliquées ou des histoires élaborées. Gardez la réponse claire et facile à comprendre.

Éducation et respect: Assurez-vous que la réponse soit éducative et respectueuse. Même si vous dites "non", cela ne signifie pas que vous devez être impoli ou brusque. Maintenir une attitude respectueuse est essentiel.

Personnalisation facultative: Si vous le souhaitez, vous pouvez personnaliser la réponse en fonction de la situation spécifique. Cependant, l'idée est d'avoir une structure de base qui peut être utilisée dans diverses situations.

Réduction de l'anxiété: Une réponse standard préparée à l'avance peut aider à réduire l'anxiété liée au refus des demandes. Lorsque vous avez déjà une réponse prête, vous n'avez pas à vous soucier de trouver les bons mots sur le moment.

Une réponse standard peut être un outil puissant pour établir des limites de manière polie et assertive. Cela vous permet de garder le contrôle de la situation, même lorsque vous vous sentez mal à l'aise de dire "non".

Soyez direct et honnête

Être direct et honnête lors du refus d'une demande est une approche qui valorise la transparence et la clarté. Au lieu de chercher des excuses ou des justifications, vous communiquez vos limites de manière honnête et respectueuse. Comment être direct en disant "non":

Transparence respectueuse: Être direct ne signifie pas être impoli. En communiquant clairement votre indisponibilité, vous montrez du respect envers la personne qui a fait la demande.

Communication ouverte: En étant honnête au sujet de vos limites, vous évitez de créer de fausses attentes. Cela peut conduire à une meilleure compréhension entre vous et la personne qui a fait la demande.

Assumer la responsabilité: Assumer la responsabilité de vos priorités et engagements est une partie importante de l'authenticité. Vous exprimez vos besoins sans blâmer ou critiquer les autres.

Affirmation positive: Rappelez-vous que dire "non" n'est pas négatif en soi. En étant honnête au sujet de vos limites, vous veillez à votre bien-être et respectez vos propres besoins.

Être direct et honnête en disant "non" est une approche qui favorise la communication transparente et le respect mutuel. Cela aide à établir des limites saines sans créer d'ambiguïtés ou de malentendus.

Pratiquez l'écoute empathique

L'écoute empathique est une compétence précieuse lorsque vous refusez une demande, surtout lorsqu'il s'agit de quelqu'un de proche. Cela implique d'écouter attentivement les préoccupations et besoins de l'autre personne avant de répondre. Comment pratiquer l'écoute empathique en disant "non":

Manifester de l'intérêt: En écoutant attentivement, vous montrez que vous valorisez les sentiments et les besoins de la personne qui a fait la demande. Cela établit une base de respect et de considération mutuelle.

Posez des questions clarifiantes: Posez des questions pour mieux comprendre le contexte de la demande et les attentes impliquées. Cela vous permet de comprendre pleinement la situation avant de répondre.

Validez les sentiments: Même si vous êtes sur le point de refuser la demande, reconnaissez les sentiments de l'autre personne. La validation montre de l'empathie et de l'attention, même si vous ne pouvez pas répondre à la demande.

Expliquez avec sensibilité: Après avoir écouté attentivement, expliquez votre décision de manière sensible et claire. Montrez que vous avez pris en compte la situation, mais que vous devez donner la priorité à vos propres limites.

La pratique de l'écoute empathique en disant "non" montre que vous êtes prêt à écouter et à prendre en considération les besoins des autres, même si vous ne pouvez pas répondre à la demande. Cela construit des relations saines et vous permet d'établir des limites de manière respectueuse.

Restez ferme

Rester ferme dans vos décisions et vos limites est essentiel lorsque vous apprenez à dire "non". Cela montre non seulement du respect pour vous-même, mais aide également à construire des relations saines et respectueuses. Comment rester ferme en disant "non":

Confiance en vos décisions: Gardez à l'esprit que vos besoins et limites sont valides. Avoir confiance en vos décisions est essentiel pour les communiquer de manière assertive et respectueuse.

Pratiquez la réponse: Anticipez les situations où vous devrez dire "non" et pratiquez comment répondre. Cela vous aidera à vous sentir plus préparé et confiant lorsque vous établissez vos limites.

N'en faites pas trop d'excuses: Évitez de vous excuser excessivement pour refuser une demande. Vous avez le droit de dire "non" sans avoir à vous justifier outre mesure. Soyez clair et direct dans votre réponse.

Évitez de céder à la pression: Parfois, d'autres personnes peuvent essayer de vous persuader de changer d'avis. Restez ferme dans votre décision, même s'il y a de la résistance. Sachez qu'il est important de donner la priorité à votre bien-être.

Soyez respectueux, mais ferme: Vous pouvez communiquer votre décision de manière respectueuse, mais ferme. Par exemple: "Je vous remercie beaucoup pour l'invitation, mais je ne peux pas m'engager pour le moment. J'espère que vous comprenez."

Pratiquez la maîtrise de soi: Si l'autre personne continue d'insister ou essaie de vous convaincre, pratiquez la maîtrise de soi. Restez concentré sur vos besoins et rappelez-vous qu'il est parfaitement acceptable de dire "non".

Refuser une demande ne fait pas de vous une personne égoïste. C'est une partie importante de l'autosoins et de l'établissement de limites saines. Plus vous pratiquez ces techniques, plus vous vous sentirez à l'aise et confiant pour exprimer vos limites de manière respectueuse.

Établir des limites dans les relations personnelles et professionnelles

Établir des limites est crucial pour maintenir des relations saines et préserver votre bien-être, que ce soit dans un contexte personnel ou professionnel. Comment établir des limites de manière efficace:

Reconnaître vos propres limites

Reconnaître et comprendre vos propres limites est une étape fondamentale pour établir des relations saines et préserver votre bien-être général. Comment reconnaître vos propres limites:

Auto-conscience: La première étape pour reconnaître vos limites est de développer l'auto-conscience. Cela implique d'être à l'écoute de vos émotions, de vos pensées et de vos sensations physiques. Faites attention aux signaux que votre corps et votre esprit vous envoient lorsque vous vous sentez dépassé, stressé ou mal à l'aise.

Évaluez vos besoins: Demandez-vous ce dont vous avez besoin pour vous sentir équilibré, en bonne santé et heureux. Cela peut inclure du temps pour vous reposer, des activités qui vous rechargent, de l'espace personnel et des moments de solitude. Reconnaître ces besoins est crucial pour comprendre vos limites.

Réfléchissez à vos expériences passées: Pensez aux situations passées où vous vous êtes senti épuisé, submergé ou stressé. Qu'est-ce qui a provoqué ces sentiments? Quels étaient les signes que vos limites étaient dépassées? Réfléchir à ces expériences peut fournir des éclairages précieux pour identifier vos limites.

Soyez attentif aux signaux d'alarme: Vos limites peuvent être indiquées par des signes émotionnels tels que l'irritabilité, l'anxiété excessive ou la tristesse. Des signes physiques tels que la fatigue chronique, les problèmes de sommeil ou les tensions musculaires peuvent également indiquer que vos limites sont dépassées.

Respectez vos émotions: Ne négligez pas ou ne minimisez pas vos émotions. Si vous vous sentez mal à l'aise face à une demande ou à une situation, il est important de prendre cela au sérieux. Votre intuition et vos sentiments sont des indicateurs précieux que vos limites sont mises à l'épreuve.

Sachez quand dire non: Reconnaître vos limites signifie également savoir quand dire "non". Lorsque vous réalisez qu'une demande ou une situation dépasse ce qui est sain pour vous, soyez prêt à refuser ou à établir des limites claires.

Apprenez de la pratique: Reconnaître vos propres limites est un processus continu qui nécessite de la pratique et de l'auto-observation. À mesure que vous vivez différentes situations et interactions, observez ce que vous ressentez et quelles sont vos réactions. Cela vous aidera à ajuster vos limites au besoin.

Se rappeler que vos limites sont essentielles pour votre bien-être est fondamental pour maintenir une vie équilibrée et des relations saines. À mesure que vous prenez conscience de vos besoins et réactions, vous serez mieux équipé pour communiquer efficacement vos limites aux autres.

Soyez cohérent

Être cohérent dans le maintien de vos limites est une partie cruciale du processus visant à établir des relations saines et à préserver votre bien-être. Pourquoi la cohérence est-elle importante et comment pouvez-vous l'appliquer:

Établissez des normes claires: Une fois que vous avez identifié vos limites, il est essentiel de les communiquer de manière claire et directe. Cela implique d'exprimer vos attentes et vos besoins de manière ouverte et honnête, afin que les autres puissent comprendre ce qui est acceptable et ce qui ne l'est pas.

Faites preuve de fermeté: Être ferme par rapport à vos limites implique de maintenir votre position de manière respectueuse et assertive. Cela signifie ne pas céder sous la pression ou la manipulation et ne pas permettre aux autres de les ignorer.

Évitez les changements arbitraires: Changer fréquemment ou de manière arbitraire vos limites peut causer de la confusion et miner la confiance des autres en vos paroles. Il est donc important d'établir des limites réalistes et de les maintenir de manière cohérente, sauf s'il y a une raison valable de les ajuster.

Communiquez de manière prévisible: En étant cohérent, vous aidez les autres à prévoir comment vous réagirez à différentes situations. Cela crée un environnement de confiance et de compréhension, car les gens sauront à quoi s'attendre de votre part.

Évitez de fléchir sans raison: Il est naturel de vouloir plaire aux gens et d'être flexible, mais le faire constamment, sans raison légitime, peut affaiblir vos limites et vous éloigner de vos propres besoins. Prenez conscience qu'il est important de prendre soin de vous aussi.

Renforcez l'importance de vos limites: En maintenant la cohérence par rapport à vos limites, vous renforcez leur importance. Cela démontre non seulement de l'autodiscipline, mais montre également que vous valorisez votre bien-être et vos besoins.

Soyez prêt pour des réactions différentes: Tout le monde ne réagira pas positivement au maintien cohérent de vos limites. Certaines personnes peuvent essayer de vous pousser ou de défier vos limites. Soyez prêt à répondre de manière assertive et à renforcer votre position.

N'oubliez pas votre bien-être: La cohérence par rapport à vos limites est une forme d'auto-soin. Comprenez que le maintien de vos limites est une manière de protéger votre bien-être émotionnel, mental et physique.

Maintenir la cohérence par rapport à vos limites peut prendre du temps et de la pratique, surtout si vous avez tendance à céder facilement aux désirs des autres. Cependant, à mesure que vous deviendrez plus ferme et cohérent, vous établirez des relations plus respectueuses et gratifiantes, tant personnelles que professionnelles.

Communiquez ouvertement

Communiquer vos limites de manière ouverte et honnête est essentiel pour établir des relations saines et préserver votre bien-être. Pourquoi la communication ouverte est cruciale et comment pouvez-vous la pratiquer:

Clarté et transparence: Lorsque vous communiquez vos limites, soyez clair et transparent. Évitez les ambiguïtés ou les messages confus qui pourraient entraîner des malentendus. Exprimez-vous de manière directe pour que les autres comprennent exactement ce que vous communiquez.

Expliquez vos raisons: Lorsque vous établissez des limites, il est utile d'expliquer pourquoi ces limites sont importantes pour vous. Partagez comment elles contribuent à votre bien-être émotionnel, mental et physique. Cela aide les autres à comprendre votre perspective et montre que vous prenez des décisions conscientes.

Faites preuve d'authenticité: La communication ouverte implique d'être authentique et sincère. Exprimez vos sentiments et besoins de manière véridique, afin que les autres puissent vous comprendre de manière authentique.

Montrez le respect mutuel: En communiquant vos limites, rappelez-vous que vous devez également respecter les besoins et limites des autres. Cela crée une atmosphère de respect mutuel et de compréhension.

Gardez votre calme: Lorsque vous communiquez vos limites, il peut y avoir des moments où les autres ne sont pas d'accord ou réagissent de manière négative. Gardez votre calme et votre sang-froid, même si la conversation devient difficile. Répondre de manière assertive et respectueuse est fondamental.

Écoutez attentivement: La communication ne consiste pas seulement à transmettre vos propres messages, mais aussi à écouter les autres. Soyez ouvert à écouter les préoccupations et besoins des autres et soyez prêt à trouver un terrain d'entente, lorsque cela est possible.

Soyez ouvert à des compromis: Bien qu'il soit important de maintenir vos limites, soyez également ouvert à des compromis lorsque c'est approprié. Parfois, trouver un terrain d'entente peut être bénéfique pour toutes les parties concernées.

Construisez des relations solides: La communication ouverte lors de l'établissement de limites crée une base solide pour des relations saines et durables. Cela favorise la confiance, la compréhension et la coopération entre les personnes.

Pratiquez l'écoute empathique: En plus de communiquer vos propres limites, pratiquez l'écoute empathique. Cela signifie écouter les préoccupations et les perspectives des autres avec empathie et compréhension, même si vous n'êtes pas d'accord.

Éduquez sur l'importance des limites: En expliquant vos limites, éduquez les autres sur la raison pour laquelle établir et respecter des limites est vital pour la santé des relations et le bien-être émotionnel de toutes les parties concernées.

Communiquer vos limites de manière ouverte et honnête vous aide non seulement à maintenir votre bien-être, mais établit également un standard de communication saine dans vos relations. Prenez conscience que la communication ouverte est un processus bidirectionnel, où vous exprimez vos propres besoins et limites tout en écoutant et en respectant ceux des autres.

Ne vous sentez pas obligé d'expliquer tout

Établir des limites saines nécessite une communication ouverte, mais cela ne signifie pas que vous devez partager tous les détails de vos raisons. Pourquoi ne pas vous sentir obligé d'expliquer tout et comment le faire de manière respectueuse:

Préserver votre vie privée: Vous avez le droit de garder certains aspects de votre vie privée. Ne vous sentez pas obligé de révéler des informations personnelles ou des détails intimes en expliquant vos limites.

Garder le focus sur le message: Lorsque vous établissez des limites, le focus doit être sur le message principal: ce avec quoi vous êtes à l'aise et ce avec quoi vous ne l'êtes pas. Maintenir la simplicité du message aide à éviter les malentendus.

Éviter les justifications excessives: Expliquer des détails excessifs peut entraîner des justifications inutiles. Vous n'avez pas besoin de vous défendre ou d'expliquer vos choix en détail pour établir des limites.

Respecter votre propre intuition: Si vous pensez que partager certains détails peut être gênant ou inapproprié, faites confiance à votre intuition. Vous avez le droit de définir des limites sans fournir d'explications élaborées.

Maintenir le respect mutuel: Ne pas se sentir obligé d'expliquer tout ne signifie pas que vous êtes irrespectueux. Gardez vos explications simples et respectueuses, montrant que vous valorisez la communication ouverte.

Pratiquer l'assertivité: Être assertif en communiquant vos limites implique de s'exprimer directement, sans être agressif ou excessivement justificateur. Pratiquez l'assertivité en établissant des limites de manière respectueuse.

Définir vos propres limites de partage: Définissez quelles informations vous êtes à l'aise de partager et quelles préférez garder pour vous. Cela vous aide à maintenir le contrôle sur votre propre vie privée.

Soyez concis et direct: Lorsque vous communiquez vos limites, soyez concis et direct. Vous pouvez dire quelque chose comme "Je ne suis pas disponible à ce moment-là" ou "Cela ne correspond pas à mes plans actuels."

Pratiquez le respect de vous-même: Ne pas partager tous les détails reflète le respect de soi. Reconnaissez que vous méritez de définir des limites sans avoir besoin de vous expliquer de manière excessive.

Rappelez-vous du but: Le but d'établir des limites est de garantir votre bien-être émotionnel et physique, ainsi que de maintenir des relations saines. Maintenir des explications simples contribue à atteindre cet objectif.

Ne pas se sentir obligé d'expliquer tout est un aspect important de la communication des limites. Maintenir la simplicité du message et le respect mutuel sont essentiels pour établir des relations saines et maintenir votre propre bien-être. Sachez que définir des limites est une forme d'auto-soin, et vous avez le droit de le faire de manière respectueuse et assertive.

Soyez conscient des signes de violation de limites

Établir et maintenir des limites sains est une partie fondamentale de l'auto-soin et du développement de relations respectueuses. Cependant, parfois, les gens peuvent tenter de violer vos limites de manière persistante, même après que vous ayez communiqué clairement. Il est essentiel d'être conscient de ces signes et de savoir comment y faire face de manière assertive et respectueuse. Comment reconnaître et réagir aux signes de violation de limites:

Signes de violation de limites: Certains signes de violation persistante de limites comprennent: une pression constante pour changer votre décision, des tentatives de persuasion ou de manipulation, le non-respect répété de vos limites et essayer de vous faire vous sentir coupable de dire "non".

Faites confiance à votre intuition: Si quelque chose ne semble pas correct ou si vous vous sentez mal à l'aise avec la façon dont quelqu'un gère vos limites, faites confiance à votre intuition. Vous avez le droit de protéger votre intégrité émotionnelle et physique.

Gardez votre calme et votre sang-froid: Si quelqu'un tente de violer vos limites, il est important de rester calme et posé. Répondre de manière assertive et respectueuse aide à maintenir la situation sous contrôle.

Soyez ferme et clair: Renforcez vos limites de manière ferme et claire. Utilisez un langage assertif, comme "J'ai déjà expliqué ma décision et j'aimerais que vous la respectiez."

Évitez l'agression ou le ressentiment: Bien qu'il soit important de défendre vos limites, évitez de répondre avec agressivité ou ressentiment.

Maintenez la conversation respectueuse et centrée sur vos propres sentiments et besoins.

Utilisez le "non" assertif: Utilisez le "non" assertif pour renforcer vos limites. Par exemple, "Je comprends que vous insistez, mais ma réponse reste non."

Demandez du respect: Affirmez votre besoin de respect et expliquez que vos limites sont essentielles pour votre bien-être émotionnel. "Je vous demande de respecter ma décision et mes limites."

Soyez prêt à vous éloigner: Si quelqu'un continue de violer de manière persistante vos limites, soyez prêt à vous éloigner de la situation ou de la relation, si nécessaire. Votre santé émotionnelle et votre bien-être doivent être des priorités.

Cherchez du soutien si nécessaire: Si vous faites face à des violations persistantes de limites et que vous ne savez pas comment gérer la situation, envisagez de demander le soutien d'amis, de la famille ou d'un professionnel de la santé mentale.

Rappelez-vous de votre valeur: La violation persistante de limites n'est pas acceptable et ne définit pas votre valeur en tant que personne. Sachez que vous avez le droit d'établir des limites et méritez d'être traité avec respect.

Défendre vos limites contre des violations persistantes est une façon d'affirmer votre propre valeur et bien-être. Gardez à l'esprit que vous avez le droit de protéger votre intégrité émotionnelle et physique, et cela inclut l'établissement de limites claires et leur renforcement de manière assertive et respectueuse.

Définissez des limites de temps

Dans l'environnement professionnel, établir des limites de temps est fondamental pour assurer un équilibre sain entre le travail et la vie personnelle, ainsi que pour éviter la surcharge et l'épuisement. La technologie moderne a facilité la communication constante, mais peut aussi conduire à un sentiment d'être toujours "connecté". Définir des limites de temps aide à maintenir la productivité, la santé mentale et la qualité de vie. Comment établir des limites de temps dans le milieu professionnel:

Définissez des horaires clairs: Établissez des horaires clairs pour votre journée de travail et respectez-les. Cela implique de commencer et de terminer le travail dans une période définie.

Communiquez vos disponibilités: Communiquez vos disponibilités à vos collègues et superviseurs. Si possible, partagez vos horaires de travail pour que tout le monde sache quand vous serez disponible.

Évitez de répondre en dehors des heures de travail: À moins que ce ne soit une situation exceptionnelle, évitez de répondre aux e-mails, aux messages ou aux demandes professionnelles en dehors des heures de travail. Cela aide à établir une séparation claire entre le travail et le temps personnel.

Utilisez l'outil de planification: Utilisez des outils de planification pour programmer les réunions et les rendez-vous professionnels pendant vos heures de travail définies. Cela aide à éviter les conflits et les surcharges.

Désactivez les notifications en dehors des heures de travail: Désactivez les notifications professionnelles sur vos appareils en dehors des heures de travail. Cela aide à éviter les interruptions et vous permet de vous déconnecter et de vous ressourcer.

Définissez des limites pour les tâches urgentes: Établissez ce que vous considérez comme des "tâches urgentes" et communiquez clairement ces situations exceptionnelles où vous serez disponible en dehors des heures de travail.

Pratiquez l'auto-soin: Utilisez le temps en dehors du travail pour prendre soin de vous. Pratiquez des loisirs, faites de l'exercice, détendez-vous et participez à d'autres activités qui favorisent le bien-être.

Informez des changements de disponibilité: Si vos horaires de travail ou votre disponibilité changent, informez-en vos collègues et superviseurs à l'avance.

Définissez des limites de communication: Établissez des limites claires pour la fréquence et la méthode de communication. Par exemple, vous pouvez préférer les communications par e-mail plutôt que les messages instantanés en dehors des heures de travail.

Prévoyez du temps pour déconnecter: Réservez chaque jour un moment pour vous déconnecter complètement du travail. Cela peut être en fin de journée ou à des moments spécifiques qui vous conviennent.

Établir des limites de temps dans l'environnement professionnel est un moyen efficace de protéger votre santé mentale, de maintenir un équilibre entre le travail et la vie personnelle et d'assurer une productivité durable. En définissant et en communiquant ces limites, vous favorisez un environnement de travail sain et construisez des relations professionnelles basées sur le respect mutuel.

Utilisez la règle des 24 heures

La règle des 24 heures est une stratégie précieuse pour aider à prendre des décisions concernant les demandes qui vous parviennent. Cette approche vous donne une période de temps pour évaluer soigneusement les demandes et déterminer si elles sont en accord avec vos limites personnelles et vos priorités. Comment utiliser la règle des 24 heures pour établir des limites de manière efficace:

Réflexion et évaluation: Lorsque quelqu'un vous fait une demande, évitez de répondre immédiatement. Prenez plutôt le temps de réfléchir à la demande et d'évaluer comment elle s'intègre dans vos engagements actuels, vos priorités et vos limites.

Évitez les décisions impulsives: Répondre instantanément à une demande peut conduire à des décisions impulsives qui ne tiennent pas suffisamment compte de vos propres besoins et limitations. La règle des 24 heures vous permet d'éviter des décisions hâtives.

Vérifiez votre agenda: Profitez de cette période de réflexion pour vérifier votre agenda et vos engagements existants. Demandez-vous si vous avez le temps et les ressources disponibles pour répondre à la demande sans compromettre votre bien-être.

Évaluez l'importance: Considérez l'importance de la demande par rapport à vos objectifs et priorités. Demandez-vous si répondre à cette demande contribuera de manière significative à vos objectifs ou si cela peut représenter un fardeau inutile.

Pratiquez une communication respectueuse: Si vous décidez de refuser la demande, pratiquez une communication respectueuse et claire. Utilisez les techniques précédemment apprises, comme expliquer vos raisons de manière positive et remercier pour l'invitation.

Restez ferme dans vos décisions: Une fois que vous avez pris une décision, tenez-vous-y. Si la personne insiste ou vous met sous pression pour obtenir une réponse immédiate, rappelez-vous que vous avez le droit d'établir des limites et de répondre en fonction de votre évaluation.

Priorisez votre bien-être: Votre santé mentale, physique et émotionnelle est toujours une priorité. La règle des 24 heures vous permet de prendre en considération les effets potentiels de répondre à la demande dans votre propre vie.

Adaptez la règle aux situations: Bien que la règle des 24 heures soit une directive précieuse, vous pouvez l'adapter aux différentes situations. Dans certaines circonstances, il peut être approprié de répondre plus rapidement, tandis que dans d'autres, la réflexion est essentielle.

Apprendre à dire "non" est une compétence qui contribue à l'autosoins, à la santé émotionnelle et à l'assertivité dans les relations. Surmonter la peur de décevoir les autres, appliquer des techniques de refus respectueux et établir des limites saines sont des étapes essentielles pour créer des relations équilibrées et gratifiantes, tant sur le plan personnel que professionnel.

8

REDÉFINIR LE SENS DE L'AMOUR

Le véritable amour commence en vous et rayonne vers le monde.

L'amour est l'un des aspects les plus complexes et profonds de l'expérience humaine. Cependant, notre compréhension de l'amour est souvent façonnée par des idées fausses et des idéalisations qui peuvent entraîner des attentes irréalistes et de la frustration dans nos relations. Dans ce chapitre, nous explorerons l'importance de déconstruire ces conceptions erronées sur l'amour romantique, de comprendre que l'amour ne doit pas être la seule source de bonheur et d'apprendre à construire des relations basées sur le partenariat et la croissance mutuelle.

Déconstruire les idées fausses sur l'amour romantique

L'amour romantique est un thème omniprésent dans la culture, les médias et nos vies personnelles. Cependant, nos conceptions de l'amour sont souvent influencées par des mythes et des idées fausses qui peuvent nuire à nos relations et à notre bien-être émotionnel. Découvrez les idées fausses les plus courantes sur l'amour romantique et comment les déconstruire pour cultiver des relations plus saines et épanouissantes.

Le mythe de la complétude

Le mythe de la complétude est une idée fausse profondément enracinée qui affecte de nombreux aspects des relations amoureuses. Cette idée suggère que la présence d'un partenaire romantique est essentielle pour atteindre le bonheur et l'épanouissement personnel. Cependant, en examinant de près cette notion, il devient clair qu'elle peut être préjudiciable et limitante pour nous-mêmes et nos relations. Le mythe de la complétude et comment il peut influencer notre perception de l'amour:

La pression de trouver sa "moitié": Une métaphore courante utilisée pour décrire la recherche d'un partenaire idéal est l'idée de trouver sa "moitié". Cette expression suggère que nous sommes incomplets jusqu'à ce que nous trouvions notre partenaire, qui est la pièce manquante pour devenir entiers. Cette croyance met une pression disproportionnée sur les relations, en plaçant la responsabilité de notre bonheur entre les mains d'une autre personne.

L'importance de la connaissance de soi: En croyant au mythe de la complétude, nous risquons de négliger notre propre croissance personnelle et développement. La vérité est que nous sommes des individus, chacun avec ses propres aspirations, intérêts et rêves. La connaissance de soi est essentielle pour cultiver une relation saine, car elle nous permet d'apporter notre identité authentique et unique à la relation, au lieu de nous perdre dans la quête de la complétude à travers le partenaire.

Relations basées sur la complémentarité, pas la complétude: Au lieu de chercher un partenaire pour nous compléter, il est plus sain de rechercher quelqu'un de compatible et complémentaire. Cela signifie que, ensemble, vous pouvez construire un partenariat dans lequel vous évoluez et grandissez tous les deux. Plutôt que de dépendre du partenaire pour combler toutes les lacunes, une relation basée sur la complémentarité reconnaît que chacun a des compétences, des intérêts et des perspectives uniques qui peuvent se réunir pour former une équipe forte et unie.

Le rôle de l'autosoins et de l'estime de soi: Chercher le bonheur de l'intérieur et donner la priorité à l'autosoins sont des éléments essentiels pour remettre en question le mythe de la complétude. En prenant soin de nous-mêmes, nous renforçons notre estime de soi et développons une base émotionnelle saine. Cela nous permet d'entrer dans des relations non pas pour trouver la complétude, mais pour partager la plénitude de ce que nous sommes déjà.

Remettre en question le mythe de la complétude et cultiver des relations saines: Remettre en question le mythe de la complétude nécessite un changement profond dans notre façon de voir les relations. C'est un processus de découverte de soi, de réflexion et de désapprentissage des anciens schémas. Lorsque nous reconnaissons notre propre plénitude, nous devenons des partenaires plus conscients, capables de contribuer à une relation saine au lieu de chercher quelqu'un pour nous compléter. En détachant l'idée de complétude de l'amour romantique, nous créons de l'espace pour construire des relations basées sur le partenariat, la croissance mutuelle et la quête partagée de l'épanouissement personnel.

Le mythe de l'amour au premier regard

Le mythe de "l'amour au premier regard" est un récit romantique qui a été perpétué à travers les générations par la littérature, les films et la culture populaire. L'idée que nous pouvons tomber instantanément amoureux de quelqu'un en le voyant est séduisante, mais cette conception peut être trompeuse et même nocive pour notre compréhension réaliste de l'amour. Le mythe de l'amour au premier regard et ses impacts sur les relations:

La superficialité du premier regard: Bien qu'il soit possible de ressentir une attraction instantanée pour quelqu'un, le véritable amour est une émotion profonde et complexe qui se développe avec le temps. Baser le potentiel d'une relation entière sur une seule rencontre ou une impression visuelle, c'est ignorer les couches les plus profondes d'une personne, sa personnalité, ses intérêts et ses valeurs. L'amour véritable nécessite une compréhension complète de la personne au-delà de la surface.

Construire des connexions significatives: Les relations significatives sont construites sur une base solide de compréhension mutuelle, de confiance et d'engagement. Cette base ne peut pas être établie instantanément par un regard ou une rencontre. Le véritable amour se développe à mesure que nous partageons des expériences, surmontons des défis et apprenons les particularités et complexités les uns des autres. C'est un processus graduel qui nécessite un investissement émotionnel et du temps.

Éviter les désillusions précoces: Croire en l'amour au premier regard peut entraîner des attentes irréalistes et des désillusions précoces. Lorsque nous nous attendons à ce que l'amour soit instantané, nous risquons de rejeter des relations qui auraient pu devenir quelque chose de significatif avec le temps. Les relations profondes et durables ne reposent pas uniquement sur une attraction initiale, mais sur la construction d'une connexion véritable.

Cultiver des relations authentiques: Pour cultiver des relations authentiques et saines, il est essentiel de laisser de côté les idées idéalisées de l'amour au premier regard. Au lieu de cela, nous devons adopter une approche plus réaliste, permettant aux connexions de se développer de manière organique et de s'approfondir avec le temps. Cela implique de vraiment connaître la personne, d'investir dans la construction d'une solide amitié et de partager des moments significatifs ensemble.

Le rôle de la communication et de la patience: Pour construire des relations durables, une communication ouverte et honnête est essentielle. Au lieu d'attendre que l'amour surgisse instantanément, nous devons nous engager dans des conversations significatives qui nous aident à mieux connaître l'autre personne. De plus, la patience joue un rôle crucial. Les relations profondes et durables se construisent avec le temps, à mesure que nous affrontons ensemble des défis et apprenons les uns des autres.

L'amour qui grandit et s'épanouit: L'amour qui grandit avec le temps, à mesure que nous partageons des expériences, surmontons des obstacles et nous connaissons en profondeur, est l'amour qui a le potentiel d'être vraiment durable et significatif. En démystifiant l'idée de l'amour au premier regard, nous ouvrons la voie à la construction de relations basées sur la compréhension mutuelle, la connexion authentique et la croissance partagée.

Le mythe de l'amour inconditionnel

Le mythe de l'"amour inconditionnel" est souvent présenté comme l'une des formes les plus nobles et pures d'amour. Cependant, cette conception idéalisée de l'amour peut entraîner des malentendus et même des relations déséquilibrées. Le mythe de l'amour inconditionnel et comment comprendre l'amour d'une manière plus réaliste et saine:

Définir l'amour inconditionnel: L'amour inconditionnel est souvent décrit comme un amour qui n'est pas influencé par les circonstances extérieures ou le comportement de l'autre personne. C'est un amour qui est censé exister indépendamment des actions, des choix ou des changements du partenaire. Cependant, cette vision ne tient pas compte des complexités des relations humaines.

Établir des limites et respecter le bien-être: Bien que l'amour soit une force puissante, il est essentiel que les relations soient basées sur le respect mutuel et la considération des besoins individuels de chaque personne. Établir des limites saines n'affaiblit pas l'amour, mais favorise au contraire des relations équilibrées et respectueuses. Il est important de reconnaître qu'il est possible d'aimer profondément quelqu'un tout en ayant des limites garantissant son propre bien-être émotionnel, mental et physique.

Soin mutuel et respect des besoins individuels: L'amour sain implique de prendre soin et de soutenir la personne que vous aimez, mais il implique également de respecter ses besoins et son bien-être individuel. Il est tout à fait acceptable d'avoir des attentes réalistes dans une relation, ce qui ne diminue pas la profondeur de l'amour que vous ressentez. Reconnaître et respecter les limites et les besoins de l'autre est essentiel pour créer un environnement de soutien et de croissance mutuelle.

L'importance de l'équilibre: Dans une relation saine, il y a un équilibre entre le soin et le soutien mutuel, ainsi que le respect des individualités de chaque personne. L'amour ne doit pas être une justification pour accepter des comportements nuisibles, irrespectueux ou abusifs. Établir des limites et communiquer les attentes aide à maintenir cet équilibre et à promouvoir un environnement où les deux partenaires peuvent s'épanouir.

L'amour avec responsabilité: Au lieu de rechercher l'amour inconditionnel, nous devrions aspirer à un amour responsable et respectueux. Cela implique de prendre soin de la personne que nous aimons, mais aussi de prendre soin de nous-mêmes. L'honnêteté, la communication ouverte et la volonté de travailler ensemble pour créer une relation saine sont essentielles.

Cultiver des relations satisfaisantes: En déconstruisant le mythe de l'amour inconditionnel, nous pouvons créer de l'espace pour des relations plus satisfaisantes et équilibrées. Cela signifie reconnaître que l'amour est une force puissante, mais c'est aussi une responsabilité mutuelle. L'amour et le respect vont de pair, et en cultivant une relation basée sur le soin mutuel et la considération des besoins individuels, nous pouvons favoriser une connexion plus authentique et durable.

Le mythe du drame comme preuve d'amour

Le mythe du drame comme preuve d'amour est une croyance dangereuse et erronée qui peut conduire à des relations préjudiciables et épuisantes. L'idée que l'amour romantique doit être rempli de drame et d'intensité constante est loin de représenter une relation saine et durable. Le mythe du drame et comment construire des relations saines basées sur la communication, le respect et l'empathie:

Les origines du mythe: Le mythe du drame comme preuve d'amour peut trouver ses origines dans des représentations idéalisées de relations dans des films, des séries télévisées et d'autres formes de médias. La dramatisation excessive des relations peut laisser penser que les conflits constants et les émotions extrêmes sont des indicateurs de passion et d'amour véritable. Cependant, cela ne reflète pas la réalité des relations saines.

Relations durables: Les relations saines sont construites sur une base de communication ouverte, de respect mutuel et d'empathie. Au lieu de se baser sur des conflits constants et des émotions intenses, ces relations prospèrent grâce à la compréhension, au soutien et à la collaboration mutuelle. La stabilité émotionnelle et la tranquillité ne diminuent pas la profondeur de l'amour, mais fournissent en fait un environnement sûr pour qu'il grandisse.

Communication et respect: Au lieu de chercher le drame comme preuve d'amour, il est essentiel de prioriser la communication efficace et le respect des besoins et des sentiments de chacun. S'exprimer clairement et écouter activement son partenaire sont des moyens beaucoup plus efficaces de renforcer une relation que de créer des conflits inutiles.

Équilibre entre passion et stabilité: L'amour peut être passionné et excitant, mais il doit aussi être stable et sûr. L'équilibre entre passion et stabilité est essentiel pour construire une relation saine et durable. Au lieu de rechercher constamment des émotions intenses, cherchez des moments de connexion authentique, de partage et de soutien.

Reconnaissance des relations toxiques: La quête constante de drame comme preuve d'amour peut dissimuler des relations toxiques, où des conflits fréquents et des jeux émotionnels sont utilisés pour manipuler et contrôler le partenaire. Reconnaître les signes d'une relation préjudiciable est crucial pour protéger son bien-être émotionnel et mental.

Promouvoir des relations satisfaisantes: En déconstruisant le mythe du drame comme preuve d'amour, nous pouvons promouvoir des relations plus satisfaisantes et significatives. Les relations saines sont construites sur la confiance, le soutien et le respect mutuel. Valorisez la stabilité émotionnelle et la communication honnête comme base d'un amour véritable et durable.

L'amour parfait n'existe pas

La notion de l'amour parfait est une idée fausse qui peut créer des attentes irréalistes et nuire aux relations saines. Croire que l'amour romantique devrait être exempt de problèmes et de conflits est un piège qui peut conduire à des désillusions et à l'insatisfaction. Il est important de reconnaître que le véritable amour implique du travail acharné, de la communication et de l'engagement:

Le piège de l'idéalisme: L'idée de l'amour parfait est souvent alimentée par des représentations idéalisées des relations dans les médias et la culture populaire. Ces représentations montrent souvent des couples qui semblent ne jamais rencontrer de problèmes, ce qui peut amener les gens à croire que l'amour doit toujours être facile et sans complications.

La réalité des relations: En réalité, toutes les relations ont des hauts et des bas. Les conflits, les défis et les moments difficiles sont naturels dans toute relation, quel que soit l'amour entre les personnes. La perfection est une attente irréaliste et ne prend pas en compte la complexité des interactions humaines.

Travail acharné et engagement: Construire et maintenir une relation saine nécessite du travail acharné, de la dévotion et de l'engagement des deux parties. La communication ouverte, la résolution des conflits et le respect mutuel sont essentiels pour faire face aux défis qui surgissent avec le temps.

Apprendre et grandir ensemble: Les défis dans une relation ne sont pas des signes d'échec, mais des occasions d'apprentissage et de croissance. En surmontant les obstacles ensemble, les couples peuvent renforcer leur connexion et approfondir leur compréhension mutuelle. Cela crée non seulement un lien plus fort, mais renforce également la résilience pour faire face aux défis futurs.

Communication ouverte et réaliste: Au lieu de rechercher l'amour parfait, il est plus sain de se concentrer sur une communication ouverte et réaliste. Parler des attentes, des besoins et des désirs aide à aligner les perspectives et à créer un espace sûr pour discuter des défis. Il est important de se rappeler que faire face aux problèmes ensemble renforce la relation plus que de tenter de cacher les difficultés.

Célébrer les imperfections: Accepter que l'amour ne soit pas parfait est libérateur. Célébrer les imperfections et les caractéristiques uniques de chaque partenaire permet à la relation de s'épanouir dans son authenticité. La véritable connexion émotionnelle se construit lorsque les deux partenaires se sentent acceptés et aimés pour ce qu'ils sont.

Le bonheur dans le voyage: Plutôt que de chercher la fin en soi, trouvez le bonheur dans le voyage de l'amour. Les moments de joie, de surmontement et de croissance mutuelle sont la véritable signification de l'amour. En comprenant que la perfection est une illusion, vous pouvez vous concentrer sur la construction d'une relation basée sur un amour véritable, la compréhension et le respect.

Dépendance vs indépendance

Trouver l'équilibre entre la dépendance et l'indépendance dans les relations est essentiel pour cultiver des connexions saines et durables. Le mythe selon lequel l'amour romantique exige une dépendance totale du partenaire pour le bonheur est une conception erronée qui peut nuire à l'individualité de chaque personne. Pourquoi l'indépendance émotionnelle et l'estime de soi sont des composants cruciaux pour des relations solides:

L'importance de l'autonomie: L'indépendance émotionnelle et l'estime de soi sont essentielles pour le bien-être individuel et la réussite des relations. Être capable de se soutenir émotionnellement et se sentir bien dans sa peau contribue à la santé mentale et à la satisfaction personnelle.

Construction de relations solides: Les relations saines reposent sur la base de deux personnes partageant leur vie tout en maintenant leur propre identité. La dépendance excessive peut créer un déséquilibre et conduire à des relations de dépendance, où les individus se perdent dans les besoins du partenaire.

Compléter, ne pas remplacer: L'amour romantique doit compléter, pas remplacer, l'individualité de chaque personne. Il est essentiel que les deux partenaires conservent leurs propres intérêts, objectifs et amitiés tout en partageant leur vie ensemble. Cette approche renforce la connexion entre les partenaires, car ils peuvent se soutenir mutuellement dans leurs parcours individuels.

Respecter les limites personnelles: En maintenant son indépendance émotionnelle, vous respectez vos propres limites et besoins. Cela vous permet de vous engager dans des relations de manière saine sans sacrifier votre propre identité. Vous êtes capable de discerner quand vous avez besoin d'espace personnel et quand vous êtes prêt à partager des expériences avec votre partenaire.

Communication et respect mutuel: La clé pour équilibrer la dépendance et l'indépendance réside dans la communication et le respect mutuel. Parler ouvertement de vos besoins et attentes contribue à établir des limites saines dans la relation. Cela crée un environnement où les deux partenaires se sentent valorisés et soutenus dans leurs parcours individuels.

Enrichir la relation: Lorsque les deux partenaires ont une indépendance émotionnelle, ils peuvent enrichir la relation avec leurs expériences et leur croissance personnelle. La capacité de partager les réalisations individuelles et de soutenir les rêves de l'autre renforce la connexion et crée une base solide pour un amour véritable.

Bonheur intérieur et extérieur: Trouver le bonheur intérieur grâce à l'indépendance émotionnelle est une base solide pour construire des relations saines et durables. L'amour ne devrait pas être la seule source de bonheur, mais plutôt un complément à une vie déjà épanouie. En recherchant l'équilibre entre la dépendance et l'indépendance, vous créez une relation qui valorise et nourrit à la fois l'individualité et la connexion émotionnelle.

Comprendre que l'amour ne doit pas être une source exclusive de bonheur

Comprendre que l'amour romantique ne doit pas être la seule source de bonheur est essentiel pour construire des relations saines et satisfaisantes. L'idée fausse que l'amour est la seule chose qui peut apporter de la joie peut mettre une pression indue sur les relations et conduire à la dépendance émotionnelle. Cultiver des intérêts, des amitiés et des passions en dehors de la relation est essentiel pour un équilibre sain.

Autonomie émotionnelle

L'autonomie émotionnelle est un élément vital pour construire des relations saines et significatives. Il s'agit de la capacité de trouver la joie, l'estime de soi et la satisfaction en soi, indépendamment de l'état de sa relation amoureuse. L'importance de l'autonomie émotionnelle et comment elle peut être la base de relations véritablement enrichissantes :

Le pouvoir de l'autonomie émotionnelle: L'autonomie émotionnelle est l'antithèse de la dépendance émotionnelle. Lorsque nous sommes émotionnellement autonomes, nous ne recherchons pas notre bonheur uniquement dans le partenaire romantique. Au contraire, nous portons notre propre source de joie et d'estime de soi. Cela nous renforce non seulement individuellement, mais crée également la base de relations équilibrées.

Renforcer les partenariats sains: Les relations construites sur la base de l'autonomie émotionnelle sont plus susceptibles d'être saines et enrichissantes. Lorsque les deux parties sont capables de trouver la satisfaction intérieure, la relation devient un partenariat de croissance mutuelle, où chacun contribue au bonheur de l'autre au lieu d'en dépendre entièrement.

Réduire la pression et les attentes: La dépendance émotionnelle peut exercer une pression démesurée sur le partenaire, créant des attentes irréalistes selon lesquelles ils doivent répondre à tous nos besoins émotionnels. L'autonomie émotionnelle soulage cette pression en permettant à chaque individu d'être responsable de son propre bonheur et de son estime de soi.

Cultiver des relations plus équilibrées: Lorsque nous sommes émotionnellement autonomes, nous ne perdons pas notre identité dans les relations. Cela nous permet de maintenir une perspective claire et équilibrée, en veillant à ce que nous contribuions positivement à la relation au lieu de nous perdre en elle.

L'amour comme un complément, pas un besoin: L'autonomie émotionnelle ne signifie pas que l'amour romantique est dispensable; au contraire, il devient un complément précieux à nos vies. En partageant notre bonheur intérieur avec un partenaire, l'amour devient un lien entre deux personnes qui sont ensemble par choix, pas par nécessité.

Croissance individuelle et collective: En donnant la priorité à l'autonomie émotionnelle, chaque individu a l'occasion de croître et de se développer pleinement. Cela alimente à son tour la croissance de la relation dans son ensemble. L'amour s'épanouit lorsqu'il est construit sur des bases solides de deux partenaires émotionnellement sains.

L'autonomie émotionnelle est la clé des relations saines et équilibrées. Elle renforce les individus en leur permettant de partager leur joie et leur estime de soi avec un partenaire amoureux. Lorsque les deux partenaires sont émotionnellement autonomes, la relation devient un partenariat de croissance mutuelle, construit sur le respect des besoins et des identités individuels. L'autonomie émotionnelle ne diminue pas la valeur de l'amour romantique, mais renforce plutôt ses fondements, créant une relation enrichissante et gratifiante.

L'amour comme partie intégrante de la mosaïque du bonheur

L'amour romantique est une expérience profondément significative, mais c'est seulement un morceau de la mosaïque complexe qui compose notre bonheur général. Comment chercher le bonheur dans divers domaines de la vie peut enrichir notre existence et renforcer nos relations:

La richesse de la vie multifacettée: Tout comme une mosaïque est composée de plusieurs pièces colorées, notre bonheur est formé de divers domaines d'intérêt et de réalisation. Avoir une variété d'éléments dans notre vie contribue à un sentiment plus profond et durable de satisfaction.

Intérêts personnels et hobbies: En plus de l'amour romantique, nos intérêts personnels et nos hobbies ont le pouvoir de nous inspirer et de nous apporter de la joie. Cultiver des passions individuelles ne nous rend pas seulement heureux, mais nous rend également plus captivants dans une relation.

Amitiés solides et liens sociaux: Les amitiés authentiques sont une source inestimable de soutien émotionnel et de partage d'expériences. Avoir un cercle social sain enrichit nos vies, offrant un réseau de soutien indépendant de la relation amoureuse.

Objectifs professionnels et réalisations: Chercher des objectifs et des réalisations sur le plan professionnel et personnel nous donne un sentiment de but et d'accomplissement. Atteindre ces objectifs contribue à notre estime de soi et à notre confiance, influençant positivement notre capacité à aimer et à être aimé.

Projets créatifs et découverte de soi: La créativité est une puissante source d'expression et de découverte de soi. Participer à des projets créatifs nous permet d'explorer différents aspects de notre identité et de nourrir notre croissance personnelle.

Le rôle de l'amour dans la mosaïque du bonheur: En comprenant que l'amour romantique n'est qu'une partie de la mosaïque du bonheur, nous pouvons alléger la pression sur les relations. L'amour devient un choix conscient de partager notre parcours avec quelqu'un de spécial, au lieu de déposer sur lui toute la responsabilité de notre bonheur.

Les relations comme amplificateurs du bonheur: Lorsque nous cherchons le bonheur dans plusieurs domaines de la vie, nos relations peuvent devenir des amplificateurs de ce bonheur. Partager nos joies individuelles et nos expériences enrichit la connexion entre les partenaires, rendant l'amour romantique encore plus gratifiant.

L'amour romantique est une partie essentielle de nos vies, mais ne doit pas être la seule source de bonheur. Cultiver des intérêts, des amitiés, des réalisations professionnelles et des passions personnelles contribue à une mosaïque de bonheur riche et durable. Lorsque nous comprenons que l'amour est une partie, et non la totalité, de notre bonheur, nous sommes capables de construire des relations plus saines et équilibrées, tout en continuant à prospérer dans tous les domaines de nos vies.

Moins de pression sur la relation

En comprenant que l'amour n'est pas la seule source de joie, nous allégeons la pression sur la relation, permettant ainsi à celle-ci de s'épanouir de manière plus saine et authentique. Comment cette approche peut bénéficier aux relations:

Équilibrer les attentes: Souvent, nous avons des attentes irréalistes envers nos partenaires, espérant qu'ils soient responsables de notre bonheur total. En reconnaissant que le bonheur peut également être trouvé dans d'autres aspects de la vie, nos attentes deviennent plus réalistes et alignées avec la réalité.

Croissance individuelle et collective: Lorsque nous ne dépendons pas exclusivement de la relation pour notre joie, nous sommes libres de chercher la croissance personnelle et individuelle. C'est fondamental pour une relation saine, car cela permet à chaque partenaire de développer son identité, ses passions et ses réalisations de manière indépendante.

Réduction du stress et de la pression: L'idée que le partenaire doit être la seule source de bonheur peut créer du stress et une pression excessive pour les deux parties. Apprendre à être émotionnellement autosuffisant signifie que nous n'avons pas besoin de mettre le poids de notre bonheur sur le dos de la relation.

Favoriser un espace d'amour authentique: Lorsque les deux partenaires reconnaissent qu'ils ont leurs propres sources de joie, la relation devient un espace d'amour et de soutien plus authentique. Au lieu d'être une quête désespérée de complétude, l'amour est un choix conscient de partager et d'enrichir la vie de l'autre.

Promouvoir des relations partenaires: Les relations saines sont basées sur le partenariat et la collaboration. Lorsque les deux partenaires ont leurs propres sources de bonheur, ils peuvent se réunir en tant qu'individus complets qui choisissent de cheminer ensemble, plutôt que de dépendre l'un de l'autre pour être entiers.

Renforcer la résilience relationnelle: L'approche visant à trouver de la joie dans divers domaines de la vie contribue à la résilience relationnelle. Cela signifie que la relation est moins vulnérable aux hauts et aux bas, car elle n'est pas accablée par la responsabilité d'être la seule source de contentement.

Reconnaître que l'amour n'est pas la seule source de joie apporte légèreté et authenticité aux relations. Cela permet aux deux partenaires de grandir individuellement, en partageant leurs joies et leurs défis de manière saine. Lorsque la relation n'est pas accablée par l'attente d'être parfaite, elle a l'espace pour devenir une véritable connexion, enrichissante et empreinte d'un amour authentique.

Éviter la dépendance émotionnelle

La dépendance émotionnelle est un schéma préjudiciable qui se produit lorsque quelqu'un place tout son bonheur et son bien-être entre les mains d'une autre personne. Éviter ce piège est crucial pour construire des relations saines et durables. Comment cultiver diverses sources de satisfaction aide à éviter la dépendance émotionnelle:

Le fardeau de la dépendance: Dépendre exclusivement de l'amour romantique pour le bonheur met un lourd fardeau sur la relation. L'autre personne devient la seule source de validation, de soutien et de joie, ce qui peut être insoutenable à long terme.

Autonomie et estime de soi: Avoir de multiples sources de satisfaction dans votre vie, telles que des amis, des passe-temps, des intérêts personnels et des réalisations professionnelles, contribue à l'autonomie émotionnelle et à l'estime de soi. Vous vous reconnaissez comme une personne précieuse et complète, indépendamment de votre statut relationnel.

Équilibre dans les relations: Lorsque vous évitez la dépendance émotionnelle, votre relation peut se développer de manière plus équilibrée. Les deux partenaires partagent la responsabilité d'apporter joie et soutien à la relation, au lieu de dépendre l'un de l'autre pour combler tous leurs besoins émotionnels.

Croissance et partenariat: Une relation saine est basée sur la croissance mutuelle et le partenariat. Lorsque les deux partenaires ont leurs propres sources de satisfaction, ils peuvent soutenir la croissance individuelle de l'autre, enrichissant la relation de leurs expériences uniques.

Moins de pression et de conflit: La dépendance émotionnelle peut conduire à des conflits excessifs et à une dynamique de contrôle. En cultivant l'indépendance émotionnelle, vous réduisez la pression sur la relation, permettant qu'elle devienne un espace de soutien et d'amour authentique.

Réduction de la peur de la solitude: Une des raisons pour lesquelles les gens tombent dans la dépendance émotionnelle est la peur de la solitude. Avoir d'autres sources de satisfaction réduit cette peur, vous permettant de vous sentir bien dans votre peau, indépendamment d'être en relation ou non.

Renforcer les relations solides

Lorsque nous reconnaissons que l'amour n'est qu'une partie du plus grand tableau du bonheur et de la satisfaction, nous posons les fondations pour des relations solides et durables. Comment cette compréhension renforce-t-elle les relations:

Espace pour la croissance: Les relations saines sont construites sur une base de respect mutuel, de compréhension et d'espace pour la croissance individuelle. Comprendre que l'amour est une partie, pas la totalité, du bonheur, permet à chaque partenaire d'avoir l'espace nécessaire pour poursuivre ses intérêts, passions et objectifs personnels.

Les relations comme partenariats: Lorsque l'amour n'est pas la seule source de bonheur, la relation devient un partenariat authentique. Chaque partenaire contribue avec ses propres sources de satisfaction à la relation, créant un environnement de soutien mutuel et de croissance ensemble.

Valorisation de l'individualité: Renforcer une relation ne signifie pas se fondre en un seul être, mais valoriser l'individualité de chaque partenaire. Lorsque chacun a ses propres sources de satisfaction et des identités distinctes, ils peuvent se compléter mutuellement et grandir ensemble de manière significative.

Réduction de la pression: En comprenant que l'amour ne doit pas être la seule source de bonheur, il y a moins de pression sur la relation pour être parfaite. Cela réduit les attentes irréalistes et permet à la relation de s'épanouir à un rythme plus naturel, sans la pression de répondre à tous les besoins émotionnels.

Cultiver la résilience: Les relations solides sont résistantes et capables de surmonter les défis. Avoir d'autres sources de satisfaction contribue à cultiver la résilience émotionnelle, permettant à chaque partenaire de faire face aux difficultés avec force et confiance, sachant qu'ils ont un soutien émotionnel diversifié.

Partager le voyage: En construisant une relation où l'amour fait partie du mosaïque du bonheur, les partenaires partagent le voyage de la vie de manière plus complète. Ils célèbrent les joies de l'autre, offrent du soutien pendant les défis et s'inspirent mutuellement pour rechercher l'épanouissement dans tous les domaines de la vie.

Équilibre et harmonie: Les relations saines prospèrent lorsqu'il y a équilibre et harmonie. Comprendre que l'amour est une partie, pas la totalité, du bonheur, crée un environnement où chaque partenaire a la liberté d'explorer sa propre histoire tout en profitant de la compagnie et du soutien mutuel.

Lorsque l'amour romantique est considéré comme une partie essentielle, mais pas exclusive, du bonheur, les relations acquièrent de la profondeur, de l'authenticité et de la résistance. Chaque partenaire a la liberté d'être authentique, de grandir individuellement et de partager une connexion significative. En renforçant la relation sur des bases solides, l'amour a l'espace pour s'épanouir et enrichir la vie de chacun.

Construire des vies riches et significatives

En embrassant la quête du bonheur à partir de sources multiples, vous construisez une vie riche, diversifiée et profondément significative. Comment cette approche vous enrichit individuellement et contribue également à des relations solides:

Diversité des expériences: Chercher le bonheur dans divers domaines de la vie offre une gamme plus large d'expériences. Cela vous permet d'explorer différents aspects de votre personnalité, de vos passions et de vos intérêts, créant ainsi un récit de vie riche et engageant.

Croissance individuelle: Trouver la satisfaction dans plusieurs sources favorise la croissance personnelle continue. En poursuivant des intérêts, des défis et des projets qui vous apportent de la joie, vous vous développez en tant qu'individu, cultivant l'estime de soi, la confiance et un sentiment d'accomplissement.

Une connaissance de soi approfondie: Explorer divers domaines de la vie conduit également à une meilleure connaissance de soi. À mesure que vous expérimentez différentes activités et relations, vous en apprenez davantage sur vos préférences, limites et valeurs, renforçant votre compréhension de qui vous êtes.

Partager des expériences: Une vie riche en expériences contribue également à enrichir vos relations. En partageant vos passions, intérêts et réalisations avec votre partenaire, vous créez un lien plus profond, permettant à tous les deux de grandir ensemble.

Réduction de la dépendance: La quête du bonheur dans plusieurs domaines réduit la dépendance émotionnelle à un seul aspect de la vie, comme l'amour romantique. Cela conduit à des relations plus équilibrées, où les deux partenaires se soutiennent mutuellement tout en maintenant une autonomie émotionnelle saine.

Résilience face aux défis: Une vie diversifiée et riche en centres d'intérêt offre de la résilience en période difficile. Lorsque vous rencontrez des obstacles dans un domaine de votre vie, vous avez encore d'autres sources de satisfaction et de soutien pour vous soutenir, contribuant à maintenir un sentiment d'équilibre et de bien-être.

Enrichissement des relations: Rechercher le bonheur dans diverses sources aide à enrichir les relations. En partageant vos expériences diverses, vous apportez de nouvelles dimensions à la relation, la maintenant dynamique, excitante et pleine d'opportunités pour grandir ensemble.

Contribution à l'amour romantique: En construisant une vie riche en expériences et en satisfactions diverses, vous contribuez de manière profonde à l'amour romantique. L'amour devient un élément vital de votre vie, mais ce n'est pas la seule source de bonheur et d'accomplissement. Cela permet à l'amour romantique de s'épanouir de manière saine et de contribuer à votre bonheur global.

En recherchant le bonheur dans divers domaines de la vie, vous construisez une mosaïque d'expériences et de satisfactions qui enrichissent votre parcours. Cela vous renforce non seulement individuellement, mais crée également une base solide pour des relations saines et significatives. L'amour romantique est une partie importante de cette mosaïque, mais il s'intègre harmonieusement parmi les autres éléments qui composent votre vie riche et gratifiante.

Construction de relations basées sur le partenariat et la croissance mutuelle

Les relations saines ne sont pas seulement basées sur la passion et le romantisme, mais aussi sur les valeurs partagées, la communication efficace et la croissance mutuelle. Comment pouvons-nous créer des relations fondées sur le partenariat, le respect et l'évolution conjointe?

Communication ouverte

La communication est le socle sur lequel reposent les relations saines et significatives. Avoir la capacité de parler ouvertement et avec empathie crée un espace pour la compréhension mutuelle, le respect et la croissance. La communication ouverte est essentielle pour construire des liens profonds:

Expression des attentes: Communiquer les attentes dès le début de la relation est fondamental. Cela évite les malentendus et contribue à établir les bases d'une relation saine. Discuter ouvertement de ce que vous attendez de la relation et écouter les attentes du partenaire favorise la clarté et l'alignement.

Compréhension des besoins: Grâce à la communication ouverte, vous pouvez comprendre plus profondément les besoins de votre partenaire. Cela vous permet d'offrir du soutien, d'être présent et de répondre aux besoins émotionnels, renforçant ainsi la connexion entre vous.

Conversations difficiles: La communication ouverte est particulièrement importante lors des conversations difficiles. Aborder des sujets délicats avec empathie et honnêteté favorise la résolution des conflits et évite l'accumulation des préoccupations. Cela renforce la confiance et la compréhension mutuelle.

Écoute active: Écouter activement est aussi important que s'exprimer. Lorsque vous écoutez attentivement, vous montrez à votre partenaire que vous valorisez ses paroles et que vous êtes prêt à comprendre ses sentiments et ses perspectives. Cela crée un environnement où chacun se sent écouté et compris.

Expression respectueuse: La façon dont vous vous exprimez est cruciale pour une communication efficace. Parler de manière respectueuse, non accusatrice et éviter les critiques destructrices contribue à un environnement de communication sain. Cela encourage un dialogue ouvert et constructif.

Création de liens profonds: Grâce à la communication ouverte, vous avez l'occasion de partager vos pensées, vos sentiments et vos expériences les plus profonds. Cela crée une connexion intime et authentique entre vous et votre partenaire, vous permettant de construire une relation plus significative et profonde.

Cultivation de l'empathie: La communication ouverte exige de l'empathie. Se mettre à la place de votre partenaire et comprendre ses émotions et ses perspectives renforce le lien entre vous. L'empathie favorise la compréhension et aide à construire une relation plus solidaire.

Croissance mutuelle: Les conversations ouvertes favorisent également la croissance mutuelle. En partageant vos objectifs, aspirations et défis, vous pouvez vous soutenir mutuellement dans le processus de développement personnel. Cela conduit à une relation où les deux parties s'engagent dans la croissance individuelle et collective.

Confiance et transparence: La communication ouverte construit la confiance. Lorsque vous êtes transparent sur vos sentiments et vos pensées, vous montrez à votre partenaire qu'il peut compter sur vous pour être honnête et authentique. Cela renforce la connexion entre vous.

La communication ouverte est le fondement sur lequel reposent les relations saines et significatives. En vous exprimant avec empathie, en écoutant activement et en cultivant une compréhension mutuelle, vous créez un espace où l'amour, le respect et la croissance peuvent s'épanouir. Communiquer de manière ouverte et respectueuse est essentiel pour construire des liens profonds qui perdurent dans le temps.

Croissance individuelle et collective

Dans des relations saines et significatives, la croissance personnelle et mutuelle est une priorité. Une relation ne doit pas être un obstacle au développement individuel, mais plutôt un moyen de soutien et de stimulation pour que les deux partenaires atteignent leur plein potentiel. L'importance de la croissance individuelle et collective dans une relation:

Soutien des objectifs personnels: Les relations saines sont basées sur le soutien mutuel. Cela signifie que chaque partenaire doit être prêt à soutenir les objectifs personnels de l'autre, même si ces objectifs ne sont pas directement liés à la relation. Le soutien aux rêves et ambitions individuels crée un environnement de confiance et de soutien.

Coopération dans des projets communs: En plus de soutenir les objectifs individuels, la coopération dans des projets communs est également essentielle. Travailler ensemble sur des objectifs partagés renforce le lien entre vous et offre une opportunité de croissance mutuelle. Cette coopération peut être aussi simple que de planifier un voyage ensemble ou aussi complexe que de lancer une nouvelle entreprise.

Adaptation au changement: La croissance individuelle entraîne souvent des changements. Les relations saines sont capables de s'adapter à ces changements de manière positive. À mesure que chaque partenaire évolue et se développe, la relation doit aussi évoluer pour accommoder ces changements. L'adaptabilité est essentielle pour maintenir la connexion au fil du temps.

Respect des différences: Chaque personne est unique, avec des intérêts, des valeurs et des objectifs individuels. Dans une relation saine, ces différences sont respectées et célébrées. Cela signifie que les deux partenaires sont prêts à soutenir et à respecter les choix et passions de l'autre, même s'ils sont différents des leurs.

Encouragement à la croissance personnelle: Le véritable amour n'est pas limitant, mais expansif. Les partenaires dans une relation saine encouragent et motivent mutuellement à rechercher la croissance personnelle. Cela peut impliquer l'acquisition de nouvelles compétences, l'exploration de nouvelles passions ou même surmonter des défis personnels. L'encouragement mutuel à la croissance crée un environnement de progrès constant.

Célébration des réussites: Célébrer les réussites du partenaire est une démonstration de soutien authentique. Lorsqu'un partenaire atteint un objectif important, l'autre doit être le premier à célébrer et à applaudir. Cette célébration renforce le sentiment de partenariat et partage la joie des victoires individuelles.

Partage d'expériences: Grandir ensemble implique également de partager des expériences significatives. Cela peut inclure des voyages, des aventures, des moments d'apprentissage et même des défis. Le partage d'expériences aide à renforcer les liens entre vous et crée des souvenirs précieux.

La croissance individuelle et collective est un cycle continu dans une relation saine. À mesure que chaque partenaire grandit et se développe, la relation est enrichie. Cette croissance renforce non seulement la connexion entre vous, mais crée également une base solide pour un amour et un partenariat durables. L'engagement envers la croissance mutuelle est essentiel pour construire des relations significatives et évolutives.

Acceptation et vulnérabilité

La construction de relations significatives et saines nécessite un niveau d'acceptation mutuelle et de vulnérabilité. Être prêt à être authentique et à montrer sa vraie essence est essentiel pour créer des liens profonds. L'importance de l'acceptation et de la vulnérabilité dans une relation:

Acceptation inconditionnelle: La vraie acceptation implique d'aimer et de valoriser l'autre exactement comme il est, avec toutes ses imperfections et particularités. Dans une relation saine, les deux partenaires se sentent en sécurité dans leur authenticité, sachant qu'ils sont aimés même dans leurs failles. L'acceptation inconditionnelle crée un espace où tous deux peuvent être vraiment eux-mêmes.

Partage des vulnérabilités: La vulnérabilité est la clé pour créer des liens profonds. Cela signifie être prêt à partager des pensées, des sentiments et des expériences qui peuvent être difficiles ou inconfortables. Lorsqu'un partenaire s'ouvre sur ses insécurités, ses peurs et ses défis, cela favorise non seulement la compréhension, mais crée également un environnement de soutien mutuel.

Construction de la confiance: La vulnérabilité et l'acceptation sont liées à la confiance. Lorsque vous vous permettez d'être vulnérable et que vous êtes accepté par votre partenaire, cela crée un profond sentiment de confiance et de sécurité dans la relation. La confiance est essentielle pour toute relation saine et elle est renforcée lorsque les deux partenaires se sentent à l'aise pour partager leurs expériences les plus intimes.

Renforcement de l'intimité: L'intimité ne concerne pas seulement le contact physique; elle est aussi émotionnelle et spirituelle. En partageant vos émotions, vos pensées et vos rêves les plus profonds, vous créez une intimité émotionnelle qui renforce les liens entre vous. L'acceptation mutuelle dans ce contexte permet à l'intimité de s'épanouir.

Création d'un espace de soutien: À travers l'acceptation et la vulnérabilité, vous créez un espace où les deux partenaires peuvent trouver du soutien et du réconfort. En périodes de difficulté, savoir que vous pouvez partager vos sentiments et être entendu sans jugement est incroyablement puissant. Cet espace de soutien renforce la connexion entre vous.

Développement de l'empathie: En étant vulnérable et en partageant vos expériences, vous développez également de l'empathie. Lorsqu'un partenaire comprend vos luttes et vos joies, il est plus à même de se rapporter à vos expériences et d'offrir du soutien. Ce cycle d'empathie et de soutien mutuel est essentiel pour les relations saines.

L'acceptation et la vulnérabilité sont comme une danse délicate qui soutient les relations saines. En s'acceptant pleinement et en partageant leurs vulnérabilités, vous créez une base solide de confiance, d'intimité et de soutien mutuel. Cela permet à votre relation de grandir et de s'épanouir, de devenir un espace où vous pouvez tous deux trouver l'amour, la compréhension et la croissance. Avoir le courage d'être authentique et vulnérable est l'un des plus grands cadeaux que vous puissiez offrir à votre relation et à vous-même.

Cultivation de l'amour et de l'intimité

L'amour romantique est un voyage continu, et maintenir la flamme de la passion et du romantisme nécessite des efforts et de la dévouement. Comment pouvez-vous cultiver l'amour et l'intimité dans votre relation:

Expression d'affection: De petits gestes d'affection et de tendresse ont un grand impact sur une relation. Dire "je t'aime", étreindre, embrasser, se tenir la main et même laisser des messages affectueux sont des façons simples de montrer à votre partenaire que vous vous souciez. L'expression régulière de l'affection renforce le lien émotionnel entre vous.

Communication attentive: La communication est l'un des outils les plus puissants pour maintenir l'intimité. Prenez le temps d'avoir des conversations significatives, écoutez activement et partagez vos propres expériences. Parler de vos pensées, désirs, rêves et même de vos inquiétudes aide à maintenir la connexion émotionnelle et à renforcer les liens.

Création de moments spéciaux: Les souvenirs partagés renforcent la connexion entre vous. Créez des moments spéciaux ensemble, comme des rendez-vous romantiques, des voyages ou des activités que vous appréciez tous les deux. Ces moments apportent non seulement de la joie immédiate, mais créent également une base de souvenirs positifs qui soutiennent la relation au fil du temps.

Exploration des centres d'intérêt communs: Avoir des centres d'intérêt partagés aide à construire une base solide pour la relation. Trouver des activités que vous appréciez tous les deux et les apprécier ensemble contribue à l'intimité et à la connexion. Que ce soit danser, cuisiner, faire du sport ou regarder des films, l'exploration conjointe des centres d'intérêt enrichit le parcours de l'amour.

Favoriser l'attraction physique: L'attraction physique est un élément important de l'amour romantique. Maintenez la flamme en montrant des marques d'affection physique, en faisant des compliments et en prenant soin de votre apparence personnelle. Prendre soin de son apparence et montrer de l'intérêt pour le bien-être physique de votre partenaire est un moyen de maintenir une attraction mutuelle.

Respect et acceptation continus: Le respect mutuel et l'acceptation sont essentiels pour construire une relation saine. Continuer à honorer et à respecter votre partenaire, même lorsque des défis surviennent, renforce la base de la relation. L'acceptation des changements personnels au fil du temps est également essentielle pour nourrir l'intimité.

Maintien de l'individualité: Bien que la connexion soit cruciale, il est important de maintenir l'individualité. Prendre du temps pour des activités individuelles, des passe-temps et du temps avec des amis vous permet de grandir en tant qu'individus, ce qui enrichit la relation. Souvenez-vous que vous êtes des partenaires, mais aussi des personnes uniques.

Explorer des nouveautés ensemble: La nouveauté apporte de l'excitation et du renouveau. Essayer de nouvelles choses ensemble, comme apprendre une nouvelle compétence, voyager dans des endroits différents ou même vivre des aventures inattendues, ajoute une touche de fraîcheur et d'excitation à la relation.

Grandir ensemble: La croissance conjointe est l'essence d'une relation durable. Alors que vous évoluez tous les deux en tant qu'individus, partager vos histoires de croissance et vous soutenir mutuellement dans la réalisation de vos objectifs et rêves crée une connexion profonde et significative.

Redéfinir la signification de l'amour romantique est une expérience de découverte de soi et de croissance personnelle. En déconstruisant les mythes et les idées fausses, en comprenant que l'amour ne doit pas être la seule source de bonheur et en construisant des relations basées sur le partenariat et la croissance mutuelle, nous pouvons créer des liens qui sont sains, gratifiants et durables. Le véritable amour est une collaboration entre deux personnes indépendantes, engagées à se soutenir, à grandir et à partager leurs vies de manière significative.

9
PRATIQUER L'ACCEPTATION ET LE DÉTACHEMENT

En lâchant les amarres du passé, nous faisons place au présent.

Le chemin de l'acceptation et du détachement est un voyage vers la connaissance de soi, la croissance et l'équilibre émotionnel. Dans ce chapitre, nous explorerons comment pratiquer l'acceptation et le détachement dans divers domaines de la vie, nous permettant de vivre avec plus de sérénité et de bien-être.

Accepter que vous ne pouvez pas contrôler les sentiments des autres

Accepter que nous n'avons pas de contrôle sur les sentiments et les réactions des autres est un pas important vers la maturité émotionnelle et la construction de relations saines. Comment pratiquer cette acceptation:

Reconnaissance de l'individualité

Chaque personne est une combinaison unique d'expériences de vie, d'histoires, de valeurs, de croyances et d'émotions. Reconnaître l'individualité de chaque individu est un principe fondamental pour développer des relations saines et respectueuses. Comment la reconnaissance de l'individualité contribue à l'acceptation des sentiments des autres:

Respect de la diversité émotionnelle: Nous vivons tous le monde de manière différente, et cela s'étend à nos sentiments. Ce qui peut être profondément significatif pour une personne peut ne pas avoir le même impact sur une autre. Reconnaître que chacun de nous possède une gamme unique d'émotions et de réactions aide à éviter les jugements hâtifs et à cultiver l'empathie.

Validation des expériences personnelles: Reconnaître l'individualité de quelqu'un, c'est valider ses expériences personnelles, même si elles diffèrent des nôtres. Cela n'implique pas d'être d'accord avec ces expériences, mais plutôt de montrer du respect pour le droit de chaque personne à ressentir ce qu'elle ressent. En validant les sentiments des autres, nous construisons une base de confiance et de respect mutuel.

Cultiver l'empathie: L'empathie consiste à pouvoir se mettre à la place d'une autre personne et à comprendre ses sentiments de sa perspective unique. Reconnaître l'individualité est une étape cruciale pour cultiver l'empathie, car cela nous rappelle que chaque personne fait face à des défis, des joies et des tristesses de manière unique.

Réduction des conflits: Lorsque nous reconnaissons l'individualité, nous sommes moins enclins à imposer nos propres attentes et opinions aux autres. Cela aide à réduire les conflits, car nous sommes plus disposés à accepter et à comprendre les différences, plutôt que de chercher à les changer.

Promotion de la compréhension: En reconnaissant que chaque personne a une perspective unique, nous ouvrons la voie à un dialogue plus enrichissant et compréhensif. Nous sommes plus enclins à écouter attentivement, à poser des questions sincères et à apprendre les uns des autres. Cela se traduit par des relations plus profondes et plus significatives.

La reconnaissance de l'individualité est une base fondamentale pour l'acceptation des sentiments des autres. En comprenant que chaque personne est unique dans son expérience émotionnelle, nous créons un environnement de respect et de compréhension. Cela renforce non seulement nos relations, mais enrichit également notre propre parcours de croissance personnelle. En cultivant l'acceptation de l'individualité, nous favorisons l'empathie, la communication efficace et la construction de véritables connexions avec les autres.

Communication ouverte

La communication est l'épine dorsale de toute relation saine. Bien que nous ne puissions pas contrôler les sentiments des autres, nous pouvons influencer significativement la qualité de la communication que nous établissons avec eux. Une communication ouverte et efficace est essentielle pour établir des liens profonds et une compréhension mutuelle. Comment la communication ouverte contribue à l'acceptation des sentiments des autres:

Écouter attentivement: l'un des aspects les plus cruciaux de la communication est la capacité d'écouter attentivement. Lorsque nous sommes prêts à écouter les paroles et les sentiments des autres sans interruptions ni jugements, nous montrons que nous apprécions leurs perspectives et leurs expériences. Cela crée un espace sûr pour qu'ils partagent leurs sentiments, même s'ils sont différents des nôtres.

Validation des expériences: à travers la communication ouverte, nous pouvons valider les expériences émotionnelles des autres. Cela implique de reconnaître et de respecter leurs sentiments, même si nous ne sommes pas d'accord ou ne partageons pas les mêmes sentiments. La validation crée un sentiment d'acceptation et de compréhension, ce qui est essentiel pour maintenir des relations saines.

S'exprimer avec respect: de la même manière que nous écoutons attentivement, nous devons également exprimer nos propres sentiments de manière respectueuse. La communication ouverte implique d'exprimer nos points de vue sans recourir à la critique, aux reproches ou aux jugements. Cela favorise un environnement de dialogue sain où les deux parties se sentent libres de partager.

Cultiver l'empathie: la communication ouverte est un terreau fertile pour cultiver l'empathie. Lorsque nous partageons nos propres sentiments et écoutons ceux des autres, nous sommes plus aptes à comprendre leurs perspectives et à ressentir de l'empathie pour leurs expériences. Cela renforce les liens émotionnels et favorise une compréhension plus profonde.

Résolution des conflits: dans les relations, il est naturel d'avoir des divergences d'opinion et des conflits. La communication ouverte est un outil essentiel pour résoudre ces conflits de manière saine. En abordant les problèmes avec honnêteté, respect et l'intention de trouver des solutions, nous construisons un terrain d'entente pour parvenir à des compréhensions et des accords.

Création d'un espace sûr: la communication ouverte crée un espace sûr pour partager des sentiments sans craindre la critique ou le jugement. C'est essentiel pour permettre aux gens de s'exprimer authentiquement et ouvertement. Un environnement de communication sûr est un endroit où les gens peuvent parler de leurs sentiments, même s'ils sont complexes ou difficiles.

La communication ouverte est un puissant outil pour pratiquer l'acceptation des sentiments des autres. Elle favorise la compréhension, l'empathie et la construction de relations saines et significatives. Lorsque nous sommes prêts à écouter attentivement, à valider les expériences émotionnelles et à exprimer nos propres sentiments avec respect, nous créons un environnement de connexion authentique et de compréhension mutuelle. La communication ouverte nous permet de reconnaître l'individualité des personnes et d'accepter leurs sentiments, indépendamment de notre accord avec eux.

Respect des limites

Dans toute relation saine, il est essentiel de reconnaître et de respecter les limites émotionnelles des personnes. Chaque individu a ses propres expériences, histoires et niveaux de confort lorsqu'il partage ses sentiments. Faire preuve de considération et de respect envers les limites des autres contribue à créer un environnement de confiance, de sécurité et d'acceptation. Points importants à considérer concernant le respect des limites:

Individualité et autonomie: Chaque personne est une individualité unique, et cela s'étend à ses limites émotionnelles. Le respect des limites reconnaît que chacun a le droit de définir ce qu'il se sent à l'aise de partager, quand et avec qui. Cela honore non seulement l'autonomie de chaque personne, mais témoigne également d'un profond respect pour son intégrité émotionnelle.

Honnêteté et communication: En respectant les limites des autres, il est important de maintenir une communication ouverte et honnête. Cela implique d'exprimer ses propres sentiments et limites de manière claire et transparente. De même, être prêt à écouter lorsque quelqu'un partage ses limites crée un environnement de dialogue sain. La communication aide à éviter les malentendus et à construire un terrain d'entente respectueux.

Accepter la diversité des expériences: Chacun a des niveaux différents de confort pour parler de certains sujets. Certaines personnes peuvent être plus ouvertes et expansives sur leurs sentiments, tandis que d'autres préfèrent garder certaines questions plus privées. Accepter cette diversité d'expériences est crucial pour construire des relations respectueuses. Nous ne devons pas imposer nos propres normes d'ouverture aux autres.

Création d'un environnement de confiance: Le respect des limites des personnes contribue à créer un environnement de confiance et de sécurité. Les gens se sentent à l'aise de partager leurs sentiments lorsqu'ils savent que leurs limites seront respectées. Cela est particulièrement important lorsqu'il s'agit de sujets sensibles ou d'expériences personnelles délicates.

Flexibilité et évolution: Les limites d'une personne peuvent évoluer avec le temps en fonction de ses expériences et de ses circonstances. Être sensible à ces changements et être ouvert à ajuster notre manière de communiquer avec quelqu'un démontre du respect et de l'attention. La flexibilité dans la communication contribue à maintenir des relations saines et dynamiques.

Le respect des limites des personnes est une base essentielle pour construire des relations saines et respectueuses. Reconnaître l'individualité de chaque personne, communiquer ouvertement et accepter la diversité des expériences émotionnelles contribuent à un environnement où chacun se sent valorisé et compris. Respecter les limites ne favorise pas seulement l'acceptation des sentiments des autres, mais renforce également les liens émotionnels et crée un espace où la confiance et la sécurité peuvent s'épanouir.

Éviter le besoin de validation externe

À de nombreux moments de nos vies, nous pouvons rencontrer la tendance à rechercher une validation externe pour nos sentiments, opinions et choix. Cependant, cette quête constante de validation peut nous amener à dépendre excessivement de l'approbation des autres pour notre estime de soi et notre valorisation personnelle. Apprendre à éviter ce besoin de validation externe est une étape essentielle pour la croissance personnelle et pour construire une confiance en soi saine. Voici des façons d'aborder cet aspect:

Connaissance de soi et authenticité: La première étape pour éviter le besoin de validation est de développer un solide sens de la connaissance de soi. Cela implique d'explorer vos propres sentiments, valeurs, désirs et opinions. Plus vous vous comprendrez, plus il vous sera facile de faire confiance à vos propres émotions et décisions, peu importe ce que les autres peuvent penser.

Confiance en vos propres émotions: Reconnaissez que vos émotions ont leur propre validité. Il n'est pas nécessaire que d'autres personnes valident ou soient d'accord avec ce que vous ressentez. Avoir confiance en vos propres émotions est un signe de maturité émotionnelle et d'authenticité. Cela vous donne la capacité de prendre des décisions alignées avec vos sentiments et vos valeurs internes.

Démantèlement des croyances limitantes: Souvent, le besoin de validation externe est enraciné dans des croyances limitantes sur notre propre estime de soi. Il peut être utile d'explorer ces croyances et de travailler à les déconstruire. Reconnaissez que vous n'avez pas besoin de l'approbation constante des autres pour vous sentir précieux et digne.

Cultivation de l'estime de soi: Investir dans la cultivation d'une estime de soi saine est fondamental. Cela implique de reconnaître vos propres qualités, réalisations et contributions. Plus vous vous apprécierez, moins vous aurez besoin de validation externe pour vous sentir bien dans votre peau.

Focus sur l'authenticité et l'intégrité: Lorsque vous agissez selon vos propres valeurs et votre authenticité, le besoin de validation externe a tendance à diminuer. En faisant des choix qui sont en accord avec qui vous êtes vraiment, vous construisez une base solide pour la confiance en vous-même.

Acceptation de la diversité des opinions: Rappelez-vous que tout le monde a des opinions différentes et ne sera pas toujours d'accord avec vous. C'est naturel et sain. Ne laissez pas le manque d'accord extérieur ébranler votre confiance intérieure.

Croissance personnelle et autonomie: En évitant le besoin de validation externe, vous acquérez un sens plus profond de l'autonomie et du contrôle sur votre propre vie. Cela vous permet de prendre des décisions plus authentiques et courageuses, et de grandir en tant qu'individu.

Accepter que nous ne pouvons pas contrôler les sentiments des autres est une partie vitale du développement émotionnel et de la construction de relations saines. Reconnaître l'individualité, promouvoir la communication ouverte, respecter les limites personnelles et faire confiance à nos propres émotions sont des éléments clés de ce processus. En pratiquant l'acceptation, nous renforçons non seulement nos relations, mais nous favorisons également notre propre croissance personnelle et notre bien-être.

Apprendre à sortir de relations toxiques

Quitter une relation toxique est un pas courageux vers votre bien-être émotionnel et mental. Identifier et accepter qu'une relation ne contribue pas positivement à votre vie est un acte d'amour-propre et de soin de soi. Voici des approches pour pratiquer le détachement des relations qui ne vous servent plus:

Reconnaissance des signes de toxicité

Reconnaître les signes d'une relation toxique est essentiel pour prendre des décisions éclairées sur votre santé émotionnelle et votre bien-être. Voici des signes courants de toxicité dans une relation:

Abus verbal ou émotionnel: L'abus verbal implique des insultes, des humiliations et des paroles préjudiciables visant à diminuer votre estime de soi. L'abus émotionnel inclut la manipulation, le chantage émotionnel, la culpabilisation excessive et des comportements qui causent de la souffrance émotionnelle.

Manque de respect constant: Si vous vous sentez constamment manqué de respect, ignoré ou dévalorisé dans la relation, cela peut être un signe de toxicité. Le respect mutuel est la base d'une relation saine.

Manipulation et contrôle: Si votre partenaire tente de contrôler vos actions, décisions ou même vos interactions avec d'autres personnes, cela peut indiquer une dynamique toxique. Les relations saines sont basées sur la confiance et la liberté individuelle.

Manque de soutien émotionnel: Une relation saine implique un soutien mutuel. Si vous vous sentez incapable de partager vos sentiments ou si votre partenaire n'est pas là pour vous soutenir dans les moments difficiles, cela peut être préjudiciable à votre santé émotionnelle.

Déséquilibre de pouvoir: Si un partenaire exerce un contrôle excessif sur les décisions et que le pouvoir dans la relation est inégal, cela peut créer une dynamique de toxicité. Les relations saines sont basées sur l'égalité et le partage des responsabilités.

Manque de communication: La communication ouverte est cruciale dans n'importe quelle relation. Si vous avez du mal à parler de problèmes, de sentiments ou de préoccupations, la dynamique de la relation peut être altérée.

Manque de croissance personnelle: Les relations saines favorisent la croissance personnelle et mutuelle. Si vous vous sentez stagnant, que vous ne grandissez pas ou que vous ne soutenez pas les objectifs de l'autre, cela peut être un signe d'une relation malsaine.

Épuisement émotionnel constant: Si la relation vous laisse constamment émotionnellement épuisé et que vous avez l'impression de toujours céder pour maintenir la paix, cela peut être préjudiciable à votre santé mentale.

Isolement social: Si votre partenaire tente de vous isoler de vos amis et de votre famille, cela peut être un signe de contrôle et de manipulation, ce qui est préjudiciable à votre réseau de soutien.

Reconnaître ces signes vous permet d'évaluer la dynamique de la relation de manière réaliste et de prendre des décisions éclairées sur votre santé émotionnelle. Si vous identifiez ces signes, envisagez de chercher le soutien d'amis, de la famille ou de professionnels de la santé mentale pour vous aider à prendre les meilleures décisions pour votre bien-être.

Auto-évaluation approfondie

L'auto-évaluation approfondie est un outil puissant pour comprendre comment une relation impacte votre santé émotionnelle et mentale. En vous regardant intérieurement et en évaluant vos émotions et sentiments par rapport à la relation, vous pouvez gagner en clarté sur ce qui est le mieux pour vous. Étapes pour effectuer une auto-évaluation approfondie:

Réflexion honnête: Prenez le temps de vous connaître et de réfléchir à la façon dont vous vous sentez dans la relation. Demandez-vous si vous vous sentez valorisé, respecté et soutenu par votre partenaire. Examinez également comment la relation affecte votre estime de soi et votre bien-être émotionnel.

Identification des sentiments: Reconnaissez et nommez vos sentiments par rapport à la relation. Vous sentez-vous heureux, en sécurité et aimé la plupart du temps? Ou existe-t-il un sentiment constant d'inconfort, d'anxiété ou de malheur?

Évaluation de la dynamique: Analysez comment vous et votre partenaire interagissez. La dynamique est-elle équilibrée? Y a-t-il du respect mutuel et du soutien? Ou y a-t-il des signes de manipulation, de contrôle ou de manque de communication?

Comparaison avec vos valeurs: Évaluez si la relation est alignée sur vos valeurs et objectifs de vie. Demandez-vous si la relation contribue à votre croissance personnelle et à votre bonheur à long terme.

Reconnaissance des schémas: Observez les schémas de comportement qui se répètent dans la relation. Ces schémas sont-ils sains et constructifs ou toxiques et nocifs?

Impact sur votre santé mentale: Considérez comment la relation affecte votre santé mentale et émotionnelle. Vous sentez-vous constamment anxieux, stressé ou déprimé à cause de la relation? Ou vous sentez-vous soutenu et émotionnellement renforcé?

Évaluation des changements: Demandez-vous s'il y a eu des changements positifs ou négatifs dans votre vie depuis le début de la relation. La relation contribue-t-elle à votre bonheur et à votre croissance ou vous cause-t-elle de la douleur et des limitations?

L'auto-évaluation approfondie nécessite de l'honnêteté envers soi-même et un engagement à faire face à la vérité sur votre situation. En réfléchissant à ces aspects, vous serez mieux armé pour prendre des décisions éclairées sur l'avenir de la relation et votre bien-être. Comprenez que la priorité doit être votre santé émotionnelle et mentale.

Établissement de limites

Lorsque vous reconnaissez qu'une relation n'est pas saine et que vous décidez de vous éloigner, établir des limites est une étape fondamentale pour protéger votre santé émotionnelle et mentale. Voici des approches pour établir des limites de manière efficace:

Évaluation des limites personnelles: Avant tout, déterminez quels sont vos propres limites et besoins. Sachez ce que vous êtes prêt à tolérer et ce qui est inacceptable dans une relation.

Communication claire: Si vous choisissez de poursuivre la relation à un certain niveau, communiquez vos limites de manière claire et directe. Expliquez quels comportements ou actions sont nuisibles pour vous et ce que vous attendez.

Réduction progressive de l'implication: Si vous envisagez un éloignement progressif, commencez à réduire progressivement le temps et l'énergie que vous investissez dans la relation. Cela peut vous permettre de vous éloigner de manière plus douce et moins traumatisante.

Établissement de règles d'interaction: Si vous décidez de continuer à interagir avec la personne, établissez des règles d'interaction claires pour créer un environnement respectueux. Cela peut impliquer d'éviter certains sujets de conversation, de définir des limites de communication ou d'éviter les interactions dans certaines situations.

Focus sur vous-même: Concentrez-vous sur votre propre bien-être. Sachez qu'il est important de mettre vos besoins au premier plan et de ne pas vous sentir coupable d'établir des limites saines.

Affirmation de soi: Rappelez-vous que vous avez le droit d'établir des limites et de prioriser votre propre santé et bonheur. Pratiquez l'affirmation de soi et ne vous sentez pas obligé de céder à des comportements nuisibles.

Maintien des limites: Une fois les limites établies, il est important de les maintenir de manière constante. Ne laissez pas les pressions externes ou les manipulations vous faire abandonner les limites que vous avez fixées.

Gardez à l'esprit que fixer des limites n'est pas égoïste, mais un acte d'amour-propre et d'autosoins. En établissant des limites claires, vous protégez votre santé émotionnelle et créez un espace pour des relations plus saines et respectueuses dans votre vie.

Chercher le soutien de personnes de confiance

Lorsque vous faites face à la détachement des relations malsaines, chercher le soutien de personnes de confiance est une stratégie cruciale pour naviguer dans ce processus difficile. Voici pourquoi chercher du soutien est important et comment vous pouvez en tirer le meilleur parti:

Perspective objective: Les amis, la famille et les professionnels de la santé mentale peuvent offrir une perspective objective sur la situation. Ils peuvent voir la relation de l'extérieur et fournir des idées que vous n'avez peut-être pas envisagées.

Validation: En partageant vos sentiments et vos expériences avec des personnes de confiance, vous pouvez recevoir validation et compréhension. Cela aide à confirmer que vos préoccupations sont légitimes et que vous n'êtes pas seul dans ce processus.

Rappel de vos valeurs: Les personnes de confiance peuvent vous aider à vous rappeler vos propres valeurs et objectifs de vie. Cela peut être particulièrement utile lorsque vous essayez de prendre des décisions en accord avec ce qui est important pour vous.

Soutien émotionnel: Le processus de détachement d'une relation malsaine peut être émotionnellement difficile. Avoir quelqu'un qui peut fournir un soutien émotionnel, écouter vos préoccupations et offrir une épaule amie peut être très réconfortant.

Espace pour l'expression: Parler de vos sentiments et de vos expériences avec des personnes de confiance vous permet d'exprimer ce que vous traversez. Cela peut aider à soulager le poids émotionnel que vous portez.

Stratégies et orientation: Les professionnels de la santé mentale ont des connaissances et de l'expérience dans le traitement de situations complexes comme celle-ci. Ils peuvent fournir des stratégies pratiques, des outils et des orientations pour vous aider à relever les défis du détachement des relations malsaines.

Éviter l'isolement: L'isolement est courant lorsque nous traversons des difficultés émotionnelles. Chercher le soutien de personnes de confiance aide à éviter l'isolement et vous maintient connecté à un réseau de soutien.

Prise de décisions éclairées: En discutant de vos préoccupations avec des personnes de confiance, vous pouvez prendre des décisions plus éclairées et réfléchies. Ils peuvent vous aider à évaluer le pour et le contre des différentes options.

Sachez que chercher du soutien n'est pas un signe de faiblesse, mais plutôt une démonstration de connaissance de soi et d'auto-soins. En partageant votre histoire avec des personnes de confiance, vous construisez un système de soutien qui vous aidera à relever les défis et à naviguer à travers le processus de détachement des relations malsaines de manière plus saine et mieux informée.

Accepter le processus de détachement

Accepter le processus de détachement d'une relation, même si elle est malsaine, est une étape fondamentale pour la guérison et la croissance personnelle. En faisant face à la fin d'une relation, il est naturel d'éprouver un éventail d'émotions. Voici des considérations importantes pour vous aider à accepter et à naviguer à travers ce processus:

Reconnaître les émotions: Il est normal de ressentir un mélange d'émotions pendant le processus de détachement. Vous pouvez passer par des moments de tristesse, de colère, de confusion, de soulagement, voire de solitude. Reconnaître ces émotions et vous permettre de les ressentir est une étape importante du processus de guérison.

Se permettre de ressentir: Il n'y a pas de bonne ou de mauvaise façon de se sentir pendant le processus de détachement. Accordez-vous la permission de ressentir ce que vous ressentez, sans jugement. Vos émotions sont valides et font partie intégrante de votre histoire.

Temps de guérison: La guérison ne se produit pas du jour au lendemain. Acceptez que le processus de détachement soit progressif et qu'il faudra du temps pour vous ajuster à cette nouvelle réalité. Soyez patient avec vous-même pendant cette évolution.

Acceptation de l'incertitude: Le processus de détachement peut être accompagné d'incertitude concernant l'avenir. Accepter que tout ne doit pas être résolu immédiatement et qu'il est normal de ne pas avoir toutes les réponses fait partie intégrante du parcours.

Célébrer les petites victoires: À mesure que vous avancez dans le processus de détachement, célébrez les petites victoires et les progrès que vous réalisez. Cela peut inclure des moments de découverte de soi, des moments de paix intérieure ou des moments où vous vous êtes senti plus fort.

Apprentissage et croissance: Gardez à l'esprit que le processus de détachement est une opportunité pour en apprendre davantage sur vous-même et pour grandir en tant qu'individu. Réfléchissez aux enseignements que vous avez tirés de cette expérience et à comment elle peut façonner votre avenir.

Accepter le processus de détachement ne signifie pas éviter les émotions difficiles, mais plutôt les embrasser comme faisant partie intégrante de l'expérience de guérison. À travers l'acceptation et les soins envers vous-même, vous pavez la voie vers un avenir plus sain et en accord avec vos valeurs et votre bien-être émotionnel.

Focus sur le soin de soi

Après la fin d'une relation malsaine, orienter le focus vers le soin de soi est un moyen essentiel de promouvoir votre guérison émotionnelle et de reconstruire votre vie de manière saine. Voici des façons de prioriser le soin de soi pendant cette période difficile:

Attention à la santé physique: Maintenez un mode de vie sain, incluant une alimentation équilibrée, des exercices réguliers et un sommeil adéquat. Prendre soin de son corps est essentiel pour maintenir le bien-être émotionnel.

Engagement dans des activités significatives: Investissez du temps dans des activités qui vous apportent de la joie et un accomplissement personnel. Explorez les passe-temps, les intérêts et les passions qui peuvent avoir été négligés pendant la relation.

Considération de la thérapie: La thérapie individuelle peut être un outil précieux pour vous aider à traiter vos émotions, faire face à la fin de la relation et développer des stratégies pour aller de l'avant. Un professionnel de la santé mentale peut offrir un soutien neutre et de l'orientation.

Temps pour la réflexion: Accordez du temps pour réfléchir à vos besoins, valeurs et objectifs personnels. La fin d'une relation est une opportunité pour redécouvrir qui vous êtes et ce que vous voulez de la vie.

Établissement de limites personnelles: Définissez des limites claires pour vous-même et pour les autres. Cela peut impliquer de fixer des limites concernant l'interaction avec votre ancien partenaire ou établir des limites de temps pour réfléchir à la relation.

Exploration de nouvelles expériences: Soyez ouvert à de nouvelles expériences et opportunités. Expérimenter de nouvelles choses peut aider à élargir votre perspective et à apporter un sentiment renouvelé d'autonomisation.

Pardon envers soi-même et envers l'autre: Faire partie du soin de soi est le pardon - se pardonner pour toute erreur ou choix qui ont pu contribuer à la situation, et pardonner à l'autre pour ce qui s'est passé. Le pardon vous libère du poids émotionnel.

Comprenez que le soin de soi n'est pas de l'égoïsme, mais plutôt une démonstration d'amour-propre et de respect envers vos propres besoins. En pratiquant le soin de soi, vous construisez une base solide pour votre guérison émotionnelle et pour créer une vie qui est plus en accord avec vos valeurs et votre bien-être.

Se rappeler de sa valeur

Pendant le processus de détachement d'une relation malsaine, il est fondamental de se rappeler de sa propre valeur et dignité. Voici des moyens de maintenir une perspective positive et renforcer votre estime de soi:

Pratiquer l'auto-acceptation: Reconnaissez que vous êtes une personne précieuse et méritez un respect et un amour authentiques. Acceptez vos imperfections et célébrez vos qualités uniques.

Réfléchir à vos réalisations: Souvenez-vous de vos réussites personnelles et professionnelles. Reconnaissez votre force intérieure et votre capacité à surmonter les défis.

S'entourer de positivité: Entourez-vous de personnes qui vous soutiennent et vous encouragent à grandir. Restez entouré d'influences positives qui vous rappellent votre valeur.

Pratiquer l'auto-compassion: Soyez gentil avec vous-même, comme vous le seriez avec un ami cher. Traitez-vous avec compassion et affection, surtout dans les moments difficiles.

Focus sur les leçons apprises: Au lieu de vous concentrer uniquement sur les difficultés de la relation, réfléchissez aux leçons que vous avez apprises. Chaque expérience, même difficile, contribue à votre croissance personnelle.

Définir de nouveaux objectifs: Établissez de nouveaux objectifs et des buts pour vous-même. Concentrez-vous sur ce que vous souhaitez accomplir et travaillez en ce sens, en vous rappelant que vous êtes capable d'accomplir beaucoup.

Pratiquer des affirmations positives: Utilisez des affirmations positives pour renforcer votre confiance en vous et votre estime de soi. Vous dire des choses positives peut avoir un impact positif sur votre état d'esprit.

S'entourer d'inspiration: Lisez des livres, écoutez des conférences ou regardez des vidéos qui promeuvent la croissance personnelle et l'autonomisation. L'inspiration externe peut contribuer à renforcer votre image de soi.

Célébrer vos réalisations: Reconnaissez et célébrez chaque étape que vous faites vers une vie plus saine et significative. Chaque progrès mérite d'être célébré.

Apprendre du passé: Au lieu de vous blâmer, utilisez l'expérience pour apprendre et grandir. Évaluez ce que vous feriez différemment à l'avenir et comment vous pouvez appliquer ces leçons dans de nouvelles relations.

Apprendre à sortir des relations malsaines est un acte de courage et d'amour-propre. Reconnaître les signes de toxicité, s'auto-évaluer, établir des limites, chercher du soutien et prendre soin de soi sont des étapes essentielles pour se détacher de relations qui ne contribuent pas à votre bien-être. Gardez à l'esprit que vous méritez d'être dans des relations qui favorisent la croissance, le respect et le bonheur mutuel.

Cultiver la patience et la sérénité face à l'incertitude

L'incertitude est une réalité inévitable de la vie, et développer la patience et la sérénité est essentiel pour naviguer de manière saine à travers elle. Voici des façons de pratiquer l'acceptation face à l'incertitude :

Pratique de la pleine conscience

La pratique de la pleine conscience, également connue sous le nom de mindfulness, est une approche puissante pour cultiver la patience et la sérénité face à l'incertitude. Elle implique la conscience et l'acceptation du moment présent, sans jugement. Comment intégrer la pratique de la pleine conscience dans votre vie:

Connexion avec le moment présent: La vie nous entraîne souvent dans le passé ou nous projette dans le futur, entraînant anxiété, stress et inquiétudes. La pratique de la pleine conscience vous ramène au moment présent, vous permettant d'expérimenter la réalité du maintenant sans être dominé par des pensées sur ce qui pourrait arriver.

Observation des pensées et des émotions: Pendant la méditation de pleine conscience, vous êtes invité à observer vos pensées et émotions au fur et à mesure qu'elles surviennent, sans jugement. Cela vous permet de développer une relation plus saine avec vos pensées, reconnaissant qu'elles ne définissent pas qui vous êtes. La pratique apprend à ne pas se laisser emporter par les pensées anxieuses concernant le futur, mais simplement à les observer et à les laisser passer.

Acceptation des sensations: La pratique de la pleine conscience implique d'accepter toutes les sensations qui surviennent, qu'elles soient physiques, émotionnelles ou mentales. Au lieu de résister aux sensations inconfortables, vous les observez sans essayer de les changer. Cela aide à développer la tolérance à l'inconfort et à éviter que la peur de l'inconnu ne vous contrôle.

Réduction de l'anxiété: L'anxiété surgit souvent de l'inquiétude concernant le futur et du désir de contrôler ce qui n'est pas encore arrivé. À travers la méditation de pleine conscience, vous apprenez à vous concentrer sur le présent et à abandonner le besoin de prédire l'avenir. Cela contribue à réduire l'anxiété et à développer la patience face à l'incertitude.

Cultiver la sérénité: En pratiquant l'observation des pensées et des émotions sans y réagir, vous développez un sentiment de calme intérieur. La sérénité découle de la capacité à rester équilibré, indépendamment des circonstances extérieures. Cela est particulièrement précieux lorsque vous êtes confronté à des situations incertaines.

Intégration dans la vie quotidienne: La pratique de la pleine conscience ne se limite pas à la méditation formelle. Vous pouvez l'appliquer dans votre vie quotidienne en prêtant attention à ce que vous faites tout en le faisant. Manger, marcher, interagir avec les autres et accomplir des tâches quotidiennes deviennent des occasions d'être pleinement présent et conscient.

Avantages durables: À mesure que vous approfondissez votre pratique de la pleine conscience, les bienfaits s'étendent au-delà des moments de méditation. Vous développez une mentalité plus résiliente et une plus grande capacité à faire face aux incertitudes de la vie avec compassion et acceptation.

La pratique de la pleine conscience est un voyage continu qui nécessite dévouement et patience. En intégrant cette approche dans votre vie, vous vous renforcez pour faire face à l'incertitude avec un cœur serein et un esprit équilibré.

Acceptation du flux de la vie

Accepter le flux naturel de la vie est un aspect crucial pour cultiver la patience et la sérénité face à l'incertitude. La vie est un voyage rempli de hauts et de bas, de moments de joie et d'adversité, de changements et d'imprévus. Comment pouvez-vous pratiquer l'acceptation du flux de la vie?

Reconnaissance de l'impermanence: Tout dans la vie est transitoire, y compris les situations, les émotions et les relations. Accepter l'impermanence vous permet de comprendre que les moments difficiles sont temporaires et que les choses changent toujours. Cela aide à éviter de s'attacher aux moments difficiles et à cultiver une perspective plus large.

Respect des cycles de la nature: La nature elle-même est un puissant exemple du flux constant et des cycles de croissance, de déclin et de renouvellement. Observer comment les saisons se succèdent peut rappeler que la vie passe également par différentes phases, chacune apportant ses propres défis et beautés uniques.

Détachement des attentes rigides: Souvent, la résistance à l'incertitude provient d'attentes rigides et inflexibles sur la façon dont les choses "doivent" être. L'acceptation du flux de la vie implique de lâcher prise sur le besoin de contrôler chaque détail et d'être ouvert au voyage inconnu qui se déroule.

Affronter l'adversité avec résilience: Accepter que les défis et les adversités fassent partie de la vie vous permet de développer la résilience. Au lieu de lutter contre les difficultés, vous apprenez à les affronter avec un esprit ouvert et un cœur courageux, sachant que ces moments passeront aussi.

Valorisation des moments présents: L'acceptation du flux de la vie aide à valoriser les moments présents. Lorsque vous êtes conscient que tout change, vous avez tendance à apprécier davantage les expériences, les connexions et les joies que la vie offre.

Libération du contrôle excessif: Essayer de contrôler chaque aspect de la vie peut entraîner beaucoup de stress et de frustration. Accepter le flux de la vie implique de libérer le besoin de contrôle et de faire confiance, même dans les situations incertaines, que vous avez la capacité de faire face à tout ce qui vient.

Pratique continue: L'acceptation du flux de la vie n'est pas un changement instantané, mais une pratique continue. Comme toute compétence, cela prend du temps et des efforts à développer. Avec le temps, vous deviendrez plus habile à naviguer à travers les changements avec une attitude d'acceptation et d'équanimité.

Valorisation du voyage: En acceptant le flux de la vie, vous commencez à valoriser le voyage autant que la destination. Chaque expérience, même les plus difficiles, fait partie du tissu qui compose votre histoire. Cela rend la vie plus riche et significative, quel que soit le déroulement des choses.

En cultivant l'acceptation du flux de la vie, vous développez une plus grande capacité à faire face à l'incertitude avec calme et confiance. Cette perspective aide à construire une base solide pour affronter les changements et les défis qui se présentent, sachant que vous avez la résilience nécessaire pour les surmonter.

Concentrez-vous sur ce que vous pouvez contrôler

Se concentrer sur ce que vous pouvez contrôler est une approche efficace pour cultiver la patience et la sérénité face à l'incertitude. Bien qu'il ne soit pas toujours possible de contrôler les circonstances externes, vous avez la capacité de contrôler vos propres réactions, attitudes et actions. Voici des façons de pratiquer cette focalisation:

Identification du cercle d'influence: Le psychologue Stephen Covey a introduit le concept du "Cercle d'influence", qui fait référence aux choses sur lesquelles vous avez un contrôle direct. Identifiez les domaines où vous pouvez prendre des décisions et des actions concrètes, et concentrez votre énergie sur eux.

Éviter les inquiétudes excessives: S'inquiéter de ce qui est au-delà de votre contrôle peut conduire à des sentiments d'impuissance et d'anxiété. Au lieu de cela, concentrez-vous sur les questions qui sont à votre portée et qui peuvent avoir un impact positif sur votre vie.

Développement de la résilience émotionnelle: Au lieu de réagir automatiquement aux événements externes, travaillez à développer votre résilience émotionnelle. Cela implique de reconnaître vos émotions, de vous permettre de les ressentir, puis de choisir comment y répondre de manière constructive.

Pratique de l'acceptation: Accepter qu'il y a des choses au-delà de votre contrôle est une partie fondamentale de se concentrer sur ce que vous pouvez contrôler. Au lieu de lutter contre la réalité, vous reconnaissez que l'acceptation est la première étape pour faire face efficacement aux situations.

Établissement d'objectifs et de priorités: Définir des objectifs clairs et des priorités aide à diriger votre énergie vers des activités et des décisions qui peuvent avoir un impact positif sur votre vie. Cela évite la dispersion de l'énergie dans des domaines qui ne sont pas alignés sur vos objectifs.

Cultivation de l'autodiscipline: L'autodiscipline implique la capacité de prendre des décisions conscientes qui sont alignées sur vos valeurs et vos objectifs, même lorsque ces décisions sont difficiles. En cultivant l'autodiscipline, vous posez des actions qui contribuent à votre sentiment de contrôle.

Approche proactive: Au lieu de vous sentir impuissant face à l'incertitude, adoptez une approche proactive. Même lorsque vous ne pouvez pas contrôler complètement une situation, vous pouvez prendre des mesures pour l'influencer positivement.

Apprentissage et croissance: L'incertitude peut être une opportunité pour apprendre, grandir et développer de nouvelles compétences. Au lieu de vous sentir intimidé, considérez chaque défi comme une opportunité d'amélioration personnelle.

En vous concentrant sur ce que vous pouvez contrôler, vous dirigez votre énergie vers des domaines où vous pouvez réellement faire la différence. Cela vous aide non seulement à réduire l'anxiété liée à l'incertitude, mais vous permet également de vous sentir plus habilité à relever les défis qui se présentent tout au long de la vie.

Cultiver la résilience

La résilience est la capacité de s'adapter, surmonter les défis et se remettre après des situations difficiles. Cultiver la résilience est essentiel pour faire face à l'incertitude avec courage, équilibre émotionnel et détermination. Voici des pratiques et des approches qui peuvent aider à renforcer votre résilience émotionnelle:

Pratique régulière de l'exercice physique: L'activité physique régulière a des avantages significatifs pour la santé mentale. Elle aide à libérer des endorphines, qui sont des neurotransmetteurs liés au bien-être. De plus, l'exercice peut améliorer votre capacité à faire face au stress et à améliorer la qualité du sommeil.

Développement de compétences en résolution de problèmes: La résilience implique la capacité à faire face et à résoudre les problèmes de manière efficace. Développer des compétences en résolution de problèmes vous aide à aborder les défis de manière plus objective et à trouver des solutions pratiques.

Renforcement des réseaux de soutien: Avoir un réseau de soutien cohérent, comprenant des amis, de la famille et des professionnels de la santé mentale, peut être extrêmement bénéfique. Ces personnes peuvent offrir un soutien émotionnel, des conseils pratiques et des perspectives différentes sur les défis auxquels vous êtes confronté.

Pratique de techniques de relaxation: Les techniques de relaxation, comme la méditation et la respiration profonde, peuvent aider à calmer l'esprit et à réduire l'anxiété. Ces pratiques favorisent un état de relaxation qui contribue à la résilience émotionnelle.

Cultivation de la conscience de soi: Connaître vos propres émotions, pensées et réactions est fondamental pour la résilience. La conscience de soi vous permet d'identifier les schémas de comportement et de prendre des mesures pour changer les réponses qui ne sont pas constructives.

Adoption d'une mentalité positive: Une mentalité positive ne nie pas les défis, mais se concentre sur les opportunités de croissance et d'apprentissage qui peuvent découler des situations difficiles. En adoptant une perspective optimiste, vous développez une attitude plus résiliente face aux adversités.

Recherche d'une aide professionnelle: Dans certains cas, il peut être bénéfique de rechercher l'aide d'un professionnel de la santé mentale, tel qu'un psychologue ou un thérapeute. Ils peuvent fournir des orientations personnalisées et des stratégies spécifiques pour développer la résilience émotionnelle.

Pratique de l'auto-compassion: Être gentil avec soi-même et pratiquer l'auto-compassion est crucial pour la résilience. Cela implique de se traiter avec la même compréhension et compassion que vous le feriez avec un ami qui traverse une période difficile.

Établissement d'objectifs réalistes: Définir des objectifs réalistes contribue à créer un sentiment d'accomplissement et de progrès. Des objectifs réalisables vous permettent d'éprouver du succès, ce qui contribue à la sensation de résilience et de capacité.

Cultiver la résilience ne signifie pas que vous ne rencontrerez jamais de difficultés, mais plutôt que vous aurez les outils et la mentalité pour les affronter de manière constructive. La résilience vous aide non seulement à surmonter les défis actuels, mais elle établit également une base solide pour faire face aux incertitudes futures avec plus de confiance et de sérénité.

Acceptation de l'inconnu

L'incertitude est une constante dans la vie, et accepter l'inconnu est une compétence précieuse pour faire face aux diverses situations qui se présentent. Au lieu de résister à l'incertitude, vous pouvez pratiquer l'acceptation de l'inconnu comme faisant partie intégrante du voyage de la vie. Voici des façons de cultiver cette compétence:

Pratique de la pleine conscience: La pratique de la pleine conscience implique d'être pleinement présent dans le moment actuel, en observant vos pensées et émotions sans jugement. Cela vous permet d'être plus conscient du présent et de réduire l'inquiétude excessive concernant le futur inconnu.

Flexibilité mentale: Développez la capacité de vous adapter et de vous ajuster aux changements. La rigidité mentale peut accroître l'inconfort face à l'incertitude, tandis que la flexibilité mentale vous permet de vous déplacer plus facilement à travers les situations imprévisibles.

Trouver la beauté dans la surprise: L'incertitude peut également apporter des surprises positives et des opportunités inattendues. En adoptant une mentalité ouverte, vous pouvez être surpris par les moments positifs que l'inconnu apporte.

Focus sur le présent: Concentrez-vous sur les activités du présent au lieu de vous inquiéter excessivement pour le futur. En dirigeant votre attention vers ce qui se passe maintenant, vous pouvez réduire l'anxiété liée à ce qui n'a pas encore eu lieu.

Transformer l'incertitude en curiosité: Au lieu de voir l'incertitude comme quelque chose de terrifiant, essayez de la considérer avec curiosité. L'incertitude peut être perçue comme une opportunité d'explorer de nouvelles directions, d'apprendre des choses nouvelles et de grandir personnellement.

Acceptation du flux de la vie: La vie est un flux constant de changements et d'imprévisibilités. Accepter que l'inconnu fasse partie du cycle naturel de la vie aide à réduire la résistance interne à l'incertitude.

Développement de la tolérance à l'ambiguïté: L'ambiguïté est la coexistence de multiples possibilités, et nous n'avons pas toujours des réponses claires. Développer la tolérance à l'ambiguïté signifie apprendre à vivre avec le manque de réponses définitives et à trouver du réconfort dans cet espace.

Apprendre des expériences passées: Regardez les situations où vous avez été confronté à l'inconnu par le passé. Réfléchissez à la façon dont vous avez géré ces situations et aux leçons que vous pouvez appliquer aux incertitudes actuelles.

Pratiquer le détachement: Se détacher du désir de contrôle absolu et du besoin de savoir exactement ce qui va se passer peut libérer beaucoup de stress. Accepter que tout ne peut pas être prévu vous permet de vous libérer de l'inquiétude constante.

En acceptant l'inconnu, vous vous équipez de la mentalité et des compétences nécessaires pour affronter les défis imprévisibles de la vie. La pratique continue de l'acceptation de l'inconnu ne réduit pas seulement le stress, mais vous aide également à profiter pleinement des opportunités que chaque moment présent offre.

Vivre un jour à la fois

La pratique de vivre un jour à la fois est une approche précieuse pour faire face à l'incertitude et à l'inconnu. Elle consiste à diriger votre attention et votre énergie vers le moment présent, plutôt que de vous inquiéter excessivement pour le futur. Voici des moyens de cultiver cette mentalité:

Apprécier les petites choses: Concentrez-vous sur les petites joies et les réalisations que chaque jour apporte. Depuis un lever de soleil serein jusqu'à une agréable conversation avec un ami, apprendre à apprécier les petites choses contribue à créer un sentiment de gratitude et de présence.

Pratiquer la gratitude: Consacrez du temps chaque jour pour réfléchir aux choses pour lesquelles vous êtes reconnaissant. Cela aide à maintenir l'attention sur les bénédictions présentes dans votre vie et à éloigner l'esprit des préoccupations futures.

La pleine conscience dans la routine: Apportez la pleine conscience aux tâches quotidiennes. Que ce soit cuisiner un repas, prendre une douche ou marcher jusqu'au travail, soyez totalement présent dans le moment et conscient des sensations, des odeurs et des sons qui vous entourent.

Définir des intentions quotidiennes: En commençant la journée, définissez une intention ou une focalisation pour les heures à venir. Cela aide à orienter votre attention vers ce qui est important dans le présent, plutôt que de se laisser emporter par les inquiétudes futures.

Limite des inquiétudes futures: Réservez un moment spécifique pour réfléchir à l'avenir, comme une brève séance de planification. Cela aide à éviter que les préoccupations concernant le futur ne prennent le dessus dans votre esprit toute la journée.

Pratique de la respiration consciente: La respiration consciente est une technique de pleine conscience qui consiste à se concentrer sur sa respiration. Cela aide à ramener votre attention au moment présent, réduisant ainsi la rumination sur le futur.

Acceptation du présent: Accepter le moment présent tel qu'il est, avec toutes ses complexités, aide à réduire la lutte interne contre la réalité. Cela vous permet de vous concentrer sur faire au mieux avec ce que vous avez maintenant.

Valorisation des expériences: Chaque jour apporte des opportunités uniques d'apprentissage et de croissance. Valorisez les expériences, même les plus difficiles, comme des opportunités pour développer la résilience et la sagesse.

Célébration des réalisations quotidiennes: À la fin de la journée, reconnaissez et célébrez vos réalisations, aussi petites soient-elles. Cela contribue à créer un sentiment d'accomplissement et de satisfaction.

Pratiquer l'acceptation et le détachement est un processus continu impliquant la connaissance de soi, le courage et la compassion envers soi-même. En acceptant que nous ne pouvons pas contrôler les sentiments des autres, en lâchant prise sur les relations malsaines et en cultivant la patience face à l'incertitude, nous créons de l'espace pour une vie plus sereine et équilibrée. Ces pratiques renforcent non seulement notre connexion avec nous-mêmes, mais nous permettent également de vivre avec plus d'authenticité et de bien-être.

10
RENFORÇANT L'AUTONOMIE

La véritable liberté réside dans le fait d'être authentiquement vous-même.

L'autonomie est l'un des piliers fondamentaux d'une vie saine et réussie. Il s'agit de la capacité à prendre des décisions, à agir et à subsister de manière indépendante. Renforcer l'autonomie ne favorise pas seulement la croissance personnelle, mais contribue également à des relations plus équilibrées et à un sentiment général d'accomplissement. Dans ce chapitre, nous explorerons comment prendre des décisions bénéfiques, développer une indépendance émotionnelle et financière, et créer une identité solide en dehors des relations.

Comment prendre des décisions qui bénéficient à votre vie

La capacité à prendre des décisions est un outil essentiel pour renforcer votre autonomie. Des décisions conscientes et bien informées façonnent votre chemin et déterminent l'avenir. Stratégies pour prendre des décisions qui bénéficient à votre vie:

La connaissance de soi

La connaissance de soi est le socle sur lequel repose la capacité à prendre des décisions qui bénéficient à votre vie. C'est la pratique de se tourner vers l'intérieur de soi, d'explorer ses motivations, désirs, croyances et valeurs fondamentales. Lorsque vous comprenez qui vous êtes et ce qui est important pour vous, vous êtes dans une position plus forte pour prendre des décisions alignées avec votre authenticité et votre bien-être.

Comment développer la connaissance de soi pour prendre des décisions conscientes:

Réfléchir sur vos valeurs: Commencez par identifier quels sont vos valeurs fondamentales. Ce sont des principes qui guident votre vie et influencent vos choix. Demandez-vous quels aspects de la vie sont essentiels pour vous, tels que l'honnêteté, la liberté, la famille, la carrière, la contribution sociale, entre autres. Lorsque vos décisions sont alignées avec vos valeurs, vous vous sentez plus authentique et satisfait des résultats.

Définir vos objectifs: Avoir des objectifs clairs est essentiel pour prendre des décisions significatives. Pensez à ce que vous souhaitez accomplir dans différents domaines de votre vie, tels que professionnel, personnel, financier, émotionnel et social. Avoir des objectifs établis vous permet d'évaluer si une décision vous rapprochera ou vous éloignera de vos objectifs.

Explorer vos désirs: Demandez-vous ce que vous voulez vraiment atteindre avec vos décisions. Ces désirs peuvent varier des rêves professionnels aux aspirations personnelles. Se connecter avec vos désirs les plus profonds aide à orienter vos choix vers un avenir qui vous laissera satisfait et accompli.

Pratiquer l'autoréflexion: Prenez régulièrement du temps pour vous auto-évaluer. Cela peut se faire par la méditation, l'écriture dans un journal ou simplement en réservant des moments de silence pour vous connecter avec vos pensées et vos sentiments. L'autoréflexion vous permet de comprendre vos motivations, vos peurs et vos aspirations avec plus de clarté.

Chercher des feedbacks: Parfois, d'autres peuvent avoir des idées précieuses sur vous qui peuvent aider dans votre processus de connaissance de soi. Demandez des avis honnêtes à des amis proches, à la famille ou à des collègues de confiance. Ils peuvent offrir des perspectives que vous n'avez peut-être pas prises en considération.

Le développement de la connaissance de soi est un voyage continu et gratifiant. Plus vous êtes en phase avec vos propres subtilités, plus vous pouvez prendre des décisions qui non seulement correspondent à vos valeurs et objectifs, mais encouragent également un sentiment de but et de signification dans votre vie.

Évaluation des options

Prendre des décisions bénéfiques pour votre vie nécessite une analyse soignée des options disponibles. En envisageant différentes voies, vous pouvez évaluer comment chaque choix peut impacter votre vie à court et à long terme. Étapes pour mener une évaluation complète des options:

Énumérer vos options: Commencez par répertorier toutes les options disponibles pour vous. Cela peut impliquer différentes options en termes de carrière, d'éducation, de relations, de mode de vie, entre autres. Plus vous considérez d'options, plus vous aurez d'informations pour prendre une décision éclairée.

Explorer les résultats possibles: Pour chaque option, analysez les résultats possibles à court et à long terme. Considérez comment chaque choix peut affecter votre vie en termes de satisfaction personnelle, de croissance, de bonheur et d'accomplissement. Demandez-vous comment chaque option s'aligne avec vos valeurs et objectifs.

Analyse des coûts et des avantages: Évaluez les coûts et les avantages associés à chaque option. Cela peut inclure des aspects financiers, émotionnels, temporels et même des impacts sur les relations. Demandz-vous quels sont les avantages et les inconvénients de chaque choix et si les avantages potentiels l'emportent sur les défis potentiels.

Pondérer les priorités: Considérez quels facteurs sont les plus importants pour vous. Certaines options peuvent être plus étroitement alignées sur vos valeurs, tandis que d'autres peuvent être plus attrayantes en termes d'opportunités de croissance ou de stabilité. Pesez ce qui est le plus pertinent pour vous à votre stade actuel de la vie.

Visualiser l'avenir: Imaginez-vous vivant chacune des options en question. Comment vous sentez-vous en visualisant votre vie avec chaque choix? Cela peut vous aider à identifier quelle option résonne le plus avec vous émotionnellement et intellectuellement.

Demander l'avis de personnes de confiance: Parler à des personnes en qui vous avez confiance peut apporter des perspectives différentes pour l'évaluation des options. Elles peuvent mettre en lumière des aspects que vous n'avez peut-être pas considérés et aider à élargir votre vision des conséquences de chaque choix.

En menant une évaluation complète des options, vous serez dans une position plus solide pour prendre des décisions éclairées et bien fondées. Cela vous permet de prendre des décisions alignées sur vos objectifs et valeurs, offrant ainsi un chemin plus clair vers un avenir gratifiant.

Analyse des risques et avantages

Quand il s'agit de prendre des décisions bénéfiques pour votre vie, il est important de considérer les risques et avantages associés à chaque choix. Chaque décision apporte avec elle des résultats potentiels positifs et négatifs, et l'analyse des risques et avantages aide à peser soigneusement ces aspects. Approches pour mener une analyse efficace:

Identification des risques: Commencez par identifier les risques potentiels associés à chaque option. Cela peut impliquer de considérer quels défis ou obstacles peuvent survenir en conséquence de votre décision. Demandez-vous quels sont les impacts négatifs possibles dans différents domaines de votre vie, tels que financiers, émotionnels, professionnels et sociaux.

Évaluation des avantages: Ensuite, analysez les avantages que chaque option peut apporter. Cela peut inclure la réalisation d'objectifs, l'augmentation de la satisfaction personnelle, la croissance personnelle et professionnelle, entre autres aspects positifs. Considérez comment chaque choix peut contribuer à votre bien-être global.

Comparaison des risques et avantages: Comparez les risques et avantages de chaque option. Demandez-vous si les avantages potentiels l'emportent sur les risques associés. Cela peut vous aider à déterminer quelle option offre le meilleur équilibre entre risques et récompenses.

Alignement avec les objectifs et valeurs: Évaluez comment chaque décision s'aligne avec vos objectifs de vie et vos valeurs personnelles. Demandez-vous si le choix contribuera à votre croissance, votre bonheur et votre accomplissement à long terme. Les décisions qui sont en accord avec vos valeurs apporteront probablement un sentiment plus fort de satisfaction.

Considération de différents scénarios: Visualisez différents scénarios découlant de chaque décision. Cela peut vous aider à mieux comprendre comment votre vie pourrait se dérouler dans différentes circonstances. Demandez-vous comment vous feriez face aux défis et aux récompenses que chaque option apporterait.

Tolérance au risque: Évaluez votre propre tolérance au risque. Certaines personnes sont plus réticentes au risque, tandis que d'autres sont plus disposées à prendre des risques calculés pour des récompenses plus importantes. Connaître votre propre tolérance au risque vous aidera à faire des choix en accord avec votre personnalité et vos préférences.

L'analyse des risques et avantages est un outil précieux pour prendre des décisions éclairées et réfléchies. En examinant soigneusement les résultats positifs et négatifs possibles, vous serez mieux préparé à choisir un chemin qui favorise votre croissance, votre bonheur et votre succès.

Intuition et raison

Quand il s'agit de prendre des décisions bénéfiques pour votre vie, la combinaison de l'intuition et de l'analyse rationnelle peut être extrêmement puissante. Les deux aspects jouent un rôle important dans le processus de prise de décision. Voici des façons de tirer parti à la fois de l'intuition et de la raison dans des choix importants:

Se connecter à son intuition: L'intuition est un sentiment instinctif qui ne peut souvent pas être expliqué rationnellement. C'est une voix intérieure guidée par vos expériences passées, vos connaissances accumulées et vos émotions sous-jacentes. Pratiquer une écoute attentive de votre intuition consiste à prêter attention à vos premières impressions et sentiments concernant une décision.

Réfléchir à ses expériences passées: Votre intuition est souvent influencée par les expériences que vous avez vécues tout au long de votre vie. Réfléchir aux situations similaires que vous avez rencontrées par le passé et à leur déroulement peut fournir des idées précieuses pour vos décisions actuelles. Demandez-vous s'il y a des schémas que vous reconnaissez dans vos expériences passées.

Analyse rationnelle des informations: L'analyse rationnelle implique une évaluation objective des informations disponibles. Cela peut inclure des données tangibles, des faits concrets et des informations pouvant être recherchées ou quantifiées. En analysant rationnellement les informations pertinentes, vous pouvez évaluer les implications possibles de chaque choix.

Recherche et collecte d'informations: Lorsque vous prenez des décisions importantes, il est essentiel de recueillir des informations pertinentes et fiables. Cela peut impliquer des recherches, des questions, des consultations d'experts et une compréhension approfondie du contexte. L'analyse rationnelle repose sur des informations solides et bien fondées.

Équilibrer l'intuition et l'analyse: L'équilibre entre l'intuition et l'analyse rationnelle est essentiel. Dans certaines situations, votre intuition peut fournir des informations précieuses qui ne peuvent être obtenues par une analyse purement rationnelle. D'un autre côté, l'analyse rationnelle peut aider à valider et à étayer les impressions intuitives.

Prendre une décision éclairée: Lors de la prise d'une décision, essayez d'intégrer les intuitions avec l'analyse rationnelle. Demandez-vous comment votre intuition s'aligne avec les faits et les informations disponibles. Cela vous permettra de prendre une décision plus éclairée et équilibrée.

En tirant parti à la fois de l'intuition et de la raison, vous créez une approche complète pour prendre des décisions basées sur vos expériences personnelles et des informations objectives. Cette combinaison peut vous aider à prendre des décisions plus en phase avec vos valeurs, vos objectifs et vos désirs.

Consulter des sources fiables

Prendre des décisions bénéfiques pour votre vie implique souvent d'obtenir des perspectives externes et des informations supplémentaires. Consulter des sources fiables peut enrichir votre compréhension d'une situation, fournir des idées que vous n'avez peut-être pas considérées et renforcer votre confiance dans la décision que vous êtes sur le point de prendre. Voici des façons de rechercher des conseils auprès de sources fiables lorsque vous prenez des décisions importantes:

Amis et famille: Les personnes proches de vous, comme les amis intimes et les membres de la famille, ont souvent une vision objective de votre vie et peuvent offrir des conseils sincères. Ils peuvent partager leurs propres expériences, fournir un soutien émotionnel et vous aider à envisager différentes perspectives.

Mentors et experts: Les mentors sont des personnes expérimentées dans un domaine spécifique qui peuvent vous guider en fonction de leur expertise. Si vous êtes confronté à une décision liée à votre carrière, à votre éducation ou à votre développement personnel, un mentor peut partager ses connaissances et fournir des idées précieuses.

Professionnels de la santé mentale: Dans certaines situations, il peut être bénéfique de consulter des professionnels de la santé mentale tels que des thérapeutes ou des psychologues. Ils peuvent vous aider à explorer vos sentiments, préoccupations et pensées concernant la décision, et fournir des stratégies pour faire face à toute anxiété ou indécision.

Experts du domaine: Si vous prenez une décision liée à un domaine spécifique, rechercher des conseils auprès d'experts de ce domaine peut être inestimable. Ils peuvent partager des informations détaillées, les tendances actuelles et les considérations importantes qui influent sur votre décision.

Réseaux professionnels et communautés en ligne: Participer à des réseaux professionnels, à des forums en ligne ou à des communautés liées à votre domaine d'intérêt peut offrir l'opportunité d'échanger des idées et de chercher des conseils auprès de personnes ayant rencontré des situations similaires.

Considération des différentes perspectives: N'oubliez pas que, bien qu'il soit important de rechercher des conseils, la décision finale doit être alignée sur vos propres valeurs, objectifs et intuitions. En consultant des sources fiables, vous élargissez votre base de connaissances pour prendre une décision plus éclairée et réfléchie.

Acceptation de l'incertitude

La vie est pleine d'incertitudes, et la capacité d'accepter et de faire face à cette réalité est fondamentale pour renforcer votre autonomie. En embrassant l'incertitude comme une partie intrinsèque de l'expérience humaine, vous développez la résilience nécessaire pour affronter les défis et prendre des décisions en toute confiance, même en l'absence de garanties claires. Points à considérer lors de la pratique de l'acceptation de l'incertitude:

Nature inhérente de l'incertitude: L'incertitude est une constante dans la vie. De nombreux aspects de l'avenir échappent à notre contrôle, quelle que soit la planification ou la préparation que nous faisons. Reconnaître que nous ne pouvons pas prévoir ou contrôler tous les résultats est la première étape pour accepter l'incertitude.

Apprendre à tolérer l'inconnu: En acceptant l'incertitude, vous apprenez à tolérer l'inconnu et à faire face à l'ambiguïté. Cela ne signifie pas que vous devez ignorer toutes les préoccupations ou les informations pertinentes lors de la prise de décision, mais plutôt reconnaître que certaines choses ne peuvent tout simplement pas être connues à l'avance.

Développement de la flexibilité mentale: Accepter l'incertitude nécessite une mentalité flexible. Au lieu de rester fixé sur un seul résultat souhaité, soyez prêt à vous adapter et à ajuster votre approche à mesure que de nouvelles informations émergent ou que les circonstances changent.

Contrôle sur les réactions et les attitudes: Bien que nous ne puissions pas contrôler toutes les situations, nous pouvons contrôler nos réactions et attitudes à leur égard. Cultiver une attitude d'ouverture et de calme face à l'incertitude peut aider à réduire l'anxiété et le stress liés aux situations inconnues.

Concentration sur le présent: Lorsque nous nous préoccupons excessivement de l'avenir et de l'incertitude qu'il apporte, nous perdons le présent. Se concentrer sur le moment présent, sur ce qui vous entoure maintenant et sur les actions que vous pouvez entreprendre immédiatement, peut aider à réduire le sentiment d'être submergé par l'incertitude.

Apprentissage et croissance: L'incertitude apporte également des opportunités d'apprentissage et de croissance. Souvent, c'est lorsque nous sommes confrontés à des situations inconnues que nous découvrons de nouvelles compétences, perspectives et ressources que nous n'aurions pas explorées autrement.

Pratiquer l'acceptation: L'acceptation de l'incertitude ne se produit pas du jour au lendemain. C'est une compétence qui peut être développée grâce à la pratique et à l'attention à soi. La pratique de la pleine conscience, de la méditation et de la thérapie peut aider à renforcer votre capacité à faire face à l'incertitude de manière saine.

Confiance dans le processus: Rappelez-vous que l'incertitude ne signifie pas un manque de contrôle total; c'est une invitation à faire confiance au processus de la vie et à vos propres compétences pour faire face à ce qui vient. En embrassant l'incertitude, vous construisez une base solide pour affronter l'inconnu avec résilience et confiance en vous.

En appliquant ces stratégies dans votre vie, vous renforcez votre capacité à prendre des décisions éclairées et alignées sur votre vision du monde et vos valeurs. Comprenez que chaque décision est une opportunité de grandir et d'apprendre, même si les résultats ne sont pas exactement comme vous l'espériez. L'important est de suivre un chemin authentique et constructif, guidé par votre propre compréhension et désir de croissance.

Développer l'indépendance émotionnelle et financière

L'indépendance émotionnelle et financière sont des composants essentiels de l'autonomie. Ils vous permettent de vous soutenir et de prendre des décisions basées sur vos propres besoins et valeurs. Voici des moyens de cultiver ces formes d'indépendance:

Connaissez vos émotions

La connaissance de soi émotionnelle est un processus fondamental pour développer l'indépendance émotionnelle. Cela repose sur la capacité de se connecter profondément à ses propres émotions, d'en comprendre les origines et de les gérer de manière saine. Comment approfondir la connaissance de vos émotions:

Conscience émotionnelle de soi: Prendre conscience des émotions que vous éprouvez est la première étape. Pratiquer la pleine conscience peut vous aider à vous connecter à vos émotions dans le moment présent. Posez-vous régulièrement la question: "Comment je me sens maintenant?" Cela vous aide à identifier vos émotions de base, telles que la joie, la tristesse, la colère, la peur et d'autres nuances émotionnelles.

Reconnaissance sans jugement: Lorsque vous ressentez une émotion, essayez de l'accepter sans la juger. Au lieu de la qualifier de "bonne" ou "mauvaise", observez-la comme une expérience valable. Cela vous évite de rejeter ou de réprimer des émotions inconfortables, vous permettant de les explorer de manière saine.

Compréhension des origines: Essayez de comprendre l'origine de vos émotions. Cela implique de réfléchir aux situations, aux pensées ou aux déclencheurs qui peuvent être à l'origine de vos émotions. Parfois, les émotions peuvent être une réaction à des événements passés ou à des schémas récurrents.

Acceptation et permission: Acceptez vos émotions comme faisant partie naturelle de l'expérience humaine. Ne cherchez pas à réprimer les émotions négatives; au contraire, autorisez-vous à les ressentir et explorez ce qu'elles essaient de communiquer. Cela peut vous aider à faire face aux émotions de manière constructive.

Expression appropriée: Trouvez des moyens sains d'exprimer vos émotions. Cela peut impliquer de parler à quelqu'un en qui vous avez confiance, d'écrire dans un journal, de pratiquer l'art ou même de faire de l'exercice pour libérer l'énergie émotionnelle accumulée.

Auto-gestion: Une fois que vous connaissez vos émotions, travaillez sur leur autogestion. Développez des stratégies saines pour faire face aux émotions intenses, telles que la pratique de la respiration profonde, la méditation, l'exercice régulier et les techniques de relaxation.

Avantages de l'intelligence émotionnelle: Développer l'intelligence émotionnelle vous permet de prendre des décisions plus éclairées et authentiques dans votre vie. Vous êtes moins susceptible d'être influencé par les émotions des autres et plus capable de communiquer efficacement vos besoins émotionnels. L'indépendance émotionnelle favorise également des relations plus saines, car vous ne surchargez pas les autres de la responsabilité de gérer vos émotions.

Le voyage de la connaissance de soi émotionnelle est continu et peut prendre du temps. À mesure que vous approfondissez votre compréhension des émotions, vous vous donnez les moyens de vivre une vie plus authentique, en phase avec vos valeurs et vos objectifs.

Cherchez l'estime de soi

L'estime de soi est l'opinion que vous avez de vous-même, votre image et votre valeur personnelle. Cultiver une estime de soi saine est essentiel pour développer son indépendance émotionnelle. Lorsque vous vous valorisez et avez confiance en vos propres capacités, vous êtes mieux équipé pour prendre des décisions en fonction de vos propres valeurs et besoins. Voici des moyens de rechercher et renforcer votre estime de soi:

Auto-acceptation: S'accepter entièrement, y compris ses imperfections, est une étape importante dans la construction de l'estime de soi. Reconnaissez que tout le monde a des défauts et que cela ne diminue pas votre valeur en tant que personne.

Reconnaissance des réalisations: Faites une liste de vos réalisations passées, aussi petites soient-elles. Cela peut inclure des réussites académiques, professionnelles, personnelles et tout ce que vous avez accompli. Valoriser vos réalisations contribue à construire une vision positive de vous-même.

Auto-affirmations positives: Pratiquez l'utilisation d'affirmations positives. Identifiez les qualités positives en vous et répétez-les régulièrement. Cela aide à contrebalancer les pensées négatives et à créer une mentalité plus positive.

Établissement de limites: Définir et maintenir des limites saines est un moyen de démontrer le respect de soi. Lorsque vous établissez des limites claires pour ce qui est acceptable dans vos relations et situations, vous réaffirmez votre valeur et votre importance.

Autocompassion: Traitez-vous avec gentillesse et compassion, comme vous le feriez avec un ami cher. Reconnaissez qu'il est humain de faire des erreurs et de relever des défis. L'autocompassion vous permet de faire face aux difficultés de manière plus aimante et constructive.

Authenticité: Vivre selon vos propres valeurs et être authentique renforce votre estime de soi. En étant fidèle à vous-même, vous construisez une base solide pour la confiance en vous.

Évitez la comparaison sociale: Se comparer constamment aux autres peut miner votre estime de soi. Rappelez-vous que chaque personne a son propre chemin et des circonstances uniques. Au lieu de vous comparer, concentrez-vous sur votre propre parcours.

Pratiquez l'autonomie: Prendre des décisions indépendantes et assumer la responsabilité de celles-ci renforce votre estime de soi. À mesure que vous constatez l'impact positif de vos choix dans votre vie, votre confiance en vous augmente.

Recherchez des expériences positives: Participez à des activités qui vous apportent de la joie, du accomplissement et de la satisfaction. Lorsque vous investissez du temps dans ce que vous aimez et ce qui vous fait vous sentir bien, cela contribue à renforcer une estime de soi saine.

Apprenez des adversités: Voyez les défis et les échecs comme des occasions d'apprentissage et de croissance, plutôt que comme des interprétations négatives de vous-même. En surmontant les obstacles, vous renforcez votre résilience et votre confiance en vous.

Avantages d'une estime de soi saine: Une estime de soi saine est un pilier fondamental pour l'indépendance émotionnelle. Lorsque vous vous valorisez et avez confiance en vos propres capacités, vous êtes moins susceptible de chercher une validation externe. Cela vous permet de prendre des décisions alignées sur vos objectifs et vos valeurs, et contribue également à des relations plus équilibrées et gratifiantes. La recherche de l'estime de soi est un voyage continu, mais les efforts investis en valent la peine lorsque vous vous sentez plus sûr de vous et confiant en vous-même.

Définissez et atteignez des objectifs financiers

Établir des objectifs financiers est une étape essentielle pour parvenir à l'indépendance financière. Lorsque vous avez des objectifs clairs et spécifiques en tête, il est plus facile d'orienter vos actions et de prendre des décisions financières éclairées. Étapes pour définir et atteindre vos objectifs financiers:

Identifiez vos objectifs: Commencez par identifier quels sont vos objectifs financiers à court, moyen et long terme. Cela peut inclure l'achat d'une maison, la création d'un fonds d'urgence, le remboursement de dettes, une retraite confortable, des voyages ou la poursuite d'études supplémentaires.

Définissez des objectifs spécifiques et mesurables: Assurez-vous que vos objectifs soient spécifiques et mesurables. Au lieu de dire "je veux économiser de l'argent", définissez quelque chose de plus concret, comme "je veux économiser 5 000 € en un an".

Établissez des délais réalistes: Fixez des délais réalistes pour atteindre vos objectifs. Considérez le temps nécessaire pour économiser ou investir le montant nécessaire pour atteindre votre objectif.

Évaluez votre situation financière actuelle: Avant d'établir un plan pour atteindre vos objectifs, évaluez votre situation financière actuelle. Calculez vos revenus, dépenses, dettes et actifs. Cela vous aidera à comprendre combien vous pouvez économiser et investir.

Élaborez un plan financier: Élaborez un plan détaillé pour atteindre vos objectifs financiers. Cela peut impliquer l'établissement d'un budget, la définition de montants spécifiques à économiser régulièrement et l'identification de stratégies pour réduire les dépenses inutiles.

Suivez votre progression: Restez informé de l'avancement vers vos objectifs. Suivez régulièrement vos économies et investissements pour vous assurer que vous êtes sur la bonne voie.

Effectuez les ajustements nécessaires: Si vous constatez que vos objectifs sont inatteignables en raison de changements dans votre situation financière ou d'autres circonstances, soyez prêt à faire des ajustements. L'important est de maintenir vos objectifs réalistes et atteignables.

Recherchez l'éducation financière: Cherchez des connaissances sur les finances personnelles et les investissements. Plus vous en savez sur la gestion de votre argent, plus vous pourrez travailler efficacement vers vos objectifs financiers.

Développez des habitudes financières saines: Développez des habitudes financières saines, telles que l'épargne régulière, l'évitement des dettes inutiles et des investissements judicieux. Ces habitudes vous aideront à atteindre vos objectifs et à maintenir une base solide pour l'indépendance financière.

Célébrez vos réalisations: À mesure que vous atteignez chaque objectif financier, célébrez vos réussites. Cela reconnaît non seulement votre progression, mais vous motive également à continuer à travailler vers des objectifs futurs.

Avantages d'atteindre des objectifs financiers: Définir et atteindre des objectifs financiers contribue non seulement à votre indépendance financière, mais apporte également un sentiment d'accomplissement et de sécurité. L'atteinte des objectifs financiers crée une base solide pour l'avenir, vous permettant de prendre des décisions éclairées et de construire une vie financière plus stable et satisfaisante. De plus, atteindre vos objectifs financiers peut ouvrir des opportunités pour investir dans des expériences et des objectifs personnels qui vous tiennent à cœur.

Apprenez à gérer l'argent

Acquérir de solides compétences en gestion financière est une étape cruciale pour parvenir à l'indépendance financière. En comprenant comment contrôler vos finances, vous êtes capable de prendre des décisions éclairées, d'économiser de l'argent et de construire un avenir financièrement stable. Comment gérer votre argent efficacement:

Établissez un budget: Un budget est un outil essentiel pour comprendre où va votre argent et planifier les dépenses futures. Énumérez tous vos revenus et dépenses, en séparant les dépenses essentielles (comme le logement, l'alimentation et le transport) des dépenses discrétionnaires (comme le divertissement et les achats).

Suivi des dépenses: Suivez régulièrement vos dépenses pour vous assurer que vous respectez votre budget. Cela vous permet d'identifier les domaines où vous pouvez économiser et évite les surprises désagréables à la fin du mois.

Économisez régulièrement: Donnez la priorité à l'épargne dans votre budget. Mettez de côté un pourcentage de vos revenus pour économiser avant de dépenser dans d'autres catégories. Avoir un fonds d'urgence est essentiel pour faire face aux dépenses imprévues.

Réduisez les dettes: Si vous avez des dettes, telles que des prêts étudiants ou des cartes de crédit, élaborez un plan pour les rembourser. Réduire les dettes diminue les charges financières et augmente votre flexibilité financière.

Investissez dans l'éducation financière: Recherchez des ressources éducatives sur les finances personnelles et les investissements. Il existe des cours en ligne, des livres et des ateliers qui peuvent vous aider à comprendre des concepts financiers complexes et à prendre des décisions éclairées.

Établissez des objectifs financiers: Définissez des objectifs financiers clairs et réalistes, tels que économiser pour un voyage, acheter une maison ou prendre une retraite confortable. Avoir des objectifs aide à orienter vos efforts d'épargne et d'investissement.

Diversifiez vos investissements: Si vous êtes prêt à investir, diversifiez vos options. Cela signifie répartir vos investissements dans différents types d'actifs pour réduire le risque.

Restez informé: Le paysage financier et économique change en permanence. Restez informé des actualités financières et des tendances du marché qui peuvent influencer vos décisions financières.

Évitez les achats impulsifs: Avant de faire un achat important, donnez-vous du temps pour réfléchir. Évitez les achats impulsifs qui pourraient nuire à votre budget.

Demandez de l'aide professionnelle: Si vous vous sentez incertain concernant des questions financières complexes, comme l'investissement ou la planification de la retraite, envisagez de consulter un conseiller financier pour obtenir des conseils spécialisés.

Avantages d'apprendre à gérer l'argent: Apprendre à gérer l'argent contribue non seulement à l'indépendance financière, mais apporte également un sentiment de contrôle sur votre vie financière. Lorsque vous comprenez comment gérer vos finances de manière efficace, vous êtes mieux préparé à faire face aux défis financiers et à prendre des décisions éclairées. De plus, une bonne gestion financière peut aider à réduire le stress financier et vous permettre d'atteindre vos objectifs financiers à long terme, tels que la création de richesse, la réalisation d'une retraite confortable et la concrétisation de rêves personnels.

Construisez un réseau de soutien

Bien que la recherche d'indépendance soit précieuse, il est essentiel de reconnaître que construire et entretenir un réseau de soutien sain est fondamental pour le bien-être émotionnel et la croissance personnelle. Avoir des amis, de la famille ou des mentors en qui vous pouvez avoir confiance offre un réseau de soutien émotionnel et pratique, vous permettant de vous sentir soutenu et connecté tout en recherchant votre autonomie. Comment construire et entretenir un réseau de soutien:

Reconnaissez l'importance de la connexion humaine: Bien que vous recherchiez l'indépendance, les êtres humains sont des êtres sociaux par nature. Le soutien émotionnel et les liens significatifs sont essentiels pour le bien-être mental et émotionnel.

Identifiez des personnes de confiance: Identifiez les personnes de votre vie en qui vous avez confiance et qui témoignent d'un soutien authentique. Cela peut inclure de bons amis, des membres de la famille, des collègues ou des mentors.

Cultivez des relations réciproques: Un réseau de soutien sain repose sur des relations réciproques, où le soutien est donné et reçu de manière équilibrée. Soyez prêt à offrir de l'aide et du soutien lorsque cela est nécessaire.

Communiquez vos besoins: N'hésitez pas à communiquer vos besoins émotionnels et pratiques aux personnes de votre réseau de soutien. Ils ne peuvent pas deviner ce dont vous avez besoin, donc une communication ouverte est essentielle.

Offrez du soutien lorsque vous le pouvez: Tout comme vous avez besoin de soutien, soyez prêt à soutenir les autres quand ils en ont besoin. Les relations de soutien mutuel renforcent les liens et créent un sentiment de communauté.

Valorisez la diversité des perspectives: Un réseau de soutien diversifié inclut des personnes avec différentes expériences et perspectives. Cela peut enrichir votre compréhension et fournir des idées importantes dans les moments difficiles.

Maintenez des limites saines: Tout en recherchant le soutien des autres, il est important de maintenir des limites saines. Respectez l'espace personnel et les limites émotionnelles des autres, tout comme vous aimeriez que les vôtres soient respectées.

Sachez quand demander de l'aide professionnelle: Dans certains cas, vous pouvez avoir besoin de soutien au-delà de votre réseau personnel. N'hésitez pas à chercher de l'aide professionnelle auprès de thérapeutes, de conseillers ou d'autres professionnels de la santé mentale, si nécessaire.

Partagez les succès et les défis: Partagez vos réalisations et défis avec les personnes de votre réseau de soutien. Célébrer les réussites ensemble et obtenir des perspectives dans les moments difficiles peut créer un sentiment d'unité.

Nourrissez des relations significatives: Consacrez du temps et des efforts à nourrir des relations significatives. Cela implique de rester en contact régulièrement, de montrer un intérêt sincère pour la vie des autres et de manifester de la gratitude pour le soutien reçu.

Avantages d'un réseau de soutien: Un réseau de soutien sain offre de nombreux avantages. Il fournit un espace sûr pour partager des émotions, chercher des conseils et des orientations, et offre un système de soutien en temps de besoin. De plus, avoir un réseau de soutien renforce le sentiment d'appartenance et de lien social, réduisant les sentiments d'isolement et de solitude. Alors que vous recherchez l'indépendance, n'oubliez pas que la construction et le maintien de relations significatives peuvent enrichir votre vie et contribuer à votre croissance personnelle.

Équilibre entre autonomie et connexion

Pendant que vous travaillez à renforcer votre autonomie et votre indépendance, il est important de reconnaître que chercher l'indépendance ne signifie pas couper tous les liens et toutes les connexions avec les autres. Au contraire, il s'agit de trouver un équilibre sain entre votre capacité à prendre des décisions et à prendre soin de vous-même tout en maintenant des liens significatifs et sains avec les personnes autour de vous. Trouver cet équilibre entre autonomie et connexion est essentiel pour une vie pleine et gratifiante. Comment atteindre cet équilibre:

Reconnaissez l'importance des relations: Les relations humaines jouent un rôle vital dans nos vies. Les relations saines fournissent un soutien émotionnel, enrichissent nos expériences et nous permettent de partager le voyage de la vie avec les autres.

Définissez des limites claires: En cherchant l'autonomie, définissez des limites claires dans vos relations. Cela signifie communiquer vos besoins, attentes et limites de manière respectueuse. Des limites saines garantissent que vous ne sacrifiez pas vos propres besoins au nom des relations.

Maintenez une communication ouverte: Maintenir une communication ouverte et honnête est essentiel. Communiquez vos intentions et décisions à vos proches pour qu'ils comprennent votre quête d'indépendance et sachent que vos actions ne reflètent pas un éloignement.

Partagez vos succès: À mesure que vous prenez des décisions indépendantes et atteignez vos objectifs, partagez ces succès avec les personnes de votre vie. Cela leur permet de participer à votre voyage et de célébrer vos réussites.

Cultivez des relations de soutien: Donnez la priorité aux relations qui soutiennent et encouragent votre croissance personnelle. Les amis et la famille qui comprennent vos aspirations et objectifs sont précieux pour maintenir l'équilibre entre autonomie et connexion.

Apprenez à demander de l'aide lorsque c'est nécessaire: Faire partie de l'équilibre, c'est savoir quand demander de l'aide. Peu importe à quel point vous devenez indépendant, il y a des moments où tout le monde a besoin de soutien, de conseils ou d'assistance. Sachez quand il est approprié de chercher de l'aide.

Valorisez les expériences partagées: Maintenir des liens signifie partager des expériences, des moments joyeux et des défis avec les autres. Valorisez la capacité à apprendre des expériences les uns des autres et à grandir ensemble.

Évitez l'isolement excessif: Rappelez-vous que l'isolement excessif peut être préjudiciable. Trouver un équilibre entre autonomie et connexion ne signifie pas s'isoler complètement. Avoir un réseau de soutien est essentiel pour le bien-être émotionnel.

Appréciez l'individualité et la diversité: Reconnaissez que chaque personne est unique, avec ses propres objectifs et parcours de vie. Valorisez l'individualité et la diversité dans les relations, permettant à chaque personne de suivre son propre chemin.

Adaptez-vous aux changements: À mesure que vous grandissez et évoluez, vos besoins en autonomie et en connexion peuvent changer. Soyez prêt à réévaluer vos relations et à ajuster l'équilibre au besoin au fil du temps.

Trouver l'équilibre entre autonomie et connexion est un chemin continu et unique pour chaque individu. En cultivant votre indépendance, comprenez que le maintien de relations saines avec les autres enrichit votre vie et contribue à votre bien-être émotionnel et mental.

Croissance continue

Le développement de l'indépendance émotionnelle et financière est un processus continu de croissance personnelle qui s'étend tout au long de la vie. À mesure que vous acquérez plus de compétences, de connaissances et de conscience de soi, votre capacité à prendre des décisions éclairées et autonomes continuera de se renforcer. La croissance continue dans ces domaines est fondamentale pour atteindre une vie pleine et authentique. Considérations sur la façon de cultiver cette croissance:

Apprenez des expériences passées: Vos expériences passées façonnent votre parcours de croissance. Réfléchissez à vos décisions passées et évaluez leur impact sur votre vie. Identifiez ce que vous avez appris de chaque expérience et utilisez ces enseignements pour prendre des décisions plus éclairées à l'avenir.

Recherchez une éducation et un apprentissage constants: L'apprentissage est un processus continu. Recherchez des opportunités d'éducation formelle et informelle pour élargir vos connaissances sur les sujets financiers, l'intelligence émotionnelle et les compétences pratiques. Apprendre constamment enrichit votre perspective et votre capacité à prendre des décisions solides.

Pratiquez l'autoréflexion: L'autoréflexion est un puissant outil pour la croissance personnelle. Prenez le temps d'analyser vos actions, décisions et comportements. Demandez-vous ce qui fonctionne bien et ce qui peut être amélioré. Cela vous aide à ajuster votre cap et à prendre des décisions plus alignées avec vos valeurs.

Définissez de nouveaux objectifs: À mesure que vous atteignez vos objectifs financiers et émotionnels, ne manquez pas de définir de nouveaux objectifs stimulants. Avoir des objectifs en évolution constante maintient votre motivation élevée et encourage le développement continu.

Restez ouvert aux changements: La vie est fluide et en constante évolution. Soyez ouvert à l'ajustement de vos objectifs et plans à mesure que de nouvelles opportunités et défis se présentent. La capacité à s'adapter est une caractéristique clé de la croissance continue.

Cultivez des habitudes saines: Les habitudes saines, telles que l'exercice régulier, la méditation et les pratiques d'autoréflexion, peuvent contribuer à votre croissance personnelle. Ces habitudes soutiennent votre bien-être émotionnel et mental, vous permettant de prendre des décisions plus claires et équilibrées.

Soyez patient envers vous-même: La croissance ne se produit pas du jour au lendemain. Soyez patient envers vous-même lorsque vous relevez des défis et en apprenez. Reconnaissez que chaque étape vers la croissance est précieuse, peu importe le rythme.

Recherchez de nouvelles expériences: De nouvelles expériences peuvent élargir vos horizons et défier votre perspective. Essayez de nouvelles choses, explorez de nouveaux endroits et rencontrez différentes personnes. Ces expériences enrichissent votre compréhension du monde et contribuent à votre croissance.

Apprenez des autres: Parlez avec des personnes qui ont déjà atteint l'indépendance émotionnelle et financière. Elles peuvent offrir des aperçus précieux et partager des leçons apprises au cours de leurs parcours.

Célébrez le progrès: À mesure que vous grandissez et atteignez vos objectifs, célébrez chaque étape franchie. Reconnaître votre propre progrès renforce votre confiance et votre motivation à continuer de grandir.

Cultiver une mentalité de croissance continue est essentiel pour renforcer votre autonomie au fil du temps. Sachez que la croissance est un processus individuel et unique, et le cheminement vers l'indépendance émotionnelle et financière est une quête gratifiante qui enrichira votre vie de manière significative.

Le chemin vers l'indépendance

Il est important de se rappeler que la quête de l'indépendance émotionnelle et financière n'est pas une destination finale, mais plutôt un parcours continu de croissance personnelle et de découverte de soi. En cultivant ces formes d'indépendance, vous investissez en vous-même et construisez une base solide pour une vie plus autonome, gratifiante et alignée sur vos valeurs et objectifs. Considérations finales sur le chemin vers l'indépendance:

Valorisez le processus: Tout comme la destination, la marche elle-même a de la valeur. Chaque pas que vous faites vers l'indépendance émotionnelle et financière est une opportunité d'apprendre, de grandir et de vous développer en tant qu'individu. Valorisez le processus de découverte de soi et d'amélioration.

Soyez résilient: Tout au long du parcours, vous rencontrerez des défis et des obstacles. La résilience est essentielle pour surmonter ces moments difficiles. Soyez conscient que l'indépendance n'est pas atteinte sans affronter d'adversités, et votre capacité à les surmonter renforcera votre détermination.

Célébrez vos réalisations: À mesure que vous atteignez des jalons dans votre quête d'indépendance, célébrez vos réalisations, aussi petites qu'elles puissent paraître. Reconnaître et célébrer vos progrès vous motive à continuer d'avancer vers vos objectifs.

Adaptez-vous aux changements: La vie est dynamique et change en permanence. Soyez prêt à vous adapter et à ajuster vos approches à mesure que de nouvelles situations se présentent. La flexibilité est une compétence importante pour maintenir votre chemin vers l'indépendance.

Partagez vos expériences: À mesure que vous gagnez en indépendance, vos expériences peuvent être une source d'inspiration pour les autres. Partagez vos luttes, vos défis et vos succès avec vos amis, votre famille et votre communauté. Votre histoire peut avoir un impact positif sur la vie d'autres personnes.

Cultivez la gratitude: Pratiquez la gratitude pour chaque étape du voyage. Reconnaître les personnes qui vous ont soutenu, les leçons que vous avez apprises et les opportunités que vous avez rencontrées. La gratitude vous garde connecté au présent et valorise la progression que vous réalisez.

Restez curieux: La curiosité est une qualité précieuse à entretenir dans votre quête d'indépendance. Soyez ouvert à en apprendre davantage sur vous-même, sur les finances, sur les relations et sur le monde qui vous entoure. La recherche de connaissances enrichit votre histoire.

Sachez que c'est un processus continu: Rappelez-vous que l'indépendance n'est pas un point d'arrivée, mais un chemin qui dure toute une vie. Continuez à perfectionner vos compétences, à prendre des décisions éclairées et à rechercher l'équilibre entre autonomie et connexion.

Profitez de la liberté et de l'autonomie: À mesure que vous renforcez votre indépendance émotionnelle et financière, profitez de la liberté qu'elle procure. Prenez des décisions conformes à vos valeurs, recherchez des opportunités qui vous enthousiasment et appréciez le sentiment de contrôle sur votre propre vie.

Cultivez l'authenticité: L'indépendance vous permet de vivre selon vos propres valeurs et désirs, au lieu d'être influencé par les attentes des autres. Continuez à approfondir qui vous êtes, en cultivant votre authenticité et en créant une vie qui vous appartient vraiment.

Conscient que l'indépendance émotionnelle et financière est un voyage continu, vous serez prêt à embrasser les changements, à surmonter les défis et à célébrer les succès qui jalonnent ce parcours. En investissant en vous-même et dans votre croissance personnelle, vous construisez un avenir plus autonome, gratifiant et authentique.

Créer un sens de l'identité en dehors des relations

Développer une identité forte et authentique est une étape cruciale pour parvenir à l'autonomie. Cela signifie comprendre qui vous êtes au-delà de vos relations et rôles sociaux. En créant une identité solide et indépendante, vous devenez plus résilient face aux changements, plus confiant dans vos choix et plus capable de mener une vie alignée sur vos valeurs et désirs. Voici quelques façons de créer une identité solide et indépendante:

Exploration personnelle

L'exploration personnelle est une expérience de découverte de soi qui vous permet d'approfondir vos intérêts, passions et talents individuels. C'est une quête active pour comprendre qui vous êtes à un niveau plus profond, au-delà des couches externes des rôles sociaux et des attentes. En prenant le temps de vous explorer, vous construisez une base solide pour une identité authentique et indépendante. Voici comment vous engager dans l'exploration personnelle:

Ouvrez-vous à la nouveauté: Soyez prêt à expérimenter de nouvelles choses. Cela peut impliquer de participer à des activités que vous n'aviez jamais envisagées auparavant, de voyager vers des endroits inconnus ou d'apprendre de nouvelles compétences. La nouveauté stimule l'esprit et peut révéler des aspects de vous-même que vous n'avez jamais explorés.

Connaissance de soi par l'expérience: À travers l'expérience, vous pouvez en apprendre davantage sur vos préférences et tendances naturelles. En affrontant des défis ou en saisissant des opportunités, vous pouvez apprendre comment vous réagissez à différentes situations, fournissant ainsi des insights précieux sur vos traits personnels.

Immergez-vous dans vos centres d'intérêt: Identifiez les activités, sujets ou thèmes qui vous intéressent réellement. Demandez-vous ce qui vous apporte de la joie et de la curiosité. Plongez dans ces domaines, apprenez-en davantage à leur sujet et explorez leurs nuances.

Apprenez du succès et de l'échec: Le succès comme l'échec peuvent être de précieux enseignants. En essayant quelque chose de nouveau, vous pouvez rencontrer des défis et des obstacles. La façon dont vous gérez ces moments peut fournir des informations sur votre résilience, votre persévérance et votre capacité d'adaptation.

Expression créative de soi: L'expression créative, que ce soit à travers l'art, l'écriture, la musique ou toute autre forme, vous permet d'explorer vos émotions, pensées et expériences de manière unique. Cela peut vous aider à comprendre et à communiquer qui vous êtes de manière plus profonde.

Réfléchissez sur vos expériences: Prenez le temps de réfléchir sur vos expériences et sur la manière dont elles vous ont affecté. Demandez-vous ce que vous avez appris, comment vous avez grandi et comment ces expériences ont façonné votre vision du monde.

Cherchez un apprentissage constant: L'apprentissage constant fait partie intégrante de l'exploration personnelle. Soyez ouvert à apprendre de nouvelles choses, que ce soit à travers des cours, des lectures, des ateliers ou des conversations avec des personnes intéressantes.

Soyez curieux de vous-même: Cultivez une attitude de curiosité envers vous-même. Posez des questions, explorez vos réactions émotionnelles et observez comment vous réagissez à différentes situations. Cela peut vous aider à découvrir des schémas de comportement et à comprendre vos motivations.

Acceptez le changement: À mesure que vous explorez différents aspects de vous-même, soyez ouvert au changement et à l'évolution. Vos découvertes peuvent vous conduire sur des chemins inattendus, et être prêt à vous adapter est une part importante de l'exploration personnelle.

L'exploration personnelle est un voyage passionnant de découverte de soi qui peut enrichir votre compréhension de qui vous êtes et de ce que vous voulez dans la vie. En construisant une base solide de connaissance de soi, vous créez les fondations pour une identité authentique et indépendante, vous permettant de vivre de manière plus alignée avec vos valeurs et vos désirs les plus profonds.

Investissement dans la connaissance de soi

La connaissance de soi est un cheminement continu d'exploration interne qui vous permet de comprendre qui vous êtes en profondeur. C'est la clé pour construire une identité authentique et indépendante, car vous vous connectez à vos motivations, vos valeurs et vos objectifs de vie. Investir dans le développement de la connaissance de soi enrichit non seulement votre compréhension de vous-même, mais fournit également une base solide pour prendre des décisions alignées sur votre véritable identité. Voici des façons d'investir dans la connaissance de soi:

Autoréflexion régulière: Accordez régulièrement du temps pour vous auto-observer et réfléchir sur vos expériences, vos pensées et vos émotions. Demandez-vous comment vous vous sentez dans différentes situations et pourquoi. L'autoréflexion aide à identifier les schémas de comportement et à comprendre vos réactions émotionnelles.

Pratiquez l'écoute interne: Soyez attentif aux voix internes qui guident vos actions et décisions. Apprenez à faire la distinction entre votre voix authentique et les influences externes, telles que les attentes sociales ou les pressions des autres.

Explorez vos valeurs: Identifiez quels sont les valeurs les plus importantes pour vous. Elles servent de guides pour vos choix et actions. Interrogez-vous sur les croyances qui sous-tendent vos décisions et comment elles s'alignent sur vos valeurs fondamentales.

Évaluez vos forces et faiblesses: Comprenez vos forces et vos faiblesses, tant en termes de compétences que de traits de personnalité. En reconnaissant vos caractéristiques positives et les domaines qui nécessitent un développement, vous pouvez prendre des décisions qui capitalisent sur vos forces et abordent vos faiblesses.

Explorez vos intérêts et passions: Découvrez ce qui vous intéresse réellement et vous passionne. En participant à des activités qui nourrissent votre passion, vous pouvez en apprendre davantage sur vos impulsions naturelles et sur ce qui vous procure une joie authentique.

Analyse des expériences passées: Passez en revue vos expériences de vie, tant positives que challenges. Considérez ce que vous avez appris de chaque expérience et comment elles ont façonné votre vision du monde et votre identité.

Recherchez des retours d'information: Sollicitez des retours d'information de personnes en qui vous avez confiance dans votre vie. Cela peut fournir des éclairages sur la façon dont les autres vous perçoivent, ce qui peut révéler des aspects de votre personnalité que vous n'avez peut-être pas remarqués.

Soyez patient envers vous-même: L'expérience de la connaissance de soi n'est pas instantanée. C'est un processus continu de croissance et de découverte. Soyez bienveillant envers vous-même pendant que vous explorez les différents aspects de qui vous êtes.

Pratiquez l'acceptation: En approfondissant votre connaissance de soi, vous pouvez découvrir des aspects de vous-même qui peuvent être défis. La pratique de l'acceptation consiste à embrasser tous les aspects de qui vous êtes, même ceux qui peuvent être considérés comme des imperfections.

L'investissement dans la connaissance de soi est un voyage précieux qui peut enrichir votre vie de nombreuses façons. À mesure que vous comprenez vos motivations, vos valeurs et vos objectifs, vous êtes plus capable de prendre des décisions informées et authentiques. Cela renforce non seulement votre identité personnelle, mais vous donne également le pouvoir de vivre une vie alignée sur votre véritable essence.

Définition des limites

Établir des limites sains est une compétence essentielle pour préserver votre autonomie et veiller à ce que votre identité reste intacte. Cela implique la capacité de dire "non" quand c'est nécessaire et de protéger votre temps, votre énergie et vos valeurs. En établissant des limites claires, vous créez un espace où vous pouvez vous exprimer authentiquement, sans compromettre vos propres besoins et objectifs. Stratégies pour établir et maintenir des limites saines:

Connaissez vos besoins: Avant de pouvoir établir des limites, il est fondamental de comprendre quelles sont vos besoins émotionnels, physiques et mentaux. Connaissez vos propres limites et reconnaissez quand quelque chose affecte négativement votre santé et votre bien-être.

Définissez vos priorités: Identifiez ce qui est le plus important pour vous. En sachant quels sont les valeurs et objectifs essentiels dans votre vie, vous pouvez prendre des décisions qui sont en accord avec eux et établir des limites lorsque quelque chose entre en conflit avec ces priorités.

Communiquez de manière claire et respectueuse: Lorsqu'il est nécessaire d'établir une limite, faites-le de manière claire et respectueuse. Communiquez vos besoins et vos limites de manière assertive, en mettant l'accent sur comment cela vous impacte, au lieu de blâmer les autres.

Sachez dire "non": La capacité de dire "non" est fondamentale pour établir des limites sains. Reconnaissez quand une demande ou un engagement ne correspond pas à vos besoins ou valeurs et soyez prêt à refuser poliment.

Définissez vos limites personnelles: Identifiez les limites personnelles que vous souhaitez établir dans différents domaines de votre vie, tels que les relations, le travail et le temps personnel. Cela peut inclure établir des limites de disponibilité, des limites de travail et des limites émotionnelles.

Maintenez la cohérence: Une fois que vous avez établi des limites, il est important de maintenir la cohérence. Ne cédez pas à la pression extérieure pour compromettre vos limites, sauf s'il s'agit d'un choix conscient et en accord avec vos besoins.

Soyez prêt pour les réactions des autres: Les réactions des autres ne seront pas toujours positives lorsque vous établirez des limites. Certaines personnes peuvent résister ou être déçues. Gardez à l'esprit que vos besoins et votre bien-être sont des priorités.

Donnez la priorité à l'auto-soin: En établissant des limites saines, vous investissez dans votre propre auto-soin. Comprenez que prendre soin de vous est une priorité et que l'établissement de limites est une façon de honorer cette priorité.

Soyez ouvert aux ajustements: Bien qu'il soit important d'établir des limites, il est également essentiel d'être ouvert aux ajustements lorsque la situation l'exige. Vos limites peuvent évoluer avec le temps et il est important d'être flexible lorsque c'est nécessaire.

Établir des limites sains est un acte de respect envers vous-même et envers les autres. Cela vous permet de préserver votre identité, de maintenir votre autonomie et de prendre des décisions en accord avec vos valeurs et vos besoins. En équilibrant votre capacité à vous connecter avec les autres et à prendre soin de vous-même, vous construisez des relations plus saines et une vie plus authentique.

Pratique des activités individuelles

Participer à des activités individuelles est un moyen puissant de construire et renforcer une identité indépendante. Ces activités offrent un espace pour vous exprimer, grandir et vous amuser de manière authentique, indépendamment des attentes ou des influences externes. En consacrant du temps à ces activités, vous développez non seulement votre identité unique, mais enrichissez également votre vie de manière significative. Considérations sur la pratique des activités individuelles:

Identification des intérêts personnels: La première étape pour participer à des activités individuelles est d'identifier vos intérêts personnels. Demandez-vous ce que vous aimez faire quand vous êtes seul, ce qui vous apporte de la joie et ce qui éveille votre curiosité. Cela peut inclure des passe-temps, des sports, de l'art, de la musique, de la lecture ou toute autre activité qui résonne en vous.

Consacrer du temps: Il est important de réserver un temps spécifique pour vous consacrer à ces activités individuelles. Que ce soit une heure par jour ou quelques moments chaque semaine, créer une routine qui donne la priorité à ces activités aide à s'assurer qu'elles font partie intégrante de votre vie.

Explorer de nouvelles expériences: N'ayez pas peur d'explorer de nouvelles activités. Essayer de nouvelles choses élargit vos horizons et vous aide à découvrir de nouvelles passions et intérêts. Même si quelque chose vous est totalement inconnu, l'expérience d'apprentissage peut être gratifiante.

Valorisation de l'authenticité: Participer à des activités individuelles vous permet de vous connecter à votre authenticité. Lorsque vous vous engagez dans quelque chose qui vous intéresse vraiment, vous exprimez qui vous êtes vraiment, sans vous soucier de ce que les autres pourraient penser.

Focus sur le présent: Immergez-vous pleinement dans les activités individuelles que vous choisissez. Cela contribue à cultiver la pleine conscience, vous permettant de vous concentrer sur le présent et de profiter pleinement de l'expérience.

Développement de compétences: De nombreuses activités individuelles impliquent le développement de compétences spécifiques. En vous plongeant dans ces activités, vous élargissez votre répertoire de talents et de compétences, ce qui peut contribuer davantage à votre identité.

Auto-soin et bien-être: Les activités individuelles ne contribuent pas seulement à construire votre identité, mais favorisent également l'auto-soin et le bien-être. Elles peuvent servir de moyen de relaxation, de soulagement du stress et de revitalisation.

Résilience et estime de soi: Participer à des activités individuelles renforce votre résilience émotionnelle et votre estime de soi. Le sentiment d'accomplissement qui vient avec la maîtrise d'une nouvelle compétence ou l'atteinte d'un objectif personnel contribue à votre confiance en vous et à votre estime de soi.

Partage d'expériences: Bien que les activités individuelles soient axées sur vous, elles peuvent également créer des opportunités pour partager des expériences avec les autres. Participer à des groupes ou à des communautés liés à vos intérêts peut vous permettre de nouer des liens significatifs avec des personnes partageant vos valeurs.

Croissance continue: N'oubliez pas que vos activités individuelles peuvent évoluer à mesure que vous grandissez et changez. Soyez ouvert à de nouvelles passions et intérêts qui peuvent survenir avec le temps, car cela fait naturellement partie du développement personnel.

Participer à des activités individuelles ne construit pas seulement une identité indépendante, mais ajoute également une dimension enrichissante à votre vie. Ces activités sont un moyen de vous nourrir, de vous exprimer et de vous connecter avec vous-même de manière authentique et gratifiante.

Focalisation sur le développement personnel

Le développement personnel est un processus continu et dynamique qui joue un rôle crucial dans la construction et le renforcement de votre identité. En embrassant la croissance personnelle, vous ouvrez la porte à une compréhension plus profonde de vous-même et à une évolution constante de votre identité. Voici des façons de vous concentrer sur le développement personnel pour nourrir votre identité:

Apprentissage continu: Le développement personnel est intrinsèquement lié à l'apprentissage continu. Rechercher de nouvelles connaissances, compétences et perspectives élargit vos horizons et enrichit votre compréhension du monde. Cela influence, à son tour, la façon dont vous vous percevez et interagissez avec les autres.

Autoréflexion approfondie: L'autoréflexion est un puissant outil pour comprendre vos pensées, sentiments, valeurs et objectifs. Prenez le temps de plonger dans votre voyage intérieur en vous interrogeant sur vos motivations, vos désirs et vos domaines de croissance.

Acceptation du changement: L'identité n'est pas statique; elle évolue au fil du temps. Soyez ouvert au changement et à la croissance, en reconnaissant que vos priorités et vos valeurs peuvent changer à mesure que vous traversez différentes étapes de la vie. Accepter ce changement est essentiel pour développer une identité flexible et adaptable.

Définition d'objectifs personnels: Établissez des objectifs qui sont en harmonie avec vos valeurs et aspirations. En travaillant vers ces objectifs, vous atteignez non seulement des réalisations significatives, mais consolidez également votre identité en tant que personne engagée dans le développement personnel.

Sortie de la zone de confort: La croissance personnelle survient souvent lorsque vous vous mettez au défi et sortez de votre zone de confort. Essayer de nouvelles choses, relever des défis et surmonter des obstacles contribuent à une connaissance de soi plus profonde et à une confiance en soi accrue.

Développement des compétences émotionnelles: Le développement des compétences émotionnelles, telles que l'empathie, l'intelligence émotionnelle et la gestion du stress, améliore votre capacité à faire face aux défis de la vie. Cela renforce votre identité en vous permettant de faire face aux situations de manière équilibrée et saine.

Établissement de relations significatives: Les relations jouent un rôle important dans le développement personnel. Interagir avec des personnes qui valorisent et soutiennent votre croissance personnelle contribue à une identité positive et enrichissante.

Pratique de l'auto-compassion: Être gentil avec soi-même au cours de votre parcours de développement personnel est essentiel. L'auto-compassion vous permet de faire face aux défis et aux erreurs sans jugement excessif, favorisant ainsi une relation saine avec vous-même.

Flexibilité mentale: En abordant le développement personnel, soyez prêt à remettre en question vos croyances et à adopter différentes perspectives. Cela renforce votre capacité d'adaptation et améliore votre compréhension du monde et de vous-même.

Célébration des réussites: À mesure que vous progressez et atteignez vos objectifs, célébrez vos réussites. Reconnaître votre progrès renforce une identité positive et récompense l'effort que vous avez investi dans votre développement personnel.

Gardez à l'esprit que le développement personnel est un processus personnel et unique. Votre histoire sera façonnée par vos expériences, désirs et valeurs individuelles. En restant engagé envers la croissance personnelle, vous enrichissez votre identité et érigez des fondations solides pour une vie significative et authentique.

Évolution constante

Comprendre l'identité comme un processus en évolution constante est essentiel pour embrasser pleinement votre expérience de découverte de soi et de croissance. Reconnaître que votre identité n'est pas une entité fixe, mais plutôt une construction fluide et dynamique, vous permet de vous ouvrir à de nouvelles expériences, apprentissages et opportunités de croissance. Voici comment embrasser l'évolution constante de votre identité:

Accueillez le changement: La vie est marquée par des changements et des transitions. Au lieu de résister au changement, accueillez-le comme une opportunité de croissance et d'apprentissage. Chaque nouvelle phase de la vie apporte de nouvelles perspectives et des idées sur qui vous êtes et ce que vous valorisez.

Flexibilité mentale: Soyez prêt à remettre en question vos croyances et hypothèses. À mesure que vous êtes exposé à différentes perspectives et idées, votre compréhension de vous-même s'approfondit. La flexibilité mentale vous aide également à vous adapter aux changements dans votre identité au fil du temps.

Expérimentation et exploration: Permettez-vous d'expérimenter de nouvelles choses, que ce soit des passe-temps, des activités, des études ou des expériences de vie. L'exploration constante enrichit votre compréhension de vos préférences et peut même révéler des aspects de votre identité que vous n'avez pas encore découverts.

Acceptation de la complexité: Votre identité est multifacette et composée de plusieurs dimensions. Acceptez que vous pouvez être plusieurs choses à la fois - un ami, un professionnel, un amoureux, un apprenant, et bien plus encore. Cette complexité reflète votre riche expérience de vie.

Pardon de soi et autocompassion: À mesure que vous évoluez, il est possible que vous réévaluiez des décisions passées ou que vous fassiez face à des moments d'imperfection. Pratiquez le pardon envers vous-même et l'autocompassion, en vous rappelant que la croissance implique des erreurs et des apprentissages.

Apprentissage de l'adversité: Les défis et les adversités peuvent offrir des opportunités précieuses d'auto-découverte. Réfléchissez à la manière dont ces expériences ont façonné votre identité et comment vous pouvez en tirer de la croissance.

Valorisation de l'authenticité: Donnez la priorité à l'authenticité dans tous les domaines de votre vie. En alignant vos actions sur vos valeurs fondamentales, vous contribuez à une identité solide et cohérente.

Profitez des transformations positives: À mesure que vous évoluez, il est probable que vous fassiez l'expérience de transformations positives dans votre personnalité, vos objectifs et vos valeurs. Profitez de ces changements comme autant de preuves de votre croissance personnelle et de votre évolution continue.

Cultivez la curiosité: Gardez votre curiosité envers vous-même et envers le monde qui vous entoure. Posez-vous des questions profondes sur vos motivations, vos désirs et vos objectifs. La quête constante de la connaissance de soi enrichit votre histoire.

Gratitude pour les progrès: Célébrez les progrès que vous faites dans votre expérience d'évolution de l'identité. Regarder en arrière et reconnaître comment vous avez grandi, appris et changé peut être une source puissante de motivation et d'estime de soi.

Sachez que l'évolution constante de votre identité est un voyage passionnant et enrichissant. En restant ouvert et prêt à embrasser le changement, vous renforcez votre capacité à vous adapter, à grandir et à créer une vie authentique et significative.

Appréciation de la singularité

L'appréciation de la singularité est un acte puissant de découverte de soi et d'acceptation de soi. Reconnaître et valoriser les caractéristiques uniques que vous apportez au monde renforce non seulement votre identité, mais enrichit également votre connexion avec les autres et le monde qui vous entoure. Comment cultiver une profonde appréciation de votre singularité:

Reconnaître votre parcours: Votre parcours de vie est unique et façonné par vos expériences, vos défis et vos réalisations. Réfléchissez aux moments qui vous ont défini et aux chemins que vous avez empruntés pour arriver là où vous êtes aujourd'hui. Chaque pas a contribué à la personne que vous êtes.

Célébrer vos différences: Dans un monde diversifié, vos différences sont un atout. Vos compétences, intérêts et traits de personnalité uniques contribuent à la richesse du tissu social. Célébrez ces différences au lieu de chercher à vous conformer à des normes externes.

Valoriser vos expériences: Chaque expérience que vous avez vécue a façonné votre vision du monde. Qu'il s'agisse d'un voyage, d'une relation, d'une réussite professionnelle ou d'un défi surmonté, vos expériences sont un trésor d'apprentissage et de croissance.

Accepter les imperfections: Faire partie de la singularité, c'est accepter ses imperfections. Comprenez que personne n'est parfait et que vos failles font aussi partie de ce qui vous rend humain et authentique. L'auto-compassion est essentielle dans ce processus.

Valoriser vos passions: Vos passions et centres d'intérêt reflètent ce qui vous passionne et vous inspire. Peu importe à quel point elles peuvent sembler inhabituelles ou distinctes, elles font partie intégrante de votre identité. Consacrer du temps à ces passions est une façon d'honorer votre singularité.

S'exprimer de manière authentique: Lorsque vous vous exprimez de manière authentique, vous partagez votre véritable essence avec le monde. Cela peut se faire à travers l'art, la communication, le travail ou toute autre forme d'expression qui résonne en vous.

Cultiver des relations authentiques: Les relations authentiques valorisent l'individualité de chaque personne. Cultivez des amitiés et des liens qui acceptent et apprécient votre singularité, vous permettant d'être vous-même sans craindre le jugement.

Apprendre des autres: Appréciez également la singularité des autres. En interagissant avec des personnes d'horizons et de perspectives différentes, vous élargissez votre compréhension du monde et valorisez la diversité.

Focalisation sur la découverte de soi: Gardez une attitude curieuse envers vous-même. En vous plongeant dans la découverte de soi, vous découvrirez des aspects de votre singularité que vous ne connaissiez peut-être pas.

Pratiquer la gratitude envers soi-même: Remercier pour vos caractéristiques uniques, vos expériences et votre parcours de vie est un moyen puissant de cultiver l'appréciation de votre singularité. La gratitude crée un espace pour valoriser qui vous êtes dans le présent.

Comprenez que vous êtes une œuvre d'art unique et irrépétable. Cultiver une appréciation de votre singularité enrichit non seulement votre propre vie, mais influence également positivement la vie de ceux qui vous entourent. En vivant et en partageant authentiquement qui vous êtes, vous contribuez à un monde plus diversifié, inclusif et enrichissant.

Acceptation de soi et amour-propre

L'acceptation de soi et l'amour-propre forment les bases solides d'une identité authentique et saine. Lorsque vous vous acceptez inconditionnellement, vous ouvrez la voie à une relation positive avec vous-même et à la construction d'une identité véritable, significative et alignée sur vos valeurs. Comment approfondir la compréhension de l'importance de l'acceptation de soi et de l'amour-propre:

Autocompassion: L'autocompassion est la pratique de se traiter avec la même douceur et compréhension que vous le feriez avec un ami cher. Reconnaissez vos failles, erreurs et imperfections avec bienveillance, au lieu de vous critiquer.

Adoption de l'authenticité: Lorsque vous vous acceptez tel que vous êtes, sans essayer de vous conformer à des normes externes ou à des attentes, vous adoptez votre authenticité. Cela vous permet de vivre en harmonie avec votre véritable essence.

Reconnaissance de la valeur personnelle: L'acceptation de soi et l'amour-propre découlent de la reconnaissance que vous méritez l'amour, le respect et le bonheur, indépendamment des réalisations externes ou des opinions des autres. Valorisez-vous simplement pour être qui vous êtes.

Libération de l'autojugement: En vous acceptant, vous libérez le fardeau de l'autojugement constant. Au lieu de vous punir pour vos erreurs, apprenez d'elles et avancez avec compréhension et croissance.

Valorisation de vos contributions: Reconnaissez les contributions positives que vous apportez au monde. Que ce soit à travers vos relations, vos talents, vos réalisations ou vos actes de bonté, vos actions ont un impact positif.

Mise en avant des qualités positives: Concentrez-vous sur vos qualités positives. Plutôt que de vous attarder sur vos faiblesses, valorisez vos forces et vos qualités qui vous rendent unique et précieux.

Respect de vos limites: L'amour-propre implique également d'établir et de maintenir des limites saines. Cela signifie reconnaître quand vous avez besoin de dire "non" et de prioriser votre bien-être, même si cela peut déplaire à d'autres.

Nourrir vos émotions: Prenez soin de vos besoins émotionnels, que ce soit en pratiquant l'autocompassion, en recherchant des activités qui vous apportent de la joie ou en exprimant sainement vos émotions.

Auto-acceptation: Rappelez-vous que le chemin de l'acceptation de soi et de l'amour-propre est continu. Il y aura des hauts et des bas, mais la pratique constante conduit à une relation plus saine avec vous-même.

Établissement de relations saines: Lorsque vous vous aimez et vous acceptez, vous établissez une norme pour le traitement que vous attendez des autres. Les relations saines sont basées sur le respect mutuel et l'acceptation mutuelle.

L'acceptation de soi et l'amour-propre ne sont pas seulement des sentiments, mais des pratiques actives qui nécessitent une intention et un effort continus. En intériorisant ces valeurs, vous construisez une base solide pour une identité authentique et une vie empreinte d'authenticité, de confiance et de gratitude.

Le voyage d'une vie

La construction et le développement de votre identité sont un parcours continu et passionnant qui s'étend tout au long de votre vie. Tout comme une plante qui grandit et fleurit avec le temps, votre identité passe également par des phases de découverte, de croissance et de transformation. Comment comprendre et embrasser l'idée de votre identité comme un voyage durable:

Découverte de soi constante: Le chemin vers la construction de l'identité implique un processus continu de découverte de soi. À mesure que vous expérimentez de nouvelles situations, apprenez des défis et vous exposez à différentes perspectives, vous en apprenez davantage sur qui vous êtes et qui vous souhaitez être.

Croissance et développement: Tout comme vous évoluez en termes de connaissances et d'expérience, vous évoluez également en tant que personne. À mesure que vous relevez de nouveaux défis, vos croyances, vos valeurs et vos objectifs peuvent s'adapter et changer.

Apprentissage des expériences: Chaque expérience, positive ou négative, contribue à votre histoire de développement. Les leçons tirées des situations difficiles peuvent façonner votre perspective et renforcer votre identité.

Flexibilité et adaptation: Une identité saine est flexible et capable de s'adapter aux changements. Soyez ouvert à de nouvelles idées, perspectives et possibilités, permettant ainsi à votre identité d'évoluer à mesure que vous grandissez.

Appréciation du voyage: Le voyage en lui-même est aussi précieux que la destination. Apprenez à apprécier chaque étape, même les plus difficiles, car elles façonnent qui vous devenez.

Acceptation du processus: Tout comme la nature passe par des saisons, votre identité passe également par différentes phases. Acceptez qu'il y aura des moments de questionnement et d'incertitude, mais que ces moments sont essentiels pour la croissance.

Création d'un héritage: La construction de l'identité n'est pas seulement pour vous, mais aussi pour les générations futures. La façon dont vous vivez, grandissez et contribuez au monde laisse un héritage durable.

Réévaluation et affinement: Périodiquement, prenez le temps de réfléchir à votre expérience jusqu'à présent. Évaluez si vos croyances, vos objectifs et vos valeurs sont toujours alignés avec la personne que vous êtes devenu et ajustez-les si nécessaire.

Célébration des réussites: Tout au long du parcours, célébrez vos réussites et vos jalons. Chaque pas vers le développement personnel mérite reconnaissance et célébration.

Ouverture à l'inconnu: Le chemin de construction de l'identité est un territoire inconnu et passionnant. Soyez ouvert à explorer des domaines inexplorés de vous-même et à embrasser l'inconnu avec curiosité et courage.

Le voyage vers le renforcement de l'autonomie est continu et exigeant, mais les avantages sont indéniables. Plus vous investissez dans la prise de décisions conscientes, le développement de l'indépendance émotionnelle et financière, et la création d'une identité solide, plus vous vous rapprochez de mener une vie authentique et gratifiante. L'autonomie ne signifie pas s'éloigner des autres, mais se donner les moyens de vivre selon ses valeurs et ses objectifs, tout en contribuant de manière significative aux relations et aux communautés.

11

VIVRE L'INSTANT PRÉSENT

*Le passé est un souvenir, le futur est une illusion;
le maintenant est la seule réalité.*

Vivre pleinement dans l'instant présent est un art que beaucoup cherchent à maîtriser. Dans un monde rempli de distractions, de préoccupations et de pressions, cultiver la capacité d'être véritablement présent peut apporter un sentiment profond de calme, de contentement et d'authenticité. Dans ce chapitre, nous explorerons l'importance de la pleine conscience dans la surmonter la dépendance émotionnelle, les pratiques pour se connecter au présent et réduire l'anxiété, ainsi que les stratégies pour éviter de ressasser le passé ou de se préoccuper excessivement du futur.

L'importance de la pleine conscience dans la surmonter la dépendance émotionnelle

La dépendance émotionnelle provient souvent du manque de présence et de pleine conscience. Lorsque nous sommes constamment absorbés par des pensées sur le passé ou des inquiétudes concernant le futur, nous perdons l'occasion de vivre les relations et les expériences dans le présent. La pleine conscience joue un rôle vital dans la surmonter la dépendance émotionnelle, en nous permettant de:

Comprendre les émotions

La pleine conscience est une pratique qui nous invite à observer nos émotions avec clarté et acceptation. Dans un monde où nous sommes souvent submergés par une variété d'émotions complexes, la pleine conscience nous offre l'opportunité de comprendre profondément comment ces émotions surgissent et comment elles peuvent influencer nos pensées, comportements et relations. Comment la pleine conscience nous aide à comprendre nos émotions:

Observation sans jugement: La pleine conscience nous invite à observer nos émotions au fur et à mesure qu'elles surgissent, sans jugement ni tentative de les réprimer. Cela signifie que nous permettons aux émotions de se manifester, en les reconnaissant comme faisant partie intégrante de l'expérience humaine, qu'elles soient considérées comme "positives" ou "négatives". Ce faisant, nous commençons à cultiver une relation saine avec nos émotions, évitant l'autopunition pour des sentiments qui peuvent être inconfortables.

Identification des schémas émotionnels: En pratiquant la pleine conscience, nous pouvons remarquer des schémas émotionnels récurrents. Par exemple, nous pouvons réaliser que nous nous sentons souvent anxieux face à des situations d'incertitude ou que nous avons tendance à nous sentir en insécurité dans certains types d'interactions sociales. Cette prise de conscience des schémas nous aide à mieux comprendre ce qui peut alimenter notre dépendance émotionnelle.

Exploration des origines émotionnelles: En approfondissant nos émotions, nous pouvons commencer à enquêter sur leurs origines. Cela implique d'explorer les événements passés, les expériences de vie et les croyances personnelles qui peuvent contribuer à nos réactions émotionnelles actuelles. Par exemple, il se peut que la dépendance émotionnelle trouve ses racines dans des expériences d'abandon dans l'enfance. La pleine conscience nous donne l'occasion d'explorer ces connexions de manière douce et curieuse.

Développement de réponses conscientes: En comprenant mieux nos émotions et les déclencheurs qui les activent, nous pouvons commencer à cultiver des réponses conscientes au lieu de réactions automatiques. Par exemple, si nous identifions que le manque alimente notre dépendance émotionnelle, nous pouvons commencer à explorer des moyens sains de faire face à ce manque, tels que l'auto-soin, la recherche du soutien d'amis ou le renforcement de l'estime de soi.

Acceptation et transformation: La pleine conscience nous apprend à accueillir nos émotions, même les plus inconfortables, avec acceptation. Cela ne signifie pas que nous devons nous résigner à des sentiments négatifs, mais plutôt que nous pouvons créer un espace sûr pour les expérimenter et comprendre ce qu'ils nous disent. Cette acceptation est le point de départ de la transformation émotionnelle, nous permettant de choisir comment réagir de manière consciente et saine.

En comprenant nos émotions grâce à la pleine conscience, nous obtenons une perspective plus claire sur la manière dont elles peuvent contribuer à notre dépendance émotionnelle. Cette compréhension nous habilite à prendre des mesures conscientes pour faire face à ces émotions de manière saine et à réduire notre dépendance aux sources externes pour la validation émotionnelle. La pleine conscience nous aide à développer une relation plus équilibrée et authentique avec nos émotions, favorisant notre croissance personnelle et notre bien-être émotionnel.

Augmenter l'autonomie émotionnelle

L'autonomie émotionnelle est la capacité de reconnaître, comprendre et gérer nos propres émotions de manière indépendante. Cela signifie ne pas dépendre exclusivement des émotions et des actions des autres pour se sentir bien ou stable émotionnellement. La pleine conscience joue un rôle fondamental dans le renforcement de l'autonomie émotionnelle, nous permettant de développer une relation saine avec nos émotions et de favoriser la stabilité interne. Comment la pleine conscience aide à augmenter l'autonomie émotionnelle:

Reconnaissance de nos propres émotions: La pleine conscience nous invite à être conscients de nos émotions au fur et à mesure qu'elles surgissent. Cela signifie que nous n'ignorons pas ou ne réprimons pas nos sentiments, mais les reconnaissons pleinement. En le faisant, nous commençons à développer une meilleure compréhension de la manière dont les émotions se manifestent en nous, ce qui est essentiel pour augmenter l'autonomie émotionnelle.

Éviter la suppression émotionnelle: Souvent, nous cherchons à éviter les émotions inconfortables en les réprimant ou en nous distrayant d'elles. Cependant, la pleine conscience nous encourage à ne pas juger nos émotions et à leur permettre de se dérouler naturellement. Cela évite que les émotions restent bloquées et s'accumulent, ce qui peut conduire à une dépendance émotionnelle envers autrui pour trouver du réconfort.

Cultiver la stabilité interne: La pratique de la pleine conscience nous aide à cultiver un sentiment de stabilité interne, même lorsque nous sommes confrontés à des défis émotionnels. En observant nos émotions avec acceptation et sans jugement, nous apprenons à rester présents avec elles, au lieu d'être dominés par elles. Cela se traduit par une plus grande autonomie émotionnelle, car nous ne sommes pas à la merci des fluctuations émotionnelles.

Prendre des décisions éclairées: Lorsque nous sommes connectés à nos émotions et que nous les comprenons, nous sommes en mesure de prendre des décisions conscientes et éclairées. C'est particulièrement important en ce qui concerne les relations et les interactions interpersonnelles. La pleine conscience nous permet d'évaluer si nous agissons conformément à nos propres valeurs et besoins, au lieu de réagir impulsivement aux émotions des autres.

Moins de dépendance à la validation externe: Une des formes les plus courantes de dépendance émotionnelle est de chercher en permanence la validation et l'approbation des autres. La pleine conscience nous aide à développer une confiance interne, de sorte que nous n'ayons pas besoin de validation externe pour nous sentir bien dans notre peau. Cela nous libère du piège de la dépendance émotionnelle, nous permettant de faire confiance à nos propres évaluations et perceptions.

Autonomisation émotionnelle: À mesure que nous renforçons notre autonomie émotionnelle grâce à la pleine conscience, nous éprouvons un sentiment croissant d'autonomisation. Nous ne sommes plus à la merci des circonstances ou des émotions des autres. Au contraire, nous sommes capables de nous connecter profondément à nos émotions, de comprendre nos besoins et de prendre des mesures pour les satisfaire de manière saine et autonome.

Grâce à la pratique continue de la pleine conscience, nous pouvons créer un espace intérieur où nos émotions sont accueillies et comprises. Cela nous permet de développer une relation plus saine et indépendante avec nos émotions, favorisant l'autonomie émotionnelle et contribuant à notre capacité à mener une vie plus équilibrée et significative.

Renforcer les relations

Les relations saines sont essentielles pour une vie heureuse et significative. La pleine conscience, ou mindfulness, joue un rôle vital dans le renforcement des relations, car elle nous aide à être véritablement présents dans nos interactions avec les autres. Comment la pleine conscience peut contribuer au renforcement des relations et réduire la dépendance émotionnelle:

Écoute active et empathie: Lorsque nous pratiquons la pleine conscience dans nos interactions, nous sommes totalement présents pour écouter ce que les autres disent. Cela implique non seulement d'entendre les mots, mais aussi d'être conscient des subtilités du langage corporel, du ton de voix et des émotions sous-jacentes. L'écoute active et l'empathie qui résultent de cet état de présence approfondissent la connexion émotionnelle et montrent que nous nous soucions véritablement des sentiments des autres.

Communication authentique: La pleine conscience nous aide à communiquer de manière plus authentique et claire. Lorsque nous sommes présents, nous sommes moins enclins à réagir de manière impulsive ou à exprimer nos paroles sans considération pour l'impact. Cela favorise une communication plus efficace et honnête, évitant les malentendus et les conflits qui peuvent découler d'une communication inattentive.

Réduction des attentes non satisfaites: Souvent, la dépendance émotionnelle survient lorsque nous avons des attentes excessives dans les relations et que nous sommes déçus lorsque ces attentes ne sont pas satisfaites. La pleine conscience nous aide à être présents avec les personnes telles qu'elles sont, plutôt que comme nous voudrions qu'elles soient. Cela nous permet d'accepter les gens tels qu'ils sont et de réduire la dépendance émotionnelle qui résulte de la recherche incessante de validation et d'attention.

Construction de la confiance: La présence et l'authenticité favorisées par la pleine conscience renforcent la confiance dans les relations. Lorsque nous sommes vraiment présents et ouverts, les autres ont confiance en nous et peuvent partager leurs pensées et leurs sentiments sans craindre d'être jugés. Cela renforce le lien émotionnel et crée un environnement de sécurité et de respect mutuel.

Éloignement de la dépendance émotionnelle: La pleine conscience nous aide à cultiver une indépendance émotionnelle, ce qui, à son tour, nous éloigne de la dépendance émotionnelle envers les autres. Lorsque nous sommes présents et conscients de nos propres émotions, nous sommes moins enclins à chercher une validation constante ou à dépendre des autres pour nous sentir bien. Cela crée une base solide pour construire des relations saines et équilibrées.

En pratiquant la pleine conscience dans les relations, nous construisons une base de communication ouverte, d'empathie et d'acceptation mutuelle. Cela renforce non seulement les relations existantes, mais nous permet également de développer des relations plus authentiques et significatives, affranchies des pièges de la dépendance émotionnelle.

Construire la connaissance de soi

La connaissance de soi est un voyage crucial pour la croissance personnelle et le dépassement des défis émotionnels, tels que la dépendance émotionnelle. La pratique de la pleine conscience joue un rôle significatif dans la construction de cette connaissance de soi profonde, nous permettant d'explorer nos schémas émotionnels, déclencheurs et motivations sous-jacentes. Examinons comment la pleine conscience contribue à la construction de la connaissance de soi:

Observation sans jugement: La pleine conscience nous invite à observer nos pensées, émotions et réactions sans jugement. Cela nous permet d'observer nos schémas émotionnels sans censure, ce qui est fondamental pour comprendre pourquoi nous agissons de certaines manières dans nos relations et situations spécifiques. En observant nos schémas avec curiosité et compassion, nous commençons à dévoiler les aspects les plus profonds de notre psychologie.

Identification des schémas: Grâce à la pratique de la pleine conscience, nous commençons à remarquer des schémas récurrents dans nos pensées et émotions. Cela nous aide à identifier les déclencheurs émotionnels qui peuvent alimenter notre dépendance émotionnelle. Par exemple, nous pouvons découvrir que nous cherchons une validation excessive lorsque nous nous sentons incertains ou que nous évitons la solitude à tout prix. Identifier ces schémas est la première étape pour les aborder de manière consciente.

Exploration des motivations: La pleine conscience nous encourage à explorer les motivations sous-jacentes derrière nos actions et décisions. Pourquoi sommes-nous attirés par certaines relations? Que cherchons-nous à obtenir d'elles? En plongeant dans ces questions, nous pouvons découvrir des motivations cachées, comme le désir d'être aimé, le besoin d'éviter l'abandon ou la quête de sécurité émotionnelle. Connaître ces motivations nous permet de prendre des décisions plus conscientes.

Acceptation et transformation: À mesure que nous devenons plus conscients de nos schémas et motivations, nous avons l'occasion de les accepter avec compassion et d'initier le processus de transformation. La pleine conscience nous donne la liberté de choisir comment répondre à ces schémas, au lieu de réagir automatiquement. Nous pouvons commencer à remettre en question ces motivations et schémas, cherchant des moyens plus sains et authentiques de gérer nos émotions.

Croissance personnelle continue: La construction de la connaissance de soi est un chemin continu. En pratiquant régulièrement la pleine conscience, nous continuons à approfondir notre compréhension de nous-mêmes. Cela nous aide à grandir, évoluer et élargir notre conscience émotionnelle, nous permettant de faire face à la dépendance émotionnelle de manière de plus en plus efficace.

La pleine conscience nous invite à explorer notre propre esprit avec curiosité et acceptation. En comprenant nos schémas émotionnels, déclencheurs et motivations, nous acquérons la capacité d'aborder la dépendance émotionnelle de manière consciente, favorisant la croissance personnelle et la construction de relations plus saines et authentiques.

Détachement des relations toxiques

Le détachement des relations toxiques est un acte d'autosoins et de respect de soi qui peut être facilité par la pratique de la pleine conscience. Lorsque nous nous engageons dans la pratique de la pleine conscience, nous devenons plus conscients des impacts des relations toxiques sur notre santé émotionnelle et notre bien-être. Voici comment la pleine conscience peut nous aider à nous détacher des relations toxiques:

Clarté sur les schémas de comportement: La pleine conscience nous permet d'observer de manière impartiale les schémas de comportement chez nous-mêmes et chez les autres. Lorsque nous sommes dans une relation toxique, nous pouvons remarquer comment certains schémas de communication, de manipulation ou d'abus émotionnel se répètent.

Cette clarté nous aide à reconnaître que nous sommes dans une situation nuisible.

Conscience des émotions: La pratique de la pleine conscience nous aide à accorder de l'attention à nos émotions et réactions lorsque nous sommes dans une relation toxique. Elle peut nous montrer comment nous nous sentons épuisés, anxieux, tristes ou insécurisés lorsque nous sommes près de la personne toxique. Cette prise de conscience nous permet de relier ces émotions négatives à la relation, nous encourageant ainsi à envisager le détachement.

Reconnaissance des impacts sur la santé mentale: Grâce à la pleine conscience, nous pouvons percevoir comment une relation toxique affecte notre santé mentale et émotionnelle. Être constamment sous stress, se sentir diminué, avoir l'estime de soi altérée sont des signes que la relation n'est pas saine. La pleine conscience nous aide à évaluer ces impacts et à prendre la décision consciente de nous éloigner.

Redéfinition des priorités: En pratiquant la pleine conscience, nous acquérons de la clarté sur nos priorités et nos valeurs. Nous prenons conscience de l'importance de notre santé émotionnelle et de notre bien-être pour une vie épanouie. Cela nous donne la motivation nécessaire pour nous éloigner des relations toxiques, même si cela signifie affronter des défis temporaires.

Concentration sur le bien-être personnel: La pratique de la pleine conscience nous rappelle constamment l'importance de prendre soin de nous-mêmes. Lorsque nous sommes dans une relation toxique, nous avons tendance à nous reléguer au second plan. Cependant, la pleine conscience nous aide à maintenir notre attention sur notre propre bien-être, nous permettant ainsi de prendre la décision de nous détacher et d'investir dans notre propre croissance.

Cultivation de la résilience: La pratique de la pleine conscience nous aide à cultiver la résilience émotionnelle. Cela signifie qu'en nous éloignant des relations toxiques, nous sommes mieux équipés pour faire face à la douleur, au vide et au deuil qui peuvent survenir. La pleine conscience nous apprend à accepter ces émotions comme faisant partie du parcours de détachement et de croissance.

La pleine conscience nous invite à vivre chaque moment en toute conscience, à comprendre nos émotions et à prendre des décisions conscientes plutôt que de réagir automatiquement. Grâce à cette pratique, nous pouvons cultiver un sentiment d'autonomie émotionnelle qui nous permet de profiter de relations saines, authentiques et libres de dépendance émotionnelle. La pleine conscience nous rappelle que la véritable satisfaction et le bonheur résident dans notre propre capacité à être présents et authentiques, indépendamment des circonstances externes.

Pratiques pour se connecter au présent et réduire l'anxiété

La vie contemporaine nous met souvent sous pression, suscitant des inquiétudes concernant le futur et des réflexions sur le passé. L'anxiété, résultant de ces tensions temporelles, peut nuire à notre bien-être émotionnel et mental. La pratique de la pleine conscience offre plusieurs outils pratiques pour se connecter au présent, réduire l'anxiété et éprouver un plus grand sentiment de tranquillité et de clarté.

Méditation de la respiration

La méditation de la respiration est une technique de pleine conscience profondément enracinée dans diverses traditions spirituelles et philosophies contemplatives. Elle se distingue comme l'une des pratiques les plus accessibles et efficaces pour se connecter avec le moment présent, apaiser l'esprit et réduire l'anxiété. L'essence de cette pratique réside dans la simplicité de la respiration elle-même, quelque chose qui nous accompagne à chaque instant de nos vies. Comment pratiquer la méditation de la respiration:

Préparation: Choisissez un endroit calme et confortable pour vous asseoir ou vous allonger. Gardez le dos droit et détendu, permettant à votre respiration de couler naturellement.

Concentration sur la respiration: Fermez doucement les yeux et commencez à diriger votre attention vers la sensation de la respiration. Ne cherchez pas à modifier votre respiration, observez-la simplement telle qu'elle est. Sentez l'air entrant et sortant par les narines ou observez le mouvement de l'abdomen à mesure qu'il se dilate et se contracte avec la respiration.

Maintien de la concentration: Concentrez-vous sur la sensation complète de la respiration. Cela peut inclure le flux d'air frais dans les narines, la chaleur de l'expiration ou l'expansion de l'abdomen. Alors que vous vous concentrez sur la respiration, il est naturel que l'esprit soit distrait par des pensées, des préoccupations ou des sensations physiques. Lorsque cela se produit, ramenez doucement votre attention à la respiration, sans jugement.

Pas de jugement: Un des principes clés de la méditation de la respiration est la pratique du non-jugement. Ne vous inquiétez pas si votre esprit divague ou si vous vous sentez impatient. C'est normal et fait partie de la pratique. Soyez bienveillant envers vous-même et ramenez doucement votre attention à la respiration chaque fois que vous vous rendez compte que vous vous êtes distrait.

Durée de la pratique: Commencez par de courtes séances, comme 5 à 10 minutes, et augmentez progressivement le temps à mesure que vous vous sentez plus à l'aise. La méditation de la respiration peut être pratiquée à tout moment de la journée, chaque fois que vous avez besoin d'un moment de calme et de concentration.

Avantages: La méditation de la respiration offre de nombreux avantages. Elle apaise le système nerveux, réduisant la réponse au stress et à l'anxiété. De plus, elle aide à améliorer la concentration, la clarté mentale et la capacité à être présent dans l'instant présent.

Intégration dans la vie quotidienne: La beauté de la méditation de la respiration est que vous pouvez l'intégrer dans votre vie quotidienne. Prenez des moments pour pratiquer lorsque vous ressentez le besoin de vous calmer ou de vous reconnecter avec le moment présent. Vous pouvez le faire au réveil, avant de dormir ou même pendant de courtes pauses tout au long de la journée.

La méditation de la respiration est un outil puissant pour interrompre le cycle des pensées anxieuses et ramener votre attention vers le présent. À mesure que vous approfondissez cette pratique, vous cultiverez un plus grand sentiment de tranquillité intérieure ainsi qu'une capacité accrue à faire face aux pressions de la vie quotidienne de manière plus calme et centrée.

Observation sensorielle

L'observation sensorielle est une pratique de pleine conscience qui nous invite à nous connecter à nos sens et au monde qui nous entoure de manière consciente et appréciative. Au milieu de l'agitation de la vie moderne, nous nous déconnectons souvent des détails sensoriels du moment présent. L'observation sensorielle nous offre l'opportunité de diriger notre attention vers les expériences sensorielles immédiates, nous éloignant des inquiétudes et des angoisses qui peuvent s'accumuler dans notre esprit. Guide étape par étape pour pratiquer l'observation sensorielle:

Choisissez un endroit calme: Trouvez un endroit tranquille où vous pouvez vous asseoir ou vous tenir debout confortablement. Cela peut être à l'intérieur ou dans un espace extérieur. Assurez-vous que vous ne serez pas interrompu.

Concentration sur les sens: Commencez par diriger votre attention vers votre corps et l'environnement qui vous entoure. Choisissez d'abord un sens sur lequel vous concentrer, comme la vue, le toucher, l'odorat ou l'ouïe.

Observation visuelle: Si vous choisissez la vue, concentrez-vous sur les couleurs, les formes et les motifs qui vous entourent. Observez les détails des objets, l'interaction des lumières et des ombres, et la variété des couleurs présentes.

Observation tactile: Si vous choisissez le toucher, concentrez-vous sur les sensations physiques dans votre corps ou sur les objets à votre portée. Sentez la texture des surfaces, la température et la pression contre la peau.

Observation olfactive: Si vous choisissez l'odorat, observez les différentes odeurs dans l'environnement. Respirez profondément et percevez les arômes subtils ou marqués qui vous entourent.

Observation auditive: Si vous choisissez l'ouïe, accordez-vous aux sons qui vous entourent. Écoutez les sons proches et lointains, les rythmes et les motifs qui composent l'environnement sonore.

Alternance entre les sens: Après quelques minutes de concentration sur un sens, passez à un autre sens. Explorez chaque sens pendant une période de temps similaire, vous permettant de plonger profondément dans l'expérience sensorielle.

Acceptation et présence: Pendant que vous observez les détails sensoriels, faites-le sans jugement ni analyse. Observez simplement et acceptez ce qui est présent dans vos sens en ce moment. Cela vous aide à revenir au présent.

Enregistrez vos observations: Après avoir terminé la pratique, envisagez de noter vos observations sensorielles dans un journal. Cela peut être un moyen d'enregistrer et de revisiter ces expériences sensorielles uniques.

La pratique de l'observation sensorielle offre un refuge contre l'activité mentale constante et aide à réduire l'anxiété en ramenant l'attention vers le moment présent. En approfondissant cette pratique, vous pouvez découvrir une nouvelle appréciation des détails sensoriels de la vie quotidienne et un sentiment renouvelé de présence et de calme intérieur.

Journal de gratitude

Le journal de gratitude est une pratique puissante qui nous aide à diriger notre attention vers les bonnes choses présentes dans nos vies, cultivant un sentiment d'appréciation et de positivité. En périodes d'anxiété, nous nous perdons souvent dans des pensées sur ce qui pourrait mal tourner ou sur ce qui manque. Le journal de gratitude nous aide à changer le focus vers le présent et vers les bénédictions que nous avons déjà. Comment commencer et entretenir un journal de gratitude:

Choisissez un moment de la journée: Choisissez un moment spécifique de la journée pour écrire dans votre journal de gratitude. Cela peut être le matin, le soir ou à tout moment qui vous convient le mieux.

Commencez par trois choses: Chaque jour, écrivez au moins trois choses pour lesquelles vous êtes reconnaissant. Ces choses peuvent varier de petites à grandes, depuis un geste gentil d'un ami jusqu'à quelque chose de significatif qui s'est passé.

Soyez spécifique: Essayez d'être spécifique lorsque vous décrivez vos reconnaissances. Au lieu d'écrire "Je suis reconnaissant pour ma famille", vous pourriez écrire "Je suis reconnaissant pour la conversation sincère que j'ai eue avec mon père ce soir."

Incluez de petits moments: En plus des événements significatifs, incluez de petits moments et détails de la journée qui vous ont apporté de la joie. Cela aide à cultiver une appréciation plus profonde de la vie quotidienne.

Revivez les expériences: En écrivant sur vos reconnaissances, essayez de revivre les expériences dans votre esprit. Cela aide à intensifier le sentiment de gratitude.

Variez les reconnaissances: N'hésitez pas à varier vos reconnaissances quotidiennes. Cela aide à maintenir la pratique intéressante et à découvrir de nouvelles sources de joie.

Explorez différentes zones de la vie: En plus des personnes, incluez également des aspects de votre vie, comme la santé, le travail, les passe-temps, la nature et les réalisations personnelles.

Maintenez la cohérence: Essayez de maintenir la cohérence dans votre pratique du journal de gratitude. Plus vous vous impliquerez, plus il deviendra naturel de chercher les choses positives dans votre vie.

Réfléchissez au fil du temps: De temps en temps, relisez vos entrées précédentes dans le journal. Cela peut vous donner un aperçu de l'évolution de votre perspective et de votre appréciation au fil du temps.

Le journal de gratitude est une pratique simple, mais profondément transformative. En mettant l'accent sur le positif du présent, vous réduirez non seulement l'anxiété, mais développerez également une mentalité plus positive et un lien plus fort avec la joie qui existe déjà dans votre vie.

Scan corporel

Le scan corporel est une technique de pleine conscience qui aide à ramener votre conscience au présent en vous concentrant sur les sensations physiques du corps. Cette pratique implique une exploration douce et attentive de chaque partie du corps, aidant à réduire l'anxiété en dirigeant votre attention vers le moment présent et en la détournant des pensées anxieuses. Voici les étapes pour pratiquer le scan corporel:

Trouvez un endroit calme: Choisissez un endroit où vous pouvez vous asseoir ou vous allonger confortablement, où vous ne serez pas interrompu.

Position confortable: Asseyez-vous ou allongez-vous dans une position confortable. Fermez doucement les yeux, si vous le souhaitez.

Portez votre attention sur la respiration: Commencez la pratique en portant votre attention sur la respiration. Sentez le mouvement de l'air entrant et sortant de votre corps. Cela aide à calmer l'esprit et à vous préparer à la pratique du scan corporel.

Commencez par le gros orteil: Dirigez votre attention vers le gros orteil du pied gauche. Remarquez toutes les sensations présentes là-bas, que ce soit des fourmillements, de la chaleur, de la pression ou d'autres sensations. Ne jugez pas les sensations, observez simplement.

Mouvement graduel: Continuez à déplacer votre attention progressivement vers le haut, explorant chaque partie du corps. Passez à la plante du pied, à la cheville, au mollet, et ainsi de suite. Observez chaque partie avec un esprit curieux et ouvert.

Sensations et observations: Pendant que vous explorez chaque partie, soyez attentif aux sensations physiques. Certaines parties peuvent avoir plus de sensations que d'autres, et c'est tout à fait normal.

Passez à l'autre jambe: Lorsque vous arrivez à la tête, déplacez votre attention vers l'autre jambe et répétez le processus d'exploration.

Terminez avec la respiration: Après avoir exploré tout le corps, ramenez votre attention à la respiration pendant quelques instants. Sentez le flux constant de votre respiration.

Ouverture et gratitude: Avant de terminer la pratique, prenez un moment pour vous remercier d'avoir consacré ce temps à la pleine conscience et à la connexion avec votre corps.

En intégrant ces pratiques de pleine conscience dans votre routine, vous pouvez ressentir une augmentation de la sensation de calme, une plus grande capacité à vous engager pleinement dans le présent et une réduction significative de l'anxiété liée au passé et au futur. La pleine conscience vous permet de vous connecter plus profondément à la réalité du moment présent, offrant un espace de paix intérieure et de clarté mentale.

Comment éviter la rumination sur le passé ou la préoccupation excessive pour le futur

La rumination sur le passé et la préoccupation excessive pour le futur peuvent nous piéger dans un cycle d'anxiété et d'agitation. La pleine conscience offre des stratégies pratiques pour interrompre ces schémas de pensée et rediriger votre attention vers le moment présent.

Pratique de l'attention à la respiration

La pratique de la pleine conscience axée sur la respiration est l'un des outils les plus puissants pour interrompre les schémas de pensée liés au passé ou au futur et se connecter au moment présent. Cette technique simple mais profondément efficace consiste à concentrer votre attention sur les sensations de la respiration lorsqu'elle pénètre et sort du corps. Comment pratiquer la pleine conscience de la respiration:

Trouvez un endroit calme: Choisissez un endroit paisible où vous pouvez vous asseoir ou vous allonger confortablement. Cela peut être un coin tranquille dans votre maison, un espace extérieur ou n'importe où vous vous sentez à l'aise.

Position confortable: Adoptez une position confortable. Cela peut être assis sur une chaise avec les pieds posés sur le sol ou en position du lotus sur le sol. Gardez le dos droit, mais pas raide, et laissez vos épaules se détendre.

Concentration sur la respiration: Fermez doucement les yeux et commencez à diriger votre attention vers la respiration. Sentez le mouvement de l'air entrant et sortant par vos narines. Observez les sensations de la respiration dans votre corps: le mouvement de l'abdomen ou de la poitrine, le flux d'air frais à l'inhalation et l'air chaud à l'exhalation.

Soyez un observateur détaché: Pendant que vous respirez, observez vos sensations respiratoires sans jugement. Vous n'essayez pas de contrôler la respiration; vous observez simplement avec curiosité et acceptation.

Pleine conscience du présent: Lorsque vous vous rendez compte que votre esprit commence à vagabonder vers des pensées sur le passé ou le futur, redirigez doucement votre attention vers la respiration. Utilisez la respiration comme ancre pour ramener votre esprit au présent.

Acceptation des distractions: Il est naturel que votre esprit soit distrait. Si cela se produit, ne vous sentez pas frustré. Reconnaissez simplement la distraction et ramenez votre attention à la respiration.

Pratique régulière: La pratique de l'attention à la respiration est plus efficace lorsqu'elle fait partie régulière de votre routine quotidienne. Commencez par des sessions courtes, de cinq à dix minutes, et augmentez progressivement le temps à mesure que vous vous sentez plus à l'aise.

Bénéfices durables: En pratiquant régulièrement la pleine conscience de la respiration, vous renforcerez votre capacité à vous ancrer dans le présent. Cela vous aidera non seulement à interrompre la rumination sur le passé ou l'inquiétude pour le futur, mais créera également un sentiment général de calme et de clarté dans votre esprit.

En vous rappelant de ramener votre attention à la respiration chaque fois que votre esprit s'évade dans des pensées, vous entraînez votre esprit à être plus présent dans l'instant actuel. Cette pratique ne réduit pas seulement l'anxiété, mais favorise également une connexion plus profonde avec vous-même et avec le monde qui vous entoure.

Définissez un temps pour les inquiétudes

La pratique de réserver un moment spécifique dans la journée pour s'inquiéter est une stratégie efficace pour éviter la rumination excessive sur l'avenir et contrôler l'anxiété. En mettant en œuvre cette pratique, vous créez un espace dédié pour faire face à vos inquiétudes, vous permettant de garder votre esprit plus présent et calme pendant le reste de la journée. Comment utiliser cette technique:

Choisissez un horaire: Optez pour un moment qui vous convient, de préférence pendant la journée. Cela peut durer de 15 à 30 minutes, en fonction de la quantité d'inquiétudes que vous avez tendance à avoir.

Lieu désigné: Sélectionnez un endroit calme où vous pouvez vous asseoir et réfléchir sans distractions. Cela peut être un coin confortable de votre maison ou tout endroit où vous pouvez vous concentrer.

Temps déterminé: Pendant la période fixée, concentrez-vous sur vos inquiétudes et pensées anxieuses. Notez ces pensées dans un carnet ou sur un appareil électronique si vous le souhaitez. Explorer vos inquiétudes de manière structurée peut les mettre en lumière et en réduire l'intensité.

Limite de temps: Rappelez-vous que le temps réservé est limité. À la fin de la période fixée, fermez cette séance d'inquiétudes. Cela vous aide à éviter de vous accrocher excessivement à ces pensées.

Redirigez l'attention: Si au cours de la journée, vous vous surprenez à vous inquiéter en dehors de l'horaire prévu, prenez note mentalement pour aborder ces inquiétudes lors de la prochaine session d'inquiétudes. Cela vous permet de rediriger votre attention vers le présent.

Intégrez dans votre quotidien: À mesure que vous pratiquez cette technique régulièrement, vous commencerez à remarquer que votre esprit se sent plus libre de se concentrer sur le présent. Vous serez plus capable de reconnaître les moments où l'inquiétude surgit et vous aurez la confiance que vous prendrez du temps pour y faire face.

Ajustez selon les besoins: Si vous vous rendez compte que 15 à 30 minutes ne suffisent pas pour toutes vos inquiétudes, ajustez la période selon vos besoins. L'objectif est d'éviter que vos inquiétudes ne dominent votre esprit en permanence, et non de limiter complètement le temps de réflexion.

Réservez du temps pour les solutions: En plus de simplement réfléchir à vos inquiétudes, utilisez une partie du temps désigné pour réfléchir à des solutions pratiques. Souvent, l'anxiété est alimentée par un sentiment d'impuissance. Trouver des solutions ou des étapes concrètes pour faire face à vos inquiétudes peut réduire l'anxiété.

Cette pratique aide à structurer vos inquiétudes et à éviter qu'elles n'envahissent tout l'espace mental au cours de la journée. Avec le temps, vous entraînerez votre esprit à gérer de manière plus efficace les inquiétudes futures, vous permettant de vivre avec plus d'attention et de sérénité dans le présent.

Pleine conscience dans les activités quotidiennes

Une façon efficace de se déconnecter de la rumination sur le passé ou des inquiétudes concernant l'avenir est d'apporter pleine conscience aux activités quotidiennes. Cette pratique consiste à diriger consciemment votre attention vers la tâche que vous êtes en train d'accomplir à l'instant, plutôt que de vous perdre dans des pensées dispersées. Comment intégrer la pleine conscience dans les activités quotidiennes:

Choix de l'activité: Sélectionnez une tâche quotidienne pour commencer, comme laver la vaisselle, prendre une douche, se brosser les dents, préparer un repas ou marcher. Choisissez une activité que vous réalisez régulièrement, afin de pouvoir en faire un moment de pratique régulière de la pleine conscience.

Concentration sur les sensations et les mouvements: Concentrez-vous sur les sensations physiques et les mouvements impliqués dans la tâche. Par exemple, en faisant la vaisselle, ressentez la température de l'eau, la texture des assiettes, la sensation de la mousse. En marchant, ressentez le contact de vos pieds avec le sol, observez le rythme de vos pas.

Ramener votre esprit au moment présent: Il est normal que votre esprit soit distrait par des pensées pendant que vous effectuez la tâche. Lorsque vous vous rendez compte que votre esprit a divagué, ramenez-le doucement à la tâche en cours. Sans jugement, redirigez votre attention vers les sensations et les mouvements de l'activité.

Explorer les détails: Faites preuve de curiosité à l'égard des détails de l'activité. Observez les couleurs, les textures, les arômes, les sons et toute autre sensation que vous pouvez éprouver pendant que vous effectuez la tâche.

Respiration consciente: En plus de vous concentrer sur les sensations de l'activité, soyez attentif à votre respiration. Utilisez la respiration comme point d'ancrage pour ramener votre attention au présent à chaque fois que votre esprit s'égare.

Éviter la précipitation: Dans les activités quotidiennes, nous sommes souvent enclins à faire les choses rapidement pour passer à la tâche suivante. En pratiquant la pleine conscience, autorisez-vous à ralentir et à savourer chaque instant de la tâche.

Sans jugement: Rappelez-vous que la pleine conscience ne consiste pas à juger si une activité est bonne ou mauvaise. Il s'agit d'être présent, quelle que soit la nature de la tâche.

Variété des activités: À mesure que vous vous familiarisez avec cette pratique, essayez d'apporter la pleine conscience à diverses activités tout au long de la journée. Cela renforcera votre capacité à vivre plus consciemment dans tous les aspects de la vie.

Cultiver la gratitude: En apportant la pleine conscience aux activités, cultiver un sentiment de gratitude pour le moment présent peut être puissant. Cela contribue à enrichir l'expérience et à réduire les préoccupations.

Pratiquer la pleine conscience dans les activités quotidiennes aide à entraîner votre esprit à être plus présent, renforçant ainsi votre capacité à vous éloigner des schémas de pensée anxieuse et de rumination. Avec le temps, vous commencerez à trouver plus de paix et de satisfaction dans chaque moment, quelle que soit la tâche que vous accomplissez.

Technique du 5-4-3-2-1

La technique du 5-4-3-2-1 est une pratique de pleine conscience qui utilise les sens pour ancrer votre esprit dans le moment présent. C'est un outil simple et efficace pour réduire l'anxiété, notamment lorsque vous êtes pris dans des pensées concernant le futur ou des préoccupations passées. Comment pratiquer la technique du 5-4-3-2-1:

Trouvez un endroit calme: Pour pratiquer cette technique, trouvez un endroit calme où vous pouvez vous asseoir ou vous détendre pendant quelques minutes. Cela peut être fait à la maison, au travail ou n'importe où vous pouvez vous concentrer.

Commencez à observer les éléments suivants avec vos sens:

Cinq choses que vous pouvez voir: Regardez autour de vous et identifiez cinq objets ou éléments visuels devant vous. Cela peut être n'importe quoi, des meubles aux petits détails dans la pièce.

Quatre choses que vous pouvez toucher: Touchez quatre objets à proximité de vous. Concentrez-vous sur la sensation tactile de chaque objet, sa texture et sa température.

Trois choses que vous pouvez entendre: Écoutez attentivement les sons autour de vous. Identifiez trois sons distincts, qu'ils soient proches ou lointains.

Deux choses que vous pouvez sentir: Sentez l'air autour de vous et essayez d'identifier deux arômes. Cela peut inclure l'odeur de la nourriture, des plantes ou d'autres éléments de l'environnement.

Une chose que vous pouvez goûter: Si vous avez quelque chose à manger ou à boire à portée de main, goûtez-le et concentrez-vous sur la sensation du goût.

Pleine conscience des sens: Pendant que vous pratiquez cette technique, concentrez-vous pleinement sur vos sens. En observant chaque élément, soyez présent dans l'expérience sensorielle, éloignant votre esprit des pensées anxieuses.

Répétez selon les besoins: Cette technique peut être réalisée rapidement ou plus lentement, en fonction de la situation. Si vous vous sentez particulièrement anxieux, vous pouvez répéter la séquence plusieurs fois jusqu'à ce que vous ressentiez un plus grand calme.

Ancrage dans le présent: L'objectif de la technique est d'ancrer votre attention dans le présent, interrompant le cycle des pensées inquiétantes. En vous concentrant sur les sens et les sensations immédiates, vous vous connectez de manière significative avec le moment présent.

La technique du 5-4-3-2-1 est un puissant moyen de ramener votre esprit ici et maintenant. En la pratiquant régulièrement, vous entraînez votre esprit à se déconnecter des schémas de pensée anxieuse et à se concentrer sur les expériences sensorielles immédiates, offrant ainsi un soulagement et un sentiment de tranquillité.

Réévaluation des pensées

La réévaluation des pensées est une technique puissante de la psychologie cognitive qui peut aider à réduire le rumination sur le passé ou l'inquiétude excessive concernant le futur. Cette technique consiste à recontextualiser les pensées en remettant en question leur utilité et leur impact sur le moment présent. Comment pratiquer la réévaluation des pensées:

Reconnaître les pensées: La première étape est de reconnaître quand vous êtes pris dans des pensées sur le passé ou le futur. Soyez attentif aux schémas de pensée qui peuvent contribuer à l'anxiété ou à l'agitation.

Évaluer l'utilité: Demandez-vous si la pensée qui occupe votre esprit est productive ou utile dans le moment présent. Souvent, nos pensées de rumination n'ont pas un but positif et peuvent nous éloigner du présent.

Réévaluez les pensées: Lorsque vous vous rendez compte qu'une pensée n'est pas productive, essayez de la réévaluer. Au lieu de vous laisser emporter par des pensées anxieuses ou des inquiétudes, dirigez votre attention vers quelque chose de plus positif, présent ou constructif.

Basculez vers le présent: Lorsque vous vous rendez compte que vous vous perdez dans des pensées sur le passé ou le futur, faites un effort conscient pour vous ramener au présent. Concentrez-vous sur une tâche, une activité sensorielle ou une expérience immédiate.

Pratique de l'autorégulation: La réévaluation des pensées est une forme d'autorégulation émotionnelle. En choisissant consciemment où diriger votre attention, vous prenez le contrôle de vos pensées et émotions.

Cultivez la compassion envers vous-même: Gardez à l'esprit que nous avons tous des pensées anxieuses ou préoccupantes à un moment donné. Cultivez la compassion envers vous-même en réalisant qu'il est normal d'avoir ces pensées, mais que vous avez le pouvoir de choisir comment y réagir.

Pratique régulière: La réévaluation des pensées est une compétence qui peut être développée par une pratique régulière. Plus vous pratiquez cette technique, plus vous serez efficace pour rediriger votre attention et éviter la spirale des pensées négatives.

Rappelez-vous que la réévaluation des pensées ne consiste pas à nier les sentiments ou à ignorer les préoccupations légitimes. Au lieu de cela, c'est un outil pour évaluer l'utilité des pensées qui ne contribuent pas à votre bien-être dans le moment présent. En ramenant votre attention ici et maintenant, vous cultivez une plus grande présence mentale et émotionnelle, réduisant l'anxiété et trouvant un espace pour la tranquillité.

Pratique régulière de la méditation

La pratique régulière de la méditation de pleine conscience est un outil précieux pour cultiver la capacité de se concentrer sur le présent et réduire l'anxiété. La méditation offre un espace calme pour entraîner l'esprit, observer les pensées et les émotions sans jugement, et développer une relation plus saine avec le flux constant de pensées. Comment pratiquer la méditation de pleine conscience pour réduire l'anxiété:

Choisissez un endroit calme: Trouvez un endroit calme et sans distractions pour méditer. Cela peut être un coin tranquille chez vous, un parc ou tout autre endroit où vous vous sentez à l'aise.

Définissez une durée: Commencez par une courte période de méditation, comme 5 à 10 minutes, et augmentez progressivement le temps à mesure que vous vous sentez à l'aise.

Posture confortable: Asseyez-vous dans une position confortable, le dos droit et les mains posées sur les genoux. Vous pouvez aussi choisir de vous asseoir sur un coussin, une chaise ou même de vous allonger, si vous préférez.

Concentration sur la respiration: Commencez en dirigeant votre attention vers la sensation de la respiration. Observez les sensations de l'air entrant et sortant de vos narines ou le mouvement de votre abdomen. L'idée n'est pas de contrôler la respiration, mais de l'observer attentivement.

Observation des pensées: Pendant la méditation, il est naturel que des pensées surgissent. Au lieu de les combattre, observez-les sans vous y attacher ni les juger. Imaginez que vous regardez les pensées passer comme des nuages dans le ciel.

Revenez au présent: Chaque fois que vous remarquez que votre esprit s'est égaré dans des pensées ou des préoccupations, ramenez doucement votre attention vers la respiration ou la sensation du moment présent.

Cultivez la bienveillance: Pendant la méditation, traitez-vous avec gentillesse et patience. Ne vous inquiétez pas si votre esprit est distrait; c'est normal. L'important est de le reconnaître et de ramener votre attention.

Pratiquez régulièrement: La régularité est essentielle pour récolter les bienfaits de la méditation. Essayez de pratiquer tous les jours, même pour de courtes périodes.

Utilisez des guides de méditation: Si vous êtes novice en méditation, il peut être utile d'utiliser des guides de méditation audio ou des applications qui fournissent des instructions étape par étape pour vous aider à vous concentrer et à vous détendre.

La pratique régulière de la méditation réduit non seulement l'anxiété, mais améliore également la clarté mentale, la résilience émotionnelle et la capacité à se connecter avec le présent. Comprenez que la méditation est une compétence qui se développe avec le temps, alors soyez bienveillant envers vous-même pendant que vous explorez cette pratique et récoltez les bienfaits d'un esprit plus calme et centré.

Acceptation et non-jugement

Un des principes fondamentaux de la pratique de la pleine conscience est l'acceptation et le non-jugement des pensées et des émotions qui surgissent pendant la pratique. Il est naturel que l'esprit soit distrait par des pensées sur le passé ou le futur; cependant, l'objectif n'est pas d'éliminer ces pensées, mais de développer une relation plus saine avec elles. Comment pratiquer l'acceptation et le non-jugement pendant la pleine conscience:

Cultivez la compassion envers vous-même: Lorsque vous réalisez que votre esprit est distrait, évitez d'être dur avec vous-même. Au lieu de cela, soyez doux et compréhensif. L'autocritique ne fait qu'entraver la pratique. Prenez conscience que tout le monde a des pensées distractives.

Observez sans jugement: Lorsque des pensées sur le passé ou le futur surgissent, observez-les sans jugement. Au lieu de qualifier les pensées de "bonnes" ou de "mauvaises", reconnaissez simplement leur présence et ramenez votre attention vers le présent.

Ne forcez pas l'élimination des pensées: Essayer de forcer l'esprit à ne pas avoir de pensées sur le passé ou le futur peut créer plus d'anxiété. Acceptez que l'esprit soit naturellement actif et que certaines pensées surgissent.

La pratique est un voyage: La pratique de la pleine conscience est un voyage continu. Ne vous attendez pas à avoir un esprit complètement calme dès le début. Avec le temps, vous deviendrez plus habile à diriger votre attention vers le présent.

Laissez les pensées passer: Les pensées viendront et partiront. Imaginez-les comme des nuages qui traversent le ciel de votre esprit. Vous n'avez pas besoin de vous accrocher à chaque pensée; laissez-les suivre leur cours.

Augmentez la conscience de soi: À mesure que vous pratiquez la pleine conscience, vous développerez une plus grande conscience de soi par rapport aux schémas de pensées et aux inquiétudes qui surgissent fréquemment. Cela vous permettra de les reconnaître plus facilement et de les aborder avec acceptation.

Concentrez-vous sur le présent: Chaque fois que vous vous rendez compte que vous vous perdez dans des pensées sur le passé ou le futur, ramenez doucement votre attention vers le présent. Concentrez-vous sur votre respiration, sur les sensations de votre corps ou sur toute autre ancre d'attention que vous utilisez.

En apportant la pleine conscience dans votre vie quotidienne, vous vous libérez des entraves du passé et des inquiétudes concernant l'avenir. Cela renforce non seulement votre capacité à être présent et authentique, mais favorise également un profond sentiment de paix intérieure et de résilience face aux défis de la vie. Alors, donnez-vous la permission d'explorer les pratiques de pleine conscience et d'expérimenter les bienfaits transformateurs de vivre pleinement l'instant présent.

12

RECHERCHE D'AIDE PROFESSIONNELLE

Parfois, l'acte le plus courageux est de demander de l'aide.

À de nombreux moments de la vie, nous sommes confrontés à des défis qui peuvent affecter notre santé mentale et émotionnelle. Dans ces situations, chercher de l'aide professionnelle, telle que la thérapie ou le conseil, peut être une étape importante vers l'auto-soin et le dépassement. Ce chapitre explore comment reconnaître quand il est nécessaire de chercher de l'aide, l'importance d'un soutien professionnel qualifié et comment trouver un thérapeute adapté à vos besoins.

Reconnaître quand il est nécessaire de chercher une thérapie ou un conseil

Reconnaître quand il est approprié de chercher de l'aide professionnelle est une partie cruciale des soins de santé mentale. Voici des signes indiquant qu'il peut être temps de rechercher une thérapie ou un conseil:

Persistance des symptômes

Lorsque les symptômes émotionnels, psychologiques ou comportementaux persistent pendant une période prolongée et commencent à avoir un impact négatif sur votre qualité de vie, cela peut être un indicateur qu'il est important de chercher de l'aide professionnelle. Ces symptômes peuvent prendre diverses formes et se présenter différemment pour chaque individu.

Sentiments de tristesse profonde: Si vous vous retrouvez pris dans un état de tristesse prolongée, perdant l'intérêt pour les activités qui vous apportaient autrefois du plaisir, cela peut être un signe de dépression. La dépression ne se limite pas à se sentir triste occasionnellement; elle est caractérisée par un sentiment persistant de désespoir, de manque d'énergie et de motivation.

Anxiété constante: L'anxiété est une réponse naturelle au stress, mais si vous êtes constamment inquiet, ressentant de la peur ou de l'appréhension, vous pourriez faire face à un niveau d'anxiété qui interfère avec vos activités quotidiennes. L'anxiété excessive peut être invalidante et affecter votre qualité de vie.

Changements d'humeur extrêmes: Des fluctuations d'humeur extrêmes, passant de moments d'euphorie à des périodes de tristesse profonde rapidement, peuvent indiquer un trouble bipolaire. Ce trouble nécessite une intervention professionnelle pour aider à stabiliser l'humeur et minimiser les impacts de ces oscillations.

Pensées et comportements autodestructeurs: Si vous avez des pensées récurrentes d'automutilation, de suicide ou si vous vous engagez dans des comportements autodestructeurs, il est essentiel de chercher une aide immédiate. Cela indique un niveau critique de détresse émotionnelle nécessitant une intervention professionnelle urgente.

Difficultés au travail ou dans les études: Si vos symptômes affectent négativement votre performance au travail, vos études ou d'autres responsabilités, c'est un signe que vous pourriez bénéficier du soutien professionnel pour surmonter ces défis.

Changements significatifs dans le sommeil et l'appétit: Des changements drastiques dans le sommeil, tels que l'insomnie ou un excès de sommeil, ainsi que des changements dans l'appétit, tels que la perte d'appétit ou la suralimentation, peuvent être des symptômes de problèmes émotionnels sous-jacents.

Difficulté à faire face aux événements de la vie

La vie est remplie d'événements et de situations qui peuvent être profondément difficiles à affronter, surtout lorsqu'il s'agit de changements importants, de traumatismes ou de pertes. Dans ces moments-là, la capacité à gérer le stress et les émotions associées à ces événements peut être dépassée. Voici des situations où chercher de l'aide professionnelle peut être précieux:

Perte d'êtres chers: La perte d'un être cher est une expérience émotionnellement dévastatrice qui peut provoquer toute une gamme d'émotions, y compris une profonde tristesse, de la colère, de la culpabilité et de la confusion. Si vous avez du mal à faire face à la perte d'un proche, un thérapeute peut vous aider à traverser le processus de deuil de manière saine.

Traumatisme et événements traumatiques: Les événements traumatiques, tels que les accidents, les abus, la violence ou les catastrophes naturelles, peuvent avoir un impact profond sur la santé mentale. Les symptômes du traumatisme, tels que les flashbacks, les cauchemars et l'anxiété intense, peuvent interférer avec la qualité de vie. La thérapie, en particulier celle axée sur le traitement du traumatisme, peut aider à traiter ces expériences et à développer des mécanismes d'adaptation efficaces.

Divorce et séparation: La fin d'une relation peut être émotionnellement éprouvante, surtout si elle implique des questions telles que le divorce ou la séparation. Avoir un espace pour discuter de ses sentiments, comprendre le processus de deuil et développer des stratégies pour faire face à cette transition peut être inestimable.

Changements drastiques dans la vie: Les changements importants, tels que les changements d'emploi, les déménagements dans une nouvelle ville, la retraite ou les changements dans la dynamique familiale, peuvent générer du stress et de l'anxiété. Si vous avez du mal à vous adapter à ces changements, un thérapeute peut vous aider à naviguer à travers les défis émotionnels et psychologiques qui y sont associés.

Isolation et difficultés relationnelles

Les relations interpersonnelles jouent un rôle crucial dans nos vies, influençant notre bien-être émotionnel et psychologique. Cependant, il n'est pas toujours facile de naviguer dans ces relations de manière saine et efficace. Si vous rencontrez des problèmes dans vos relations personnelles, familiales ou professionnelles, cela peut avoir un impact significatif sur votre qualité de vie. Voici des situations où chercher de l'aide professionnelle peut être bénéfique:

Problèmes de communication: La communication est la base de toute relation saine. Si vous vous retrouvez régulièrement dans des situations où la communication est inefficace, où des malentendus se produisent ou où des conflits surgissent en raison d'un manque de communication, un thérapeute peut vous aider à développer des compétences en communication assertive et non violente.

Conflits récurrents: Si vous vous trouvez pris dans des schémas de conflit avec une personne ou un groupe spécifique, cela peut affecter négativement votre bien-être émotionnel. La thérapie peut vous aider à explorer les racines de ces conflits, à comprendre leurs dynamiques sous-jacentes et à apprendre des stratégies pour résoudre les conflits de manière constructive.

Établissement de limites: Établir des limites saines dans les relations est essentiel pour maintenir l'équilibre émotionnel. Si vous avez du mal à établir et à maintenir des limites appropriées, un thérapeute peut vous aider à développer la capacité de dire "non", à identifier quand vos limites sont violées et à communiquer vos besoins de manière assertive.

Isolement et solitude: L'isolement social et la solitude peuvent avoir un impact préjudiciable sur la santé mentale. Si vous vous sentez isolé, avez du mal à établir des connexions sociales significatives ou faites face à une solitude persistante, un thérapeute peut vous aider à explorer des moyens de vous connecter aux autres et à développer des relations plus saines.

Relations familiales complexes: Les dynamiques familiales peuvent être compliquées et difficiles. Si vous êtes en conflit familial, avez des difficultés de communication ou des problèmes non résolus au sein de la famille, la thérapie peut fournir un espace sûr pour explorer ces questions et rechercher des solutions constructives.

Estime de soi et confiance en baisse

L'estime de soi et la confiance en soi sont des éléments fondamentaux pour le bien-être émotionnel et psychologique d'une personne. Lorsque vous luttez avec une faible estime de soi, une insécurité constante ou un manque de confiance en vous, cela peut affecter votre capacité à faire face aux défis de la vie et à saisir les opportunités. La thérapie est une ressource précieuse pour construire une image plus positive de vous-même et développer des compétences pour faire face aux pensées négatives. Voici comment la thérapie peut être efficace dans ce contexte:

Exploration des origines: Un thérapeute peut vous aider à explorer les origines de votre faible estime de soi et de vos insécurités. Cela peut impliquer l'identification d'expériences passées, de messages négatifs internalisés ou de croyances limitantes qui peuvent contribuer à votre vision négative de vous-même. Comprendre ces racines est la première étape vers la transformation.

Défi des pensées déformées: La Thérapie Cognitivo-Comportementale (TCC) est une approche courante qui peut aider à défier et reconstruire les pensées négatives et déformées. Un thérapeute travaillera avec vous pour identifier les schémas de pensées négatives, remettre en question leur validité et les remplacer par des pensées plus réalistes et positives.

Construction de l'estime de soi: La thérapie peut vous aider à développer une estime de soi plus saine en mettant en avant vos qualités, vos réalisations et vos caractéristiques positives. Cela peut impliquer la création de listes de réalisations, la reconnaissance de compliments sincères et la pratique de l'auto-compassion.

Développement des compétences sociales: L'amélioration de l'estime de soi est souvent liée au développement des compétences sociales et interpersonnelles. Un thérapeute peut vous guider dans le développement des compétences en communication, en assertivité et en empathie, vous aidant à vous sentir plus confiant dans les interactions sociales.

Focus sur le présent et l'auto-soin: La thérapie peut également vous aider à développer le réflexe de vous concentrer sur le présent et de pratiquer l'auto-soin. Grâce à la pleine conscience et au développement de routines d'auto-soin, vous pouvez apprendre à vous valoriser et à prendre soin de vous-même, contribuant à une image de soi plus positive.

Comportements destructeurs

Des comportements tels que l'abus de substances, les compulsions, l'automutilation ou les pensées suicidaires sont sérieux et nécessitent une attention immédiate. Lorsque vous êtes aux prises avec ces comportements, il est crucial de rechercher une aide professionnelle pour les aborder de manière saine et sécurisée. Un thérapeute qualifié peut être une ressource précieuse pour comprendre, affronter et surmonter ces comportements destructeurs. Voici les moyens par lesquels la thérapie peut être efficace dans ce contexte:

Évaluation et stabilisation: Un thérapeute commencera par réaliser une évaluation complète de votre situation pour comprendre l'étendue des comportements destructeurs et identifier les risques potentiels. Ils travailleront avec vous pour développer des stratégies de stabilisation afin de réduire les risques immédiats et de fournir un environnement sûr.

Identification des causes sous-jacentes: Souvent, les comportements destructeurs sont liés à des problèmes émotionnels, des traumatismes non résolus, des troubles mentaux sous-jacents ou des problèmes relationnels. Un thérapeute travaillera avec vous pour identifier les causes sous-jacentes qui peuvent contribuer à ces comportements.

Développement de stratégies d'adaptation: Les thérapeutes sont bien équipés pour vous aider à développer des stratégies d'adaptation saines pour remplacer les comportements destructeurs. Cela peut impliquer le développement de compétences pour faire face au stress, à l'anxiété, aux émotions intenses ou aux impulsions destructrices.

Promotion de la santé mentale: La thérapie vise non seulement à aborder les comportements destructeurs, mais aussi à améliorer votre santé mentale de manière plus globale. Un thérapeute peut travailler avec vous pour traiter les troubles mentaux sous-jacents tels que la dépression, les troubles anxieux ou les troubles de la personnalité, qui peuvent contribuer à ces comportements.

Construction de la résilience: La thérapie aide à développer la résilience émotionnelle et les compétences d'adaptation qui peuvent vous aider à faire face aux défis futurs de manière plus saine. Cela inclut l'identification des déclencheurs, le développement de plans de sécurité et la création d'un système de soutien.

Orientation vers des ressources supplémentaires: Dans les cas plus graves, un thérapeute peut vous orienter vers des ressources supplémentaires telles que des traitements médicaux, des hospitalisations ou des groupes de soutien spécifiques pour faire face aux comportements destructeurs.

Sachez que demander de l'aide n'est pas un signe de faiblesse, mais plutôt une étape courageuse vers le soin de votre santé mentale et émotionnelle. Un thérapeute ou un conseiller qualifié peut vous fournir les outils et le soutien nécessaires pour surmonter les défis et construire une vie plus saine et épanouissante.

L'importance d'un soutien professionnel qualifié

Rechercher l'aide d'un thérapeute ou d'un conseiller professionnel qualifié peut faire une différence notable pour votre santé mentale et votre bien-être global. La décision de chercher un soutien professionnel démontre non seulement l'attention que vous portez à vous-même, mais reconnaît également la complexité des défis émotionnels et psychologiques auxquels vous pourriez être confronté. Voici quelques raisons pour lesquelles le soutien professionnel est crucial:

Spécialisation et expérience

L'un des principaux avantages de rechercher une aide professionnelle réside dans la spécialisation et l'expérience que les thérapeutes et les conseillers professionnels apportent. Ils ont suivi une formation académique rigoureuse et possèdent une vaste base de connaissances sur les questions émotionnelles, comportementales et psychologiques. Voici ce que les thérapeutes offrent en termes de spécialisation et d'expérience:

Formation académique et formation spécialisée: Les thérapeutes et les conseillers suivent des années de formation académique, comprenant des cours de psychologie, de psychopathologie, de théorie et de pratique thérapeutique. De plus, ils reçoivent une formation spécifique dans différentes approches thérapeutiques telles que la thérapie cognitivo-comportementale, la thérapie d'acceptation et d'engagement, la thérapie familiale, la thérapie de couple, entre autres. Cela les dote d'une base solide pour aborder divers défis émotionnels et psychologiques.

Expérience clinique: En plus de la formation académique, les thérapeutes accumulent également de l'expérience pratique grâce à des stages cliniques supervisés et à des consultations avec des clients dans des contextes réels. Cette expérience est essentielle pour comprendre comment appliquer les théories et les techniques thérapeutiques de manière efficace et sensible aux besoins individuels de chaque client.

Diversité des approches thérapeutiques: Les thérapeutes ont une connaissance approfondie de diverses approches thérapeutiques, ce qui leur permet d'adapter leur approche pour répondre aux besoins de chaque personne. Que vous traversiez une période de dépression, d'anxiété, de stress post-traumatique, de problèmes relationnels ou d'autres défis, un thérapeute qualifié saura choisir et appliquer l'approche thérapeutique la plus appropriée.

Traitement des problèmes complexes: Les thérapeutes et les conseillers sont préparés à traiter des problèmes complexes tels que les traumatismes, le deuil, les troubles alimentaires, les dépendances, et bien plus encore. Ils offrent non seulement un soutien émotionnel, mais mettent également en œuvre des stratégies thérapeutiques éprouvées pour aider les clients à faire face et à surmonter ces problèmes.

Orientation spécialisée: Les thérapeutes peuvent fournir des orientations spécialisées sur la façon de faire face à des problèmes spécifiques. Ils comprennent les subtilités des conditions mentales et émotionnelles et peuvent aider à identifier les schémas de pensée et de comportement qui pourraient contribuer à vos défis. Ils peuvent également fournir des informations éducatives sur votre condition et vous aider à développer des stratégies pour améliorer votre santé mentale.

Partenaires dans le processus de guérison: Les thérapeutes ne fournissent pas seulement des solutions immédiates, ils sont également des partenaires dans votre processus de guérison et de croissance. Ils travaillent en collaboration avec vous pour développer une relation thérapeutique solide, basée sur la confiance et la collaboration. Cela crée un espace sûr pour explorer vos émotions, réfléchir à vos pensées et trouver des moyens constructifs de faire face à vos défis.

Confidentialité et environnement sécurisé

La confidentialité et un environnement sécurisé sont des piliers fondamentaux de la thérapie. Les thérapeutes comprennent l'importance de créer un espace où vous vous sentez à l'aise pour partager vos expériences les plus intimes et vulnérables. Pourquoi la confidentialité et un environnement sécurisé sont essentiels en thérapie:

Protection de la vie privée: La confidentialité est une obligation éthique et légale pour les thérapeutes et les conseillers. Cela signifie que tout ce que vous partagez lors des séances est maintenu confidentiel. Les thérapeutes ne partagent pas vos informations personnelles, les détails de votre traitement ou toute autre information sans votre consentement explicite.

Promotion de l'ouverture et de l'honnêteté: Savoir que vos paroles sont protégées par la confidentialité vous permet d'être plus ouvert et honnête lors des séances. C'est crucial pour que vous puissiez explorer des questions profondes et discuter de vos sentiments de manière franche. La confidentialité aide à établir une relation de confiance entre vous et votre thérapeute.

Expression sans jugement: Un environnement sûr est celui où vous pouvez vous exprimer sans craindre d'être jugé. Les thérapeutes sont formés pour être non critiques et empathiques, créant un espace où vous pouvez parler de vos pensées, émotions et expériences sans craintes. Cela est particulièrement important lors de l'abordage de sujets sensibles ou honteux.

Exploration approfondie des émotions: La confidentialité et un environnement sécurisé encouragent l'exploration approfondie de vos émotions et de vos pensées. Cela vous permet d'identifier des schémas, de remettre en question des croyances limitantes et de développer une compréhension plus complète de vous-même. À mesure que vous vous sentez plus en sécurité, il est plus probable que vous atteigniez des insights profonds.

Création d'un lien thérapeutique: La confidentialité et un environnement sûr sont essentiels pour établir un lien thérapeutique fort entre vous et votre thérapeute. Lorsque vous sentez que vous pouvez faire confiance à votre thérapeute et partager vos expériences sans réserve, la thérapie devient plus efficace et gratifiante.

Promotion de changements positifs: La confidentialité et un environnement sûr vous permettent de vous sentir soutenu et validé tout en travaillant sur des changements positifs. À mesure que vous explorez vos défis et développez de nouvelles stratégies pour les affronter, cet environnement aide à maintenir l'accent sur la croissance et le développement personnel.

Techniques d'intervention

Les professionnels de la santé mentale sont formés à diverses techniques d'intervention visant à vous aider à faire face aux problèmes émotionnels, à améliorer votre santé mentale et à développer des compétences d'auto-gestion. Ces techniques sont adaptées à vos besoins individuels et peuvent être utilisées pour faire face à un large éventail de défis. Voici des techniques couramment utilisées en thérapie:

Thérapie Cognitivo-Comportementale (TCC): La TCC est une approche hautement efficace axée sur l'identification des schémas de pensée négative et des comportements nocifs. Les thérapeutes travaillent avec vous pour remettre en question ces schémas, les remplacer par des pensées plus réalistes et développer des stratégies pour faire face à des situations difficiles.

Thérapie d'Acceptation et d'Engagement (ACT): L'ACT vous aide à accepter les pensées et émotions difficiles au lieu d'essayer de les réprimer. Elle met l'accent sur la construction de valeurs personnelles et d'actions alignées sur ces valeurs, même lorsque les émotions sont inconfortables.

Thérapie interpersonnelle: Cette approche vise à améliorer les relations interpersonnelles et à résoudre les conflits. Les thérapeutes vous aident à développer des compétences en communication, à établir des limites saines et à améliorer la qualité de vos relations.

Thérapie du schéma: Cette approche examine les schémas de pensée et de comportement profondément enracinés qui ont leurs racines dans l'enfance. Les thérapeutes aident à identifier les schémas dysfonctionnels et travaillent à les modifier, favorisant des changements positifs.

Pleine conscience et thérapie d'acceptation: Ces approches se concentrent sur la pratique de la pleine conscience et l'acceptation des pensées et des émotions sans jugement. Elles vous apprennent à être présent dans l'instant présent et à faire face au stress et à l'anxiété de manière plus saine.

Thérapie de groupe: Participer à une thérapie de groupe vous permet de partager vos expériences avec d'autres personnes confrontées à des défis similaires. Cela offre un sentiment de communauté et de soutien, en plus de vous donner l'occasion d'apprendre des expériences des autres.

Psychanalyse: Cette approche explore les aspects inconscients de vos pensées et émotions, cherchant à comprendre les racines de vos défis. Cela peut impliquer l'analyse de rêves, de souvenirs et de sentiments refoulés.

Thérapie de couple et familiale: Ces approches visent à améliorer les relations interpersonnelles. La thérapie de couple aborde les problèmes entre partenaires romantiques, tandis que la thérapie familiale aborde les dynamiques au sein des familles.

Thérapie artistique ou expressive: Ces approches impliquent l'utilisation d'activités créatives telles que l'art, la musique ou l'écriture comme moyen d'explorer et d'exprimer les émotions.

Quelle que soit la technique utilisée, les professionnels de la santé mentale adapteront l'approche à vos besoins spécifiques, travaillant avec vous pour développer des stratégies pratiques et efficaces pour faire face à vos défis émotionnels et psychologiques.

Outils pour l'autogestion

En plus de fournir un soutien et des orientations lors des séances de thérapie, les professionnels de la santé mentale enseignent souvent des techniques et des compétences que vous pouvez appliquer par vous-même. Ces outils sont conçus pour vous aider à relever les défis quotidiens, à améliorer votre santé mentale et à maintenir les progrès accomplis au fil du temps. Voici des outils courants pour l'autogestion:

Techniques de relaxation: Apprendre des techniques de relaxation telles que la respiration profonde, la relaxation musculaire progressive et la visualisation peut aider à réduire les niveaux de stress et d'anxiété. Ces pratiques favorisent un état de relaxation physique et mentale, apportant un soulagement immédiat.

Méditation: La méditation est une pratique qui implique de focaliser l'esprit et de calmer les pensées. Il existe différents types de méditation, tels que la méditation de la respiration, la méditation guidée et la pleine conscience. La méditation régulière peut améliorer la concentration, la pleine conscience et la résilience émotionnelle.

Pleine conscience (Mindfulness): La pleine conscience implique d'être pleinement présent dans l'instant présent, en observant vos pensées, émotions et sensations sans jugement. La pratique régulière de la pleine conscience peut aider à réduire le stress, à améliorer la clarté mentale et à renforcer la capacité à faire face aux situations difficiles.

Exercices de respiration: Des techniques de respiration, comme la respiration diaphragmatique, peuvent aider à réduire l'anxiété et à favoriser un état de calme. Ces exercices sont facilement applicables en périodes de stress ou lorsque vous avez besoin de vous calmer.

Journal de gratitude et autoréflexion: Tenir un journal où vous écrivez chaque jour les choses pour lesquelles vous êtes reconnaissant peut aider à cultiver une perspective plus positive et axée sur le présent. De plus, écrire sur vos sentiments et expériences peut encourager l'autoréflexion et la connaissance de soi.

Établissement d'objectifs et planification: Définir des objectifs réalistes et établir un plan d'action pour les atteindre peut vous donner un sentiment de direction et d'accomplissement. Cela vous aide également à rester concentré sur les activités et les objectifs qui sont importants pour vous.

Exercice physique et alimentation saine: Prendre soin de votre corps grâce à une activité physique régulière et à une alimentation saine a un impact positif direct sur votre santé mentale. L'exercice libère des endorphines, qui sont des neurotransmetteurs favorisant le bien-être.

Pratiques d'autocompassion: L'autocompassion consiste à se traiter avec gentillesse et compréhension, de la même manière que vous traiteriez un ami proche. Les pratiques d'autocompassion peuvent aider à réduire l'autocritique et à développer une relation plus positive avec vous-même.

Établissement de limites: Apprendre à dire "non" quand c'est nécessaire et établir des limites saines dans vos relations et vos activités peut aider à réduire le stress et à améliorer l'équilibre entre vos exigences personnelles et professionnelles.

Maintien des relations sociales: Maintenir des liens sociaux et chercher du soutien auprès d'amis et de la famille est crucial pour la santé mentale. Maintenir des relations saines contribue à lutter contre l'isolement et à offrir un système de soutien.

En apprenant et en appliquant ces outils d'autogestion, vous êtes mieux équipé pour faire face aux défis émotionnels et psychologiques qui peuvent survenir dans votre vie quotidienne. La pratique régulière de ces techniques peut contribuer à renforcer votre résilience émotionnelle, votre bien-être général et le maintien de votre santé mentale au fil du temps.

Approche personnalisée

L'approche personnalisée est l'un des piliers fondamentaux d'une thérapie et d'un conseil efficaces. Les thérapeutes et les conseillers comprennent que chaque personne est unique, avec des expériences, des besoins et des objectifs individuels. Ils reconnaissent l'importance d'adapter leurs approches thérapeutiques pour s'assurer que le soutien offert soit le plus pertinent et efficace possible pour chaque client. Voici des aspects importants de l'approche personnalisée:

Évaluation holistique: Les professionnels de la santé mentale commencent par comprendre votre histoire, vos préoccupations actuelles et vos objectifs. Ils réalisent une évaluation holistique de votre santé mentale, tenant compte de facteurs tels que l'historique personnel, le contexte culturel, les traumatismes passés, les relations et bien plus encore.

Établissement d'objectifs: En collaboration avec le thérapeute, vous établirez des objectifs thérapeutiques alignés sur vos besoins et aspirations individuels. Ces objectifs peuvent être à court ou à long terme et peuvent aborder des domaines spécifiques de votre vie, tels que l'estime de soi, les relations, l'anxiété, la dépression ou les compétences d'adaptation.

Choix des approches thérapeutiques: Il existe différentes approches thérapeutiques, telles que la thérapie cognitive-comportementale, la thérapie psychodynamique, la thérapie d'acceptation et d'engagement, la thérapie familiale, entre autres. Un thérapeute qualifié choisira les approches qui correspondent le mieux à vos besoins et préférences personnelles.

Flexibilité et adaptation: Au fur et à mesure que la thérapie progresse, le thérapeute suit vos progrès et ajuste l'approche au besoin. Cela peut impliquer l'introduction de nouvelles techniques, l'exploration de différentes perspectives ou l'adaptation des stratégies existantes pour faire face à des défis spécifiques.

Accent mis sur la relation thérapeutique: La relation entre vous et votre thérapeute est essentielle à la réussite de la thérapie. Les thérapeutes créent un environnement accueillant, empathique et non jugeant où vous vous sentez à l'aise pour explorer vos pensées et sentiments les plus profonds. Cette relation de confiance est un élément essentiel de l'approche personnalisée.

Pratiques flexibles: Les thérapeutes sont disposés à ajuster les pratiques et les stratégies en fonction de votre capacité et de votre confort. Si vous ne vous sentez pas à l'aise avec une technique ou une approche particulière, le thérapeute peut adapter le processus pour répondre à vos besoins.

Suivi des progrès: Les thérapeutes surveillent vos progrès au fil du temps, évaluant les changements positifs et les défis rencontrés. Cette évaluation continue contribue à garantir que la thérapie soit efficace et permet d'apporter les ajustements nécessaires pour répondre à vos besoins.

Demander l'aide d'un professionnel n'est pas seulement un moyen de faire face aux difficultés; c'est un investissement dans votre santé mentale et votre qualité de vie. L'approche personnalisée en thérapie reconnaît que chaque individu est unique, avec une histoire et un parcours personnels distincts. En bénéficiant d'une approche thérapeutique adaptée à vos besoins, vous avez une plus grande probabilité d'atteindre des résultats positifs et durables dans votre parcours de croissance, de guérison et de découverte de soi.

Les thérapeutes et conseillers qualifiés peuvent être des partenaires essentiels dans votre parcours d'auto-soins et de croissance personnelle, en offrant orientation, soutien et outils précieux pour vous aider à surmonter les défis et à prospérer.

Comment trouver un thérapeute adapté à vos besoins

Trouver un thérapeute approprié est une étape cruciale dans la recherche du soutien professionnel nécessaire pour prendre soin de votre santé mentale. Voici comment trouver le bon thérapeute pour répondre à vos besoins:

Évaluez vos besoins

Avant de commencer à chercher un thérapeute, il est essentiel de prendre le temps d'évaluer vos besoins, vos objectifs et ce que vous espérez réaliser grâce à la thérapie. Cette étape d'autoréflexion est essentielle pour orienter votre recherche et trouver un thérapeute capable de répondre à vos demandes spécifiques. Voici des considérations importantes:

Identifiez vos préoccupations: Commencez par dresser une liste des principales préoccupations ou problèmes émotionnels auxquels vous êtes confrontés. Cela peut inclure des problèmes tels que l'anxiété, la dépression, le stress, les problèmes relationnels, la faible estime de soi, les traumatismes, entre autres.

Définissez vos objectifs: Interrogez-vous sur quels sont vos objectifs pour la thérapie. Souhaitez-vous apprendre à gérer l'anxiété? Améliorer vos compétences en communication? Surmonter un traumatisme passé? Avoir une clarté sur vos objectifs aidera à orienter la recherche du thérapeute approprié.

Considérez votre approche préférée: Pensez au type d'approche thérapeutique que vous pensez être le plus efficace pour vous. Certaines personnes préfèrent une approche plus pratique et axée sur le présent, tandis que d'autres peuvent être intéressées par l'exploration de questions plus profondes du passé.

Évaluez la fréquence et la durée souhaitées: Réfléchissez à la quantité de temps et à quelle fréquence vous aimeriez vous engager dans la thérapie. Certaines personnes préfèrent des séances hebdomadaires, tandis que d'autres peuvent opter pour des séances toutes les deux semaines.

Tenez compte des préférences culturelles et de genre: Se sentir à l'aise avec le thérapeute est crucial. Pensez si vous avez une préférence pour un thérapeute d'une certaine culture, d'un certain genre ou d'une orientation sexuelle particulière, car cela peut influencer votre capacité à vous connecter et à partager ouvertement.

Réfléchissez sur les approches thérapeutiques: Renseignez-vous sur les différentes approches thérapeutiques, telles que la thérapie cognitivo-comportementale, la psychanalyse, la thérapie humaniste, la thérapie systémique, entre autres. Pesez le pour et le contre pour déterminer quelle approche résonne le plus avec vous.

Tenez compte du budget et de la couverture d'assurance: Vérifiez si le thérapeute choisi rentre dans votre budget et s'il accepte votre assurance santé, le cas échéant. De nombreux thérapeutes proposent des options de paiement abordables ou travaillent avec des assurances.

En évaluant vos besoins et objectifs, vous serez mieux préparé pour entamer votre recherche d'un thérapeute capable de fournir le soutien nécessaire. Rappelez-vous que la thérapie est un processus collaboratif et trouver un professionnel qui comprend et respecte vos besoins individuels est une étape importante vers votre bien-être émotionnel et mental.

Demandez des recommandations

Parler à des amis, à la famille, à des médecins ou à d'autres professionnels de la santé mentale en qui vous avez confiance est une stratégie précieuse pour obtenir des recommandations de thérapeutes. Ces personnes peuvent offrir des idées basées sur leurs propres expériences ou connaissances, aidant à identifier les thérapeutes qui pourraient convenir à vos besoins. Voici les étapes importantes à considérer lors de la recherche de recommandations:

Parlez à des amis et à la famille: Discutez avec des amis et des membres de la famille qui ont peut-être déjà cherché une thérapie. Ils peuvent partager leurs expériences et recommander des thérapeutes qu'ils ont trouvés utiles et fiables.

Consultez les médecins et les professionnels de la santé: Les médecins de famille, les psychiatres ou d'autres professionnels de la santé mentale peuvent être une source fiable de recommandations. Ils ont souvent des connaissances sur les thérapeutes de la région et peuvent vous orienter vers des professionnels qualifiés.

Participez à des groupes de soutien: Participer à des groupes de soutien liés à vos préoccupations ou intérêts peut également être un moyen d'obtenir des recommandations. Les membres de ces groupes partagent souvent des informations sur les thérapeutes qui leur ont été utiles.

Recherchez des recommandations en ligne: En plus de discuter en personne, vous pouvez également rechercher des recommandations en ligne. Les plateformes de médias sociaux, les forums de santé mentale et les groupes en ligne peuvent être des endroits où les gens partagent leurs expériences avec des thérapeutes.

Gardez à l'esprit vos besoins uniques: Lorsque vous recevez des recommandations, gardez à l'esprit que les besoins de chaque personne sont différents. Ce qui a fonctionné pour quelqu'un peut ne pas être la meilleure option pour vous. Prenez en considération vos propres préoccupations, préférences et objectifs en évaluant les recommandations reçues.

Demandez des informations sur l'expérience personnelle: Lorsque vous demandez des recommandations, essayez d'obtenir des informations détaillées sur l'expérience de la personne avec le thérapeute. Demandez ce qu'ils ont aimé dans l'approche du thérapeute, comment se sont passées les séances et s'ils ont atteint les résultats souhaités.

Recherchez plus de détails: Après avoir reçu des recommandations, prenez le temps de faire des recherches supplémentaires sur les thérapeutes recommandés. Vérifiez leurs sites professionnels, leurs profils en ligne et lisez les avis des patients, s'ils sont disponibles.

Les recommandations sont un point de départ utile, mais il est important que vous fassiez vos propres recherches et évaluations pour vous assurer que le thérapeute correspond bien à vos besoins individuels. Le choix du bon thérapeute joue un rôle significatif dans le succès de la thérapie et dans votre progression émotionnelle et mentale.

Recherche en ligne

La recherche en ligne est une approche efficace pour trouver des thérapeutes dans votre région qui répondent à vos besoins. À travers des plateformes spécialisées et des sites dédiés, vous pouvez accéder à des informations détaillées sur les thérapeutes, leurs spécialités et leurs approches thérapeutiques. Voici comment tirer le meilleur parti de la recherche en ligne:

Profils détaillés: En explorant les profils des thérapeutes sur les plateformes en ligne, vous trouverez des informations détaillées sur leurs qualifications, leur expérience, leurs approches thérapeutiques, leurs domaines de spécialisation, et bien plus encore. Cela vous permet d'évaluer si le thérapeute possède l'expertise pertinente pour vos préoccupations.

Lecture des biographies et des approches: En lisant les biographies des thérapeutes, vous pouvez en apprendre davantage sur leur parcours, leurs philosophies de travail et leurs approches thérapeutiques. Cela vous aidera à déterminer si le thérapeute est en phase avec vos valeurs et vos objectifs de traitement.

Spécialités et domaines d'intérêt: En plus de leurs informations générales, vérifiez si les thérapeutes ont de l'expérience dans le traitement des problématiques spécifiques que vous souhaitez aborder en thérapie.

De nombreux thérapeutes ont des domaines d'intérêt tels que la dépression, l'anxiété, les traumatismes, les relations, entre autres.

Avis et commentaires des patients: Certaines plateformes permettent aux patients de laisser des avis et des commentaires sur leurs expériences avec les thérapeutes. Ces avis peuvent offrir des éclairages importants sur la qualité des soins, l'approche du thérapeute et l'efficacité du traitement.

Prise de rendez-vous pour des consultations initiales: Après avoir identifié des thérapeutes qui semblent correspondre à vos besoins, il est souvent possible de prendre des rendez-vous pour des consultations initiales. Ces consultations vous permettent de rencontrer le thérapeute, de poser des questions et d'évaluer la compatibilité avant de prendre une décision finale.

Recherche attentive et comparative: Effectuez une recherche attentive et comparative pour explorer différentes options de thérapeutes. Lisez plusieurs profils, comparez leurs spécialités et leurs approches, et considérez quels thérapeutes résonnent le plus avec vous.

Retours de tierces parties: En plus de la recherche en ligne, vous pouvez également partager des informations avec des amis, de la famille ou des professionnels de la santé mentale en qui vous avez confiance. Ils peuvent offrir des perspectives supplémentaires et vous aider à prendre une décision éclairée.

La recherche en ligne offre un moyen pratique et complet d'explorer les options de thérapeutes dans votre région. En tirant parti des informations disponibles et en prenant le temps de mener une recherche approfondie, vous augmenterez vos chances de trouver un thérapeute qualifié capable de fournir le soutien nécessaire pour vos préoccupations émotionnelles et mentales.

Prenez rendez-vous pour des consultations initiales

Les consultations initiales, également connues sous le nom de séances d'évaluation, sont une partie importante du processus pour trouver un thérapeute adapté. Ces consultations offrent l'opportunité de rencontrer le thérapeute, discuter de vos préoccupations et objectifs, et évaluer si vous vous sentez à l'aise et en confiance pour travailler avec eux. Voici des orientations pour tirer le meilleur parti des consultations initiales:

Explorer la relation: L'une des principales finalités de la consultation initiale est d'évaluer la relation thérapeutique. Vous devez vous sentir à l'aise, en sécurité et capable de vous ouvrir avec le thérapeute. Faites attention à comment vous vous sentez en interagissant avec eux et si vous croyez pouvoir établir une relation de confiance.

Posez des questions: Utilisez la consultation initiale comme une opportunité pour poser des questions au thérapeute. Cela peut inclure des questions sur leur approche thérapeutique, leur expérience dans le traitement de problématiques similaires aux vôtres, leurs méthodes de traitement et les résultats attendus.

Discutez de vos besoins: Expliquez vos principales préoccupations et objectifs pour la thérapie. Cela permettra au thérapeute de comprendre vos besoins et de déterminer s'ils ont l'expertise nécessaire pour vous aider.

Évaluez la communication: Observez comment le thérapeute communique avec vous pendant la consultation. Font-ils preuve d'empathie, d'écoute active et de compréhension? La communication est essentielle pour une thérapie réussie.

Clarté sur l'approche: Assurez-vous de comprendre l'approche thérapeutique du professionnel. Expliquent-ils comment ils travaillent et comment leur approche s'aligne avec vos besoins? Cela vous aidera à évaluer si l'approche est appropriée pour vos préoccupations.

Attentes et plan de traitement: Discutez de vos attentes pour la thérapie et de la façon dont le thérapeute prévoit d'aborder vos préoccupations. Avoir une compréhension claire du plan de traitement peut vous aider à prendre une décision éclairée.

Évaluez votre connexion: En plus de l'expérience et de l'approche du thérapeute, considérez si vous ressentez une connexion personnelle avec eux. La thérapie implique la confiance et la vulnérabilité, il est donc essentiel de se sentir à l'aise avec le thérapeute.

Multiples consultations initiales: Envisagez de prendre rendez-vous pour des consultations initiales avec plusieurs thérapeutes afin d'avoir plusieurs options à comparer. Cela vous permettra d'évaluer différents styles, approches et personnalités avant de prendre une décision finale.

Les consultations initiales sont une opportunité pour vous d'interroger le thérapeute et d'évaluer s'ils sont le bon choix pour vous. Faites confiance à votre intuition et prenez le temps nécessaire pour prendre une décision éclairée. Trouver un thérapeute avec lequel vous vous sentez à l'aise et en confiance peut faire toute la différence dans votre parcours vers le bien-être émotionnel.

Évaluez la connexion personnelle

La connexion personnelle que vous établissez avec le thérapeute est l'un des facteurs les plus cruciaux pour le succès de la thérapie. Se sentir écouté, compris et à l'aise pour exprimer vos pensées et vos sentiments est fondamental pour créer un environnement thérapeutique efficace. Pendant la session initiale et au fil des premières séances de thérapie, vous pouvez évaluer la connexion personnelle en considérant les aspects suivants:

Empathie et compréhension: Le thérapeute fait preuve d'empathie authentique et d'une compréhension approfondie de vos préoccupations? Sont-ils intéressés et engagés à vous aider à comprendre et à surmonter vos défis émotionnels?

Écoute active: Le thérapeute pratique-t-il une écoute active? Cela signifie-t-il qu'ils n'écoutent pas seulement ce que vous dites, mais posent aussi des questions réfléchies pour comprendre le sens derrière vos mots.

Absence de jugement: Vous vous sentez en sécurité pour partager vos pensées et sentiments sans craindre d'être jugé? Le thérapeute crée un environnement de confiance où vous pouvez être honnête au sujet de vos expériences, même les plus difficiles.

Confort et respect: L'environnement thérapeutique doit être accueillant et respectueux. Vous vous sentez à l'aise en présence du thérapeute? Respectent-ils votre individualité et vos valeurs personnelles?

Sensation de connexion: En interagissant avec le thérapeute, ressentez-vous une connexion personnelle? La chimie entre vous est-elle positive? Une bonne connexion thérapeutique peut créer un sentiment de sécurité qui encourage l'ouverture et l'exploration émotionnelle.

Confiance mutuelle: La confiance est essentielle dans toute relation thérapeutique. Croyez-vous que le thérapeute s'engage à vous aider et à vous soutenir dans votre parcours de croissance et de guérison?

Sentiment d'être entendu: Pendant la séance, le thérapeute vous donne-t-il l'occasion de parler et d'exprimer vos sentiments? Posent-ils des questions qui vous encouragent à explorer plus profondément vos pensées et émotions?

Intuition et instinct: Faites confiance à votre intuition et à votre instinct pour évaluer la connexion personnelle. Comment vous sentez-vous après la séance? Sortez-vous de la séance en ayant eu une expérience précieuse?

La relation thérapeutique est collaborative et doit être basée sur la confiance mutuelle et le respect. Si vous ne sentez pas que vous établissez une connexion personnelle positive avec le thérapeute, il peut être utile de considérer la recherche d'un autre professionnel qui répondra mieux à vos besoins émotionnels et de communication. Votre sentiment de confort et de confiance est essentiel pour créer un espace thérapeutique efficace et bénéfique.

Choisissez la bonne approche

En matière de thérapie, il existe plusieurs approches thérapeutiques, chacune avec ses propres théories, techniques et méthodes. Trouver la bonne approche pour vos besoins et objectifs est essentiel pour une expérience thérapeutique réussie. Comment choisir l'approche thérapeutique adéquate:

Recherche des approches: Recherchez et familiarisez-vous avec les différentes approches thérapeutiques disponibles. Certaines des approches les plus courantes incluent la Thérapie Cognitivo-Comportementale (TCC), la Thérapie d'Acceptation et d'Engagement (ACT), la Thérapie Psychodynamique, la Thérapie de Groupe, la Thérapie Familiale et la Thérapie Existentielle, entre autres. Chaque approche a ses propres philosophies et techniques.

Réflexion sur vos besoins: Réfléchissez à vos besoins et objectifs en thérapie. Cherchez-vous à traiter des symptômes spécifiques, à améliorer les relations interpersonnelles, à développer l'auto-connaissance ou à surmonter des traumatismes passés? Identifier vos priorités aidera à orienter votre choix.

Consultation avec le thérapeute: Lorsque vous contactez des thérapeutes potentiels, demandez-leur quelle approche thérapeutique ils pratiquent. Expliquez vos préoccupations et objectifs afin qu'ils puissent indiquer comment leur approche peut répondre à vos besoins.

Compatibilité avec votre style: Chaque approche thérapeutique a un style unique d'interaction thérapeute-client. Certaines approches peuvent être plus structurées et axées sur les objectifs, tandis que d'autres peuvent mettre l'accent sur l'exploration émotionnelle en profondeur. Choisissez une approche qui résonne avec votre style personnel et vos préférences.

Ouverture à de nouvelles perspectives: Soyez prêt à considérer différentes approches, même celles que vous ne connaissez pas bien. Parfois, une approche thérapeutique que vous n'avez jamais envisagée peut être étonnamment efficace pour vos besoins.

Expérimentation: Si possible, essayez différentes approches thérapeutiques pendant quelques séances pour déterminer celle avec laquelle vous vous sentez le plus à l'aise et bénéficié. De nombreux thérapeutes sont prêts à adapter leur approche pour mieux répondre à vos besoins.

Flexibilité: Prenez conscience que la thérapie n'est pas un processus statique. À mesure que vous progressez et évoluez, vos besoins thérapeutiques peuvent changer. Un thérapeute flexible peut ajuster l'approche à mesure que vous grandissez.

Trouver la bonne approche thérapeutique est une partie essentielle du processus thérapeutique. En choisissant une approche qui résonne avec vos besoins, vous ferez un pas important vers votre bien-être émotionnel et votre croissance personnelle.

Soyez ouvert à l'expérimentation

Trouver le bon thérapeute pour vos besoins est un processus unique et personnel. Ce n'est pas toujours un chemin linéaire, et il peut être nécessaire d'expérimenter différents thérapeutes avant de trouver la correspondance parfaite. Voici pourquoi être ouvert à l'expérimentation est essentiel:

Connexion personnelle: La thérapie est une relation collaborative, et la connexion personnelle entre vous et le thérapeute est essentielle pour la réussite du processus. Tous les thérapeutes ne seront pas la bonne combinaison pour vous en termes de personnalité, de style et d'approche. Essayer différents thérapeutes vous permet de découvrir avec qui vous vous sentez le plus à l'aise et compris.

Diverses perspectives: Chaque thérapeute apporte sa propre perspective et approche à la thérapie. Expérimenter différents thérapeutes peut fournir des idées variées et de nouvelles façons d'aborder vos défis. Le bon thérapeute peut présenter des perspectives que vous n'aviez pas envisagées auparavant.

Trouver une harmonie: La thérapie est un espace intime et personnel pour explorer vos émotions et vos pensées. Trouver un thérapeute avec qui vous vous sentez à l'aise de partager ces parties de vous-même est crucial. Si vous ne ressentez pas d'harmonie avec le thérapeute après quelques séances, cela peut indiquer que ce n'est pas la bonne correspondance.

S'adapter à votre rythme: Chaque personne progresse dans la thérapie de manière unique. Parfois, il peut être nécessaire d'expérimenter différents thérapeutes pour trouver quelqu'un prêt à s'adapter à votre rythme de croissance et de changement.

Connaissance de soi: Le processus d'expérimentation avec différents thérapeutes peut également vous aider à développer une meilleure connaissance de vous-même concernant vos préférences et besoins thérapeutiques. Ce voyage d'exploration peut être une partie précieuse de votre propre croissance personnelle.

N'abandonnez pas rapidement: Rappelez-vous que la première expérience avec un thérapeute peut ne pas être représentative de toutes les expériences thérapeutiques. Si vous ne sentez pas que vous progressez avec un thérapeute spécifique, cela ne signifie pas que la thérapie en soi n'est pas utile. Cela concerne davantage le fait de trouver la bonne correspondance.

Communiquez vos besoins: Pendant le processus d'expérimentation, n'hésitez pas à communiquer vos besoins et préoccupations aux thérapeutes. Cela contribue à créer un environnement ouvert et collaboratif où vous pouvez recevoir le soutien nécessaire.

Expérimenter différents thérapeutes est un investissement dans votre propre santé mentale et bien-être. Comprenez que trouver le bon thérapeute peut prendre du temps, mais le processus de recherche et de découverte est une partie précieuse du chemin vers la croissance personnelle et émotionnelle.

Vérifiez les références

Lors de la recherche d'un thérapeute, il est crucial de s'assurer qu'il possède les qualifications et licences appropriées pour fournir des soins de qualité. Voici les étapes importantes pour vérifier les références d'un thérapeute:

Licences et certifications: Assurez-vous que le thérapeute possède une licence valide pour pratiquer dans votre région. Les thérapeutes agréés ont suivi un processus rigoureux d'éducation, de formation et d'évaluation pour obtenir la licence nécessaire. Recherchez également des certifications supplémentaires dans des domaines spécifiques de spécialisation.

Formation académique: Renseignez-vous sur la formation académique du thérapeute. Ils doivent avoir terminé un programme de premier cycle en psychologie, en counseling, en travail social clinique ou dans un domaine connexe. Une solide formation académique est essentielle pour offrir des soins de qualité.

Expérience clinique: En plus de la formation académique, vérifiez l'expérience clinique du thérapeute. Beaucoup de thérapeutes effectuent des résidences ou des stages supervisés dans le cadre de leur formation. Plus ils auront d'expérience clinique, mieux ils seront préparés à faire face à une variété de problèmes.

Vérification de la réputation: Effectuez des recherches en ligne pour vérifier la réputation du thérapeute. Souvent, vous pouvez trouver des avis de patients précédents ou des recommandations sur des sites spécialisés. Cela peut vous aider à avoir une compréhension plus large de l'expérience d'autres personnes avec le thérapeute.

Consultations initiales: Lors de la prise de rendez-vous pour des consultations initiales avec des thérapeutes potentiels, utilisez ce temps pour poser des questions sur leurs qualifications. Renseignez-vous sur leur formation, leur expérience clinique et leurs domaines de spécialisation. Cela contribuera à vous assurer que vous prenez une décision éclairée.

Vérifiez la validité de la licence: Vérifiez auprès des organismes de réglementation pertinents si la licence du thérapeute est à jour et valide. Cela peut être fait en ligne ou par téléphone.

Le choix d'un thérapeute est une décision importante pour votre bien-être émotionnel et mental. Faire les vérifications appropriées concernant les références du thérapeute est un moyen de vous assurer que vous recevez les meilleurs soins possibles. Un thérapeute qualifié et agréé peut fournir le soutien nécessaire pour faire face aux défis émotionnels et progresser vers la croissance personnelle.

Prenez en compte la spécialisation

Trouver un thérapeute ayant de l'expérience et une spécialisation dans les domaines pertinents pour vos préoccupations spécifiques peut faire une différence significative dans le succès de votre thérapie. Voici des points importants à considérer lorsque vous recherchez un thérapeute spécialisé:

Compréhension spécifique: Les thérapeutes spécialisés ont une connaissance plus approfondie et spécifique des problèmes sur lesquels ils travaillent. Ils comprennent les subtilités et les défis associés à ces domaines et peuvent offrir des approches thérapeutiques plus ciblées.

Formation spécifique: Les thérapeutes spécialisés suivent généralement une formation supplémentaire dans leur domaine de spécialisation. Cela peut inclure des cours, des ateliers et une supervision clinique axés sur des approches et des techniques spécifiques pour traiter ces problèmes.

Approches efficaces: Lorsqu'il s'agit de préoccupations spécifiques, il est important d'utiliser des approches thérapeutiques éprouvées et efficaces pour aborder ces questions. Les thérapeutes spécialisés ont généralement plus d'expérience dans l'application efficace de ces approches.

Connexion et empathie: Les thérapeutes spécialisés développent souvent un lien plus fort et de l'empathie avec les clients confrontés aux mêmes problèmes. Ils peuvent offrir un espace de compréhension authentique et de soutien, car ils sont familiers avec les défis auxquels vous êtes confronté.

Expérience pratique: Les thérapeutes spécialisés dans des domaines spécifiques ont généralement une vaste expérience pratique dans le traitement de cas similaires. Cela les rend plus aptes à fournir des orientations éclairées et des stratégies pratiques pour faire face à vos préoccupations.

Variété d'options: Selon votre domaine de préoccupation, différentes spécialisations peuvent être disponibles, telles que la thérapie du trauma, la thérapie de couple, la thérapie de groupe, la thérapie pour enfants, entre autres. Choisir la bonne spécialisation pour vos besoins peut augmenter les chances d'une thérapie réussie.

Lorsque vous considérez la spécialisation d'un thérapeute, tenez compte de vos préoccupations spécifiques et des résultats que vous souhaitez atteindre avec la thérapie. Un thérapeute spécialisé peut offrir un niveau plus approfondi de compréhension et de soutien, vous permettant de travailler de manière plus efficace pour surmonter vos défis émotionnels et atteindre vos objectifs.

Écoutez votre intuition

Quand il s'agit de choisir un thérapeute, faire confiance à votre intuition est un aspect essentiel. Votre intuition peut fournir des insights précieux sur le fait que le thérapeute est la bonne personne pour vous.

Points à considérer en écoutant votre intuition lors du choix d'un thérapeute:

Connexion personnelle: Lors de la première séance ou des premières séances avec un thérapeute, faites attention à comment vous vous sentez en leur présence. Vous vous sentez à l'aise pour partager vos préoccupations et expériences? Vous vous sentez écouté et compris? Si quelque chose ne semble pas correct ou si la connexion n'est pas satisfaisante, il est important de reconnaître ces sentiments.

Confiance et sécurité: La thérapie est un espace sûr et confidentiel, et vous devez vous sentir en sécurité pour explorer vos sentiments et pensées sans jugement. Si vous sentez que vous ne pouvez pas faire pleinement confiance au thérapeute ou si vous ne vous sentez pas en sécurité pour partager, il est valable de chercher quelqu'un qui puisse offrir cette confiance.

Synchronicité: Parfois, vous pouvez ressentir un sentiment de "synchronicité" en parlant à un thérapeute. Cela peut se manifester par une sensation de résonance ou d'alignement avec les mots et les approches du thérapeute. Faites attention à ces moments, car ils peuvent indiquer une bonne correspondance.

Respect de vos choix: Un bon thérapeute respectera vos décisions et choix. Si vous ressentez de la pression pour suivre une approche spécifique ou si vous vous sentez manqué de respect dans vos préférences, cela peut être un signe que le thérapeute n'est pas le meilleur choix pour vous.

Autonomisation: La thérapie est un processus collaboratif où vous devez vous sentir habilité à participer activement et à prendre des décisions éclairées sur votre traitement. Si vous avez l'impression d'être passif ou que vos préoccupations ne sont pas prises au sérieux, il peut être nécessaire de reconsidérer votre choix.

Chercher de l'aide professionnelle par le biais de la thérapie ou du conseil est un pas courageux vers l'auto-soin et le dépassement. Reconnaître quand il est nécessaire de chercher de l'aide, valoriser l'importance d'un soutien qualifié et trouver un thérapeute approprié sont des étapes essentielles pour améliorer votre santé mentale et émotionnelle. Rappelez-vous que vous n'avez pas à affronter vos défis seul et que de l'aide est disponible pour vous soutenir dans votre parcours de croissance et de guérison.

13

CÉLÉBRER LE PROGRÈS

Chaque pas est une victoire, chaque victoire est une raison de célébrer.

Tout au long de ce chemin d'autosoins et de développement personnel, il est essentiel de reconnaître et de célébrer chaque conquête, aussi petite soit-elle. Chaque pas vers votre bien-être émotionnel et mental mérite d'être reconnu, et trouver des moyens de valoriser votre expérience d'amélioration de soi peut renforcer votre motivation et votre résilience. Dans ce chapitre, nous explorerons l'importance de célébrer le progrès, de valoriser votre parcours et de rester motivé pour continuer à grandir et à se renforcer.

Reconnaître et célébrer les réussites

Le chemin de l'amélioration de soi est jalonné de moments dignes de célébration. Reconnaître et célébrer vos réussites est essentiel pour rester motivé et apprécier le progrès que vous avez accompli. Voici des stratégies pour reconnaître et célébrer vos victoires:

Pratiquer la gratitude

La gratitude est un outil puissant qui peut augmenter votre appréciation du progrès que vous avez accompli tout au long de votre parcours d'amélioration de soi. En incorporant la gratitude dans votre vie quotidienne, vous développez une perspective plus positive et appréciez davantage les réalisations que vous avez accomplies. Voici des façons de pratiquer la gratitude:

Journal de gratitude: Tenez un journal de gratitude dans lequel vous notez trois choses pour lesquelles vous êtes reconnaissant chaque jour. Cela peut être lié à votre progression personnelle, aux personnes autour de vous, aux opportunités que vous avez eues ou aux moments significatifs. Écrire ces choses positives peut accroître votre conscience de ce qui se passe bien dans votre vie.

Réflexion matinale ou nocturne: Consacrez quelques minutes chaque matin ou chaque soir pour réfléchir aux choses pour lesquelles vous êtes reconnaissant. Cela peut se faire pendant que vous vous étirez, prenez un petit déjeuner paisible ou vous préparez à dormir. La pratique régulière de la gratitude crée un schéma mental positif qui vous aide à reconnaître votre progrès.

Concentration sur les petites choses: En plus de reconnaître les grandes réalisations, concentrez-vous sur les petites choses pour lesquelles vous êtes reconnaissant. Cela peut être une conversation constructive, une journée ensoleillée ou un moment de tranquillité. Valoriser ces détails quotidiens contribue à construire une mentalité de gratitude.

Exercice de gratitude: Prenez le temps de pratiquer un exercice de gratitude consciente. Fermez les yeux et réfléchissez aux bénédictions dans votre vie, y compris les réalisations que vous avez accomplies jusqu'à présent. Ressentez la gratitude qui coule en vous pendant que vous vous concentrez sur ces choses positives.

Exprimer la gratitude: En plus de pratiquer la gratitude intérieurement, exprimez-la extérieurement. Dites "merci" aux personnes qui vous ont soutenu dans votre expérience d'amélioration de soi. Exprimer votre gratitude renforce non seulement votre propre sentiment d'accomplissement, mais renforce également les liens avec les autres.

Gratitude pour les leçons apprises: N'oubliez pas d'exprimer votre gratitude pour les leçons apprises des défis et des difficultés. Chaque obstacle que vous surmontez est une opportunité de croissance et d'apprentissage. Reconnaissez ces expériences comme faisant partie intégrante de votre parcours de progrès.

Cultiver la conscience du moment présent: En pratiquant la pleine conscience et en étant présent dans l'instant, vous êtes plus conscient des choses pour lesquelles vous pouvez être reconnaissant. Lorsque vous vous permettez d'apprécier pleinement l'instant présent, vous remarquez les petites joies et beautés qui peuvent passer inaperçues.

La pratique de la gratitude vous aide non seulement à reconnaître et à célébrer vos réalisations, mais elle façonne également une mentalité positive qui vous maintient motivé et engagé dans votre expérience d'amélioration de soi. En vous concentrant sur ce pour quoi vous êtes reconnaissant, vous construisez une base solide pour valoriser votre parcours et continuer à progresser.

Tenez un journal de réussites

Tenir un journal de réussites est une manière tangible et puissante d'enregistrer et de célébrer vos jalons tout au long de votre expérience d'amélioration personnelle. En notant vos accomplissements, grands ou petits, vous créez un enregistrement visuel du progrès que vous réalisez. Voici comment tirer le meilleur parti de votre journal de réussites:

Engagement régulier: Prenez l'habitude de consacrer un moment spécifique, qu'il s'agisse d'une base quotidienne ou hebdomadaire, pour enregistrer vos réussites. Maintenez la cohérence pour créer une routine de reconnaissance du progrès.

Détails significatifs: Lors de l'enregistrement de vos réussites, incluez des détails significatifs qui ajoutent du contexte à l'accomplissement. Décrivez la situation, comment vous vous êtes senti en atteignant cette victoire et comment elle contribue à votre parcours.

Petites et grandes victoires: Ne sous-estimez pas la valeur des petites victoires. Notez les étapes les plus significatives ainsi que les tâches quotidiennes que vous avez accomplies. Cela vous aidera à rester concentré sur le progrès constant.

Renforcement positif: En écrivant vos réussites, incluez des mots de renforcement positif pour vous-même. Rappelez-vous que chaque pas vers vos objectifs est une raison de célébration.

Enregistrement des défis surmontés: En plus des réussites, notez les défis que vous avez surmontés. Cela met en avant non seulement votre résilience, mais constitue également un enregistrement de la manière dont vous avez surmonté les obstacles.

Réflexion et apprentissage: Utilisez votre journal de réussites comme une occasion de réfléchir à ce que vous avez appris tout au long du chemin. Comment chaque réussite contribue-t-elle à votre croissance et à votre amélioration personnelle?

Révision et célébration: Périodiquement, prenez le temps de revisiter votre journal de réussites. Cela vous permet de voir le progrès que vous avez accompli et de célébrer vos réalisations accumulées.

Inspiration dans les moments difficiles: Lorsque vous êtes confronté à des défis ou à des moments de doute, relisez vos réussites précédentes. Cela vous rappelle combien vous avez déjà surmonté et peut servir de source de motivation.

Visualisation du progrès: À mesure que vous continuez à remplir votre journal de réussites, vous aurez un enregistrement visuel de votre croissance au fil du temps. Voir votre histoire documentée peut être incroyablement inspirant.

En maintenant un journal de réussites, vous créez un témoignage écrit de votre progrès et valorisez chaque étape de votre expérience d'amélioration personnelle. Cela vous aide non seulement à reconnaître vos réalisations, mais offre également une source continue de motivation et d'inspiration.

Célébrez les petites victoires

Célébrer les petites victoires est un élément essentiel pour rester motivé et valoriser votre expérience d'amélioration personnelle. Chaque pas que vous faites vers vos objectifs est une étape significative méritant d'être reconnue. Voici comment célébrer les petites victoires le long du chemin:

Reconnaissance immédiate: Dès que vous atteignez une petite victoire, prenez un moment pour la reconnaître. Dites-vous: "Je l'ai fait !" ou "Je suis fier de moi d'avoir accompli cela."

Célébration symbolique: Accordez-vous une récompense symbolique pour votre réussite. Cela peut être aussi simple que de s'applaudir, de faire un petit geste de célébration ou même de sourire devant le miroir.

Notez les victoires: Gardez une trace des petites victoires dans un journal ou un cahier. Noter vos réalisations vous aide à vous rappeler et à valoriser le progrès que vous accomplissez.

Partagez avec quelqu'un: Partagez vos petites victoires avec un ami proche, un membre de votre famille ou un collègue qui vous soutient. Partager vos réussites vous permet de recevoir une reconnaissance et un encouragement externes.

Pratiquez l'auto-compassion: En célébrant les petites victoires, pratiquez l'auto-compassion. Rappelez-vous que tout progrès, aussi petit soit-il, est un pas dans la bonne direction. Soyez gentil avec vous-même.

Visualisez l'impact: Imaginez comment chaque petite victoire contribue à vos objectifs à long terme. Visualisez comment elle s'inscrit dans l'image globale de votre parcours.

Gardez un enregistrement visuel: Créez un tableau de vision ou un mur de réalisations où vous pouvez ajouter des symboles visuels de vos victoires. Cela sert de rappel constant de votre progrès.

Créez des rituels de célébration: Établissez des rituels spéciaux pour célébrer vos victoires. Cela peut être allumer une bougie, écrire une note de remerciement à vous-même ou pratiquer une brève méditation de gratitude.

Associez des sentiments positifs: En célébrant chaque petite victoire, associez des sentiments positifs à cette réalisation. Cela crée un lien émotionnel avec votre progrès.

Renforcement de la confiance: Se souvenir des petites victoires renforce votre confiance en vous. Cela crée une mentalité selon laquelle vous êtes capable de surmonter les défis et d'atteindre vos objectifs.

En célébrant les petites victoires, vous renforcez non seulement votre estime de soi et votre motivation, mais vous cultivez également une mentalité positive envers votre croissance. Chaque pas que vous faites, aussi petit soit-il, témoigne de votre engagement envers vous-même et envers votre processus d'amélioration personnelle.

Récompensez-vous

Se récompenser pour atteindre des étapes significatives est un moyen puissant de rester motivé et de valoriser votre expérience d'amélioration personnelle. En associant vos réalisations à des récompenses positives, vous créez un lien entre vos efforts et votre reconnaissance. Voici des façons de vous récompenser de manière saine et gratifiante:

Définissez des objectifs et des récompenses claires: Avant de travailler vers un objectif, définissez une récompense spécifique que vous recevrez en l'atteignant. Cela peut créer une motivation supplémentaire pour avancer.

Choisissez des récompenses significatives: Assurez-vous que vos récompenses ont une signification personnelle pour vous. Elles peuvent varier d'un bien matériel à une expérience qui vous apporte de la joie.

Maintenez l'équilibre: Trouvez un équilibre entre de petites et de plus grandes récompenses. De petites récompenses peuvent être utilisées pour des étapes plus petites, tandis que les récompenses plus importantes peuvent être réservées pour des objectifs plus ambitieux.

Ayez un système de points ou de repères: Créez un système de points ou de repères pour suivre vos réalisations. Au fur et à mesure que vous accumulez des points ou atteignez des étapes, vous pouvez les échanger contre des récompenses prédéterminées.

Prenez le temps de célébrer: Lorsque vous atteignez une étape, prenez le temps de célébrer votre réussite avant de vous lancer vers le prochain objectif. Cela vous permet de profiter pleinement de la reconnaissance pour ce que vous avez accompli.

Expérimentez de nouvelles expériences: Envisagez de choisir des récompenses qui vous permettent de vivre quelque chose de nouveau. Cela peut ajouter un élément d'excitation à votre parcours.

Établissez une liste de souhaits pour les récompenses: Gardez une liste de souhaits pour les récompenses que vous souhaitez vous accorder. Cela peut inclure des activités que vous adorez ou des expériences que vous souhaitez tenter.

Pratiquez la gratitude pour votre réussite: Lorsque vous recevez une récompense, pratiquez la gratitude pour les efforts que vous avez déployés pour atteindre votre objectif. Cela renforce votre connexion avec les progrès que vous avez réalisés.

Variez les récompenses: Variez les récompenses pour maintenir le processus intéressant. Parfois, une petite récompense symbolique peut être aussi gratifiante qu'une récompense matérielle.

Profitez de l'instant: Lorsque vous vous récompensez, faites-le avec intention. Profitez de l'instant et permettez-vous de ressentir de la joie et de l'accomplissement pour votre réussite.

Se récompenser est un moyen puissant de reconnaître vos efforts et votre engagement dans votre parcours de croissance. Ces récompenses n'offrent pas seulement une incitation supplémentaire, mais elles renforcent également votre motivation intrinsèque à continuer d'avancer vers vos objectifs.

Partagez avec les autres

Partager vos réalisations avec les personnes qui vous sont proches est un moyen précieux de renforcer le sentiment d'accomplissement et de célébrer le progrès dans votre expérience d'amélioration personnelle. En partageant vos succès, vous créez un sentiment de connexion, recevez de la reconnaissance et pouvez même inspirer et motiver d'autres personnes. Voici des moyens de partager vos réalisations de manière significative:

Choisissez les bonnes personnes: Identifiez les personnes de votre vie en qui vous avez confiance et avec qui vous vous sentez à l'aise de partager vos victoires. Cela peut inclure des amis, de la famille, des collègues de travail ou des membres de groupes de soutien.

Soyez authentique: Lorsque vous partagez vos réalisations, soyez authentique concernant vos sentiments et les efforts que vous avez déployés. Cela permet aux autres de comprendre l'importance de l'étape franchie.

Partagez avec des groupes de soutien: Si vous participez à des groupes de soutien, à des ateliers ou à des communautés en ligne liés à votre objectif, envisagez de partager vos réalisations dans ces espaces. Ces environnements offrent un soutien spécifique et une compréhension pour vos réussites.

Utilisez les réseaux sociaux de manière positive: Si vous êtes à l'aise avec cela, partager vos réalisations sur les réseaux sociaux peut être un moyen d'atteindre un public plus large. Assurez-vous de maintenir un ton positif et inspirant dans vos publications.

Célébrez en groupe: Organisez une réunion avec des amis ou de la famille pour célébrer vos réalisations. Cela renforce non seulement votre sentiment d'accomplissement, mais permet également aux autres de partager votre joie.

Encouragez les autres: En partageant vos propres réussites, vous pouvez inspirer les autres à poursuivre leurs objectifs et à célébrer leurs propres victoires. Soyez un modèle de motivation et de positivité.

Recevez le soutien de la communauté: En partageant vos réalisations, vous pouvez recevoir des messages de soutien, d'encouragement et de félicitations de votre entourage. Cela peut booster votre motivation et votre estime de soi.

Gardez une approche équilibrée: Bien qu'il soit bénéfique de partager vos victoires, il est également important de trouver un équilibre et de ne pas faire de vos réalisations le centre de toutes les interactions. Gardez une approche respectueuse envers les autres et soyez prêt à écouter leurs expériences également.

Reconnaître les réalisations des autres: Tout comme vous partagez vos victoires, soyez prêt à reconnaître et à célébrer les succès des autres. Cela crée un environnement de soutien mutuel et renforce les liens interpersonnels.

En pratiquant ces stratégies, vous cultivez une mentalité de célébration et d'appréciation. Chaque pas en avant mérite d'être reconnu, quelle que soit sa taille. Célébrer vos réalisations renforce non seulement votre estime de soi, mais crée également un environnement positif qui stimule votre croissance continue.

Valoriser votre parcours d'amélioration personnelle

Le parcours d'amélioration personnelle est une marche vers la croissance personnelle et la transformation. Valoriser cette expérience est essentiel pour maintenir une perspective positive et motivante. Voici des façons de valoriser votre parcours d'amélioration personnelle:

Accepter l'imperfection

Dans votre parcours d'amélioration personnelle, il est essentiel de comprendre et d'accepter que la croissance ne se produit pas de manière linéaire ou parfaite. Accepter l'imperfection implique d'adopter une perspective réaliste et compatissante envers vos expériences et défis tout au long du chemin. Comment embrasser l'imperfection dans votre parcours:

Pratiquez l'auto-compassion: Au lieu de vous critiquer pour chaque erreur ou revers, cultivez l'auto-compassion. Traitez-vous avec la même gentillesse et compassion que vous offririez à un ami. Sachez que tout le monde traverse des moments difficiles et que vous méritez le soutien et l'acceptation, quelles que soient les difficultés auxquelles vous êtes confronté.

Voyez les erreurs comme des opportunités d'apprentissage: Chaque erreur peut être une précieuse opportunité d'apprentissage. Au lieu de vous sentir vaincu par une erreur, réfléchissez à ce que vous pouvez en apprendre. Les erreurs offrent souvent des idées précieuses pour ajuster votre approche et progresser.

Concentrez-vous sur le progrès, pas sur la perfection: Au lieu de rechercher la perfection absolue, concentrez-vous sur le progrès continu. Célébrez les petites améliorations et les pas vers vos objectifs. Comprenez que la croissance est un processus graduel et cumulatif.

Acceptez la fluidité de la croissance: La croissance personnelle n'est pas une destination finale, mais un chemin continu. À mesure que vous évoluez, vos objectifs et priorités peuvent changer. Soyez ouvert à l'ajustement de vos objectifs et stratégies à mesure que vous gagnez de nouvelles perspectives.

Cultivez la résilience: La résilience est la capacité à se remettre et à s'adapter face à l'adversité. Développez cette compétence en comprenant que les défis font partie intégrante du processus de croissance. Voyez les difficultés comme des opportunités pour renforcer votre résilience.

Pratiquez la flexibilité mentale: La rigidité mentale peut entraîner de la frustration lorsque les choses ne se passent pas comme prévu. Cultivez la flexibilité mentale, soyez prêt à vous adapter aux changements et envisagez différentes perspectives pour faire face aux obstacles.

Célébrez le progrès, pas la perfection: Au lieu de rechercher la perfection, célébrez chaque pas en avant, peu importe sa taille. Reconnaître et célébrer le progrès est un moyen de valoriser votre progression.

Cultivez la patience: L'autotransformation prend du temps. Cultivez la patience et comprenez que des résultats significatifs exigent souvent de la constance et de l'engagement au fil du temps.

Accepter l'imperfection est une attitude valorisante qui vous permet d'aborder votre expérience de croissance avec compassion et résilience. En acceptant les hauts et les bas, vous créez un espace pour un apprentissage continu et le développement d'une mentalité de croissance saine. Souvenez-vous que chaque pas, aussi petit soit-il, est une partie importante de votre parcours d'auto-amélioration.

L'acceptation de soi

L'acceptation de soi est un élément fondamental du voyage vers l'amélioration de soi et de la croissance personnelle. Cela implique d'accueillir toutes les parties de vous-même, y compris vos qualités positives, vos caractéristiques uniques et même les domaines que vous percevez comme des "défauts". Voici quelques façons de cultiver l'acceptation de soi dans votre vie:

Pratiquez l'auto-compassion: Traitez-vous avec gentillesse et compréhension, en particulier lorsque vous êtes confronté à des défis ou que vous commettez des erreurs. Au lieu de vous critiquer sévèrement, pratiquez l'auto-compassion en vous offrant le même soutien et la même compassion que vous offririez à un ami cher.

Défiez l'autocritique destructrice: Identifiez et remettez en question les pensées autodestructrices et autodépréciatives. Souvent, nous sommes nos critiques les plus sévères. Remplacez ces pensées négatives par des affirmations positives et réalistes sur vous-même.

Reconnaissez votre humanité: Tout le monde a des imperfections et des défis. Être humain est une expérience complexe qui comporte des hauts et des bas. Acceptez qu'il est naturel d'avoir des moments difficiles et que cela ne diminue pas votre valeur en tant que personne.

Cultivez la gratitude pour vos qualités: Reconnaissez vos qualités, vos talents et vos réalisations. Notez ce que vous aimez en vous-même et pratiquez la gratitude pour ces caractéristiques. Cela aide à équilibrer l'autocritique avec une appréciation sincère.

Libérez-vous de la comparaison sociale: Évitez de vous comparer aux autres, car cela peut miner votre acceptation de soi. Chaque personne a un parcours unique, avec des défis et des victoires distincts. Concentrez-vous sur votre propre progression et votre croissance.

Pratiquez le pardon, y compris envers vous-même: Pardonnez-vous pour les erreurs passées et les moments où vous n'avez pas atteint vos propres attentes. Le pardon vous permet de libérer le poids de l'autojugement et de progresser vers une relation plus saine avec vous-même.

Cultivez une mentalité de croissance: Adoptez une mentalité de croissance, où vous considérez les défis comme des occasions d'apprentissage et d'amélioration. Au lieu de vous focaliser sur les domaines que vous jugez insatisfaisants, concentrez-vous sur la manière dont vous pouvez développer et améliorer ces domaines.

Soyez patient avec vous-même: L'acceptation de soi est un processus continu. Ne vous attendez pas à devenir parfait du jour au lendemain. Donnez-vous le temps et l'espace pour grandir, apprendre et évoluer.

L'acceptation de soi est un acte d'amour-propre qui crée une base solide pour la croissance et le développement sains. En vous valorisant et en reconnaissant votre propre singularité, vous construisez une relation positive avec vous-même, ce qui influence positivement votre voyage vers l'amélioration de soi.

Maintenez un état d'esprit axé sur l'apprentissage

Avoir un état d'esprit axé sur l'apprentissage est essentiel pour poursuivre votre expérience de croissance et d'auto-amélioration de manière saine et productive. Cela implique d'adopter une mentalité qui valorise l'apprentissage continu, la résilience et la capacité à transformer les défis en opportunités. Voici quelques façons de cultiver un état d'esprit axé sur l'apprentissage:

Ouvrez-vous à de nouvelles expériences: Soyez prêt à explorer de nouvelles situations et défis. Considérez l'inconnu comme une opportunité d'apprentissage qui élargit votre perspective et enrichit votre parcours.

Apprenez des erreurs et des échecs: Voyez les erreurs comme des occasions de croissance, plutôt que comme des échecs. Analysez ce qui a mal tourné, identifiez des leçons précieuses et utilisez ces expériences pour vous améliorer à l'avenir.

Soyez prêt à sortir de votre zone de confort: La zone de confort peut être un obstacle à la croissance. Acceptez les défis qui vous sortent de cet espace, car c'est là que se trouve l'apprentissage et le développement les plus importants.

Cultivez la résilience: La résilience est la capacité à se remettre des défis et des adversités. Lorsque vous êtes confronté à des difficultés, considérez-les comme des opportunités pour développer votre résilience et surmonter les obstacles.

Soyez curieux et posez des questions: Adoptez une attitude curieuse envers le monde qui vous entoure. Posez des questions, recherchez des connaissances et explorez différentes perspectives pour élargir votre compréhension.

Transformez les défis en opportunités: Au lieu de vous sentir vaincu par les obstacles, voyez-les comme des occasions de trouver des solutions créatives et innovantes. Cela vous aide non seulement à résoudre les problèmes, mais aussi à développer des compétences en résolution de problèmes.

Acceptez l'incertitude: L'expérience d'apprentissage est souvent marquée par l'incertitude. Au lieu d'éviter l'incertitude, acceptez-la comme faisant partie du voyage et soyez prêt à vous adapter aux changements.

Recherchez des retours constructifs: Demandez des retours d'information à des personnes de confiance dans votre vie. Soyez prêt à écouter des opinions honnêtes et à utiliser les critiques constructives pour ajuster votre parcours de croissance.

Définissez des objectifs d'apprentissage: En plus de vos objectifs de développement personnel, définissez des objectifs spécifiques liés à l'apprentissage. Cela peut inclure l'acquisition de nouvelles compétences, l'apprentissage de sujets d'intérêt ou l'exploration de différents domaines de connaissance.

Cultivez la patience: L'apprentissage et la croissance prennent du temps. Soyez patient avec vous-même et avec le processus. Valorisez chaque étape, même si elle est petite, et célébrez les progrès réalisés en cours de route.

Cultiver un état d'esprit axé sur l'apprentissage enrichit non seulement votre parcours d'auto-amélioration, mais vous permet également de relever les défis de manière constructive et de continuer à évoluer au fil du temps.

Cultivez la résilience

La résilience est une qualité essentielle pour naviguer avec succès dans le voyage d'auto-amélioration. Elle fait référence à la capacité de s'adapter et de se relever face aux adversités, aux défis et aux situations difficiles. Cultiver la résilience est crucial pour maintenir la motivation et l'engagement au fil du temps. Voici des stratégies pour développer la résilience dans votre expérience de croissance personnelle :

Développez une mentalité positive: Cultiver une mentalité positive aide à voir les défis comme des opportunités d'apprentissage et de croissance. Gardez le focus sur les solutions plutôt que de vous concentrer sur les problèmes.

Construisez un réseau de soutien: Avoir un réseau d'amis, de famille ou de collègues en qui vous avez confiance peut fournir un soutien émotionnel en période difficile. Partager vos inquiétudes et défis peut alléger le fardeau émotionnel.

Pratiquez la flexibilité: Soyez prêt à vous adapter aux changements et à ajuster vos approches selon les besoins. La flexibilité vous permet de faire face à différentes situations de manière plus efficace.

Renforcez la confiance en vous: Développez votre confiance en vous et votre estime de soi. Plus vous vous sentirez confiant dans vos compétences et capacités, plus vous serez résilient face aux défis.

Apprenez de l'adversité: Considérez l'adversité comme des opportunités de croissance et d'apprentissage. Réfléchissez à la manière dont vous avez surmonté les défis passés et appliquez ces leçons aux défis actuels.

Pratiquez l'auto-compassion: Traitez-vous avec gentillesse et auto-compassion. Reconnaissez que tout le monde traverse des moments difficiles et que vous méritez des soins et de la gentillesse, même pendant les revers.

Gardez le cap sur le progrès: Concentrez-vous sur le progrès que vous avez déjà réalisé, plutôt que de vous fixer sur les obstacles que vous rencontrez. Valorisez chaque étape, même si elle est petite, vers vos objectifs.

Développez des compétences en résolution de problèmes: Améliorez vos compétences en résolution de problèmes pour faire face de manière efficace aux défis qui se présentent. Abordez les problèmes avec une mentalité de solution et de créativité.

Maintenez une routine d'auto-soins: Donnez la priorité aux soins physiques, émotionnels et mentaux. Maintenir une routine saine contribue à établir une base solide de résilience.

Cultivez l'acceptation de l'incertitude: Accepter que nous ne pouvons pas toujours contrôler toutes les situations aide à mieux faire face à l'incertitude. La résilience se construit en abordant l'inconnu avec calme et adaptabilité.

Valoriser votre voyage d'auto-amélioration est une manière de vous honorer et de reconnaître vos efforts continus pour devenir la meilleure version de vous-même. Chaque pas vers la croissance mérite d'être apprécié et célébré, car il contribue à la personne incroyable que vous êtes en train de devenir.

Rester motivé pour continuer à progresser

Rester motivé tout au long de votre parcours d'auto-amélioration est essentiel pour vous assurer de continuer à grandir et à vous renforcer. Voici des stratégies pour maintenir votre motivation au plus haut:

Définir de nouveaux objectifs

Après avoir atteint vos objectifs initiaux, il est naturel de vouloir continuer à progresser et à évoluer. Définir de nouveaux objectifs est un moyen efficace de maintenir l'élan, l'enthousiasme et l'excitation dans votre parcours de croissance personnelle. Voici quelques conseils pour définir et poursuivre de nouveaux objectifs de manière efficace:

Évaluez votre progression actuelle: Avant de définir de nouveaux objectifs, prenez le temps d'évaluer votre progression jusqu'à présent. Réfléchissez aux réalisations que vous avez déjà accomplies, aux leçons que vous avez apprises et aux domaines dans lesquels vous souhaitez continuer à progresser.

Soyez spécifique et mesurable: Lorsque vous définissez de nouveaux objectifs, rendez-les spécifiques et mesurables. Au lieu de simplement dire "je veux améliorer ma santé", définissez un objectif tel que "je veux faire de l'exercice au moins trois fois par semaine pendant 30 minutes".

Gardez-les ambitieux, mais réalistes: Définissez des objectifs suffisamment ambitieux pour vous motiver, mais également réalistes. Évitez de fixer des objectifs au-delà de vos capacités actuelles, ce qui peut conduire à la frustration.

Établissez des échéances tangibles: Fixez des délais clairs pour atteindre vos nouveaux objectifs. Avoir une échéance tangible aide à maintenir la concentration et la détermination.

Divisez-les en étapes plus petites: Divisez vos objectifs plus importants en étapes plus petites et réalisables. Cela rend le processus plus gérable et vous permet de suivre votre progression de manière plus efficace.

Alignez-les avec vos valeurs et vos intérêts: Choisissez des objectifs qui sont alignés avec vos valeurs, vos intérêts et vos passions. Cela renforce votre motivation et donne plus de sens à l'histoire.

Apprenez des objectifs précédents: Tenez compte de ce que vous avez appris en atteignant des objectifs précédents. Utilisez ces leçons pour définir plus efficacement les objectifs futurs et éviter les écueils passés.

Restez flexible: Bien qu'il soit important de définir des objectifs spécifiques, soyez prêt à les ajuster au fur et à mesure que de nouvelles informations et circonstances se présentent. La flexibilité vous permet de vous adapter aux changements.

Célébrez les réalisations intermédiaires: À mesure que vous progressez vers vos nouveaux objectifs, célébrez les réalisations intermédiaires. Reconnaissez chaque étape que vous franchissez vers votre objectif final.

Apprenez des défis: Soyez prêt à relever les défis sur le chemin. Considérez chaque obstacle comme une opportunité d'apprentissage et de croissance, et utilisez ces expériences pour ajuster votre approche si nécessaire.

Définir de nouveaux objectifs donne une direction claire et un sentiment de dessein continu à votre parcours d'auto-amélioration. À mesure que vous avancez vers ces objectifs, vous continuez à grandir, à apprendre et à évoluer, devenant ainsi une version encore plus accomplie de vous-même.

Visualisez votre avenir

La pratique de la visualisation est un outil puissant pour stimuler votre motivation et votre concentration dans votre parcours de croissance personnelle continue. En imaginant vivement comment vous vous sentirez et ce que vous accomplirez en continuant à avancer dans votre trajectoire, vous créez un lien émotionnel avec vos objectifs et renforcez votre détermination à les atteindre. Voici des stratégies pour améliorer votre capacité à visualiser le futur:

Imaginez les détails: Fermez les yeux et imaginez-vous dans le futur, vivant vos objectifs atteints. Concentrez-vous sur les détails sensoriels, tels que les couleurs, les sons, les textures et même les odeurs. Plus votre visualisation est vivante et réaliste, plus votre motivation sera puissante.

Explorez les émotions: En plus d'imaginer les aspects visuels, plongez dans les émotions que vous ressentirez en atteignant vos objectifs. Ressentez la satisfaction, la joie et la fierté qui accompagnent vos réalisations. Cette connexion émotionnelle renforce votre engagement.

Créez un scénario positif: Visualisez un scénario dans lequel vos objectifs sont atteints avec succès. Évitez de penser aux obstacles ou aux difficultés à cette étape. Cela vous permet de vous concentrer sur les possibilités positives.

Soyez spécifique: Lors de la visualisation, soyez précis sur les détails de ce que vous souhaitez accomplir. Plus vous serez clair sur vos objectifs, plus votre visualisation sera ciblée et efficace.

Pratiquez régulièrement: Accordez chaque jour du temps pour pratiquer la visualisation. Cela peut faire partie de votre routine matinale ou avant de vous coucher. Plus vous pratiquez, plus cela devient naturel et plus cela est efficace pour stimuler votre motivation.

Utilisez le pouvoir des affirmations: Associez la visualisation à des affirmations positives liées à vos objectifs. Dites-vous des phrases comme "Je progresse vers mes objectifs chaque jour" ou "Je deviens la meilleure version de moi-même chaque jour".

Créez un tableau de visualisation: Élaborez un tableau de visualisation ou un panneau visuel représentant vos objectifs. Utilisez des images, des mots et des citations qui vous inspirent et vous rappellent votre vision du futur.

Pratiquez la visualisation guidée: Si vous le préférez, vous pouvez utiliser des ressources de visualisation guidée, telles que des audios ou des vidéos, pour vous aider à guider votre pratique. Cela peut être particulièrement utile pour les débutants dans la technique de la visualisation.

Soyez flexible et ouvert: Tout peut évoluer et changer avec le temps. Soyez ouvert à ajuster votre visualisation au fur et à mesure que de nouvelles idées et objectifs se présentent.

La visualisation n'augmente pas seulement votre motivation, elle crée également une mentalité positive et orientée vers le succès. En vous connectant régulièrement à votre vision du futur, vous construisez une base solide pour persévérer dans votre parcours de croissance et atteindre vos objectifs avec une détermination renouvelée.

Souvenez-vous de votre progrès

Se souvenir du progrès que vous avez déjà accompli tout au long de votre parcours d'auto-amélioration est un moyen puissant de maintenir votre motivation et votre élan. Souvent, lorsque nous sommes concentrés sur nos objectifs futurs, nous pouvons oublier combien nous avons déjà réalisé. Se rappeler de votre progrès passé peut renouveler votre confiance en vous et vous rappeler le chemin parcouru. Stratégies pour se souvenir et célébrer votre progrès:

Gardez un enregistrement: Tenez un registre ou un journal de vos réalisations, succès et jalons au fil du temps. Cela peut être aussi simple que de dresser la liste des choses que vous avez surmontées, des obstacles auxquels vous avez fait face et des changements positifs que vous avez constatés. Cela sert de rappel tangible du chemin que vous avez déjà parcouru.

Comparez avec le passé: Comparez votre situation actuelle avec ce qu'elle était avant le début de votre parcours d'auto-amélioration. Réfléchissez aux changements positifs dans votre mentalité, vos comportements, vos relations et votre qualité de vie. Cela peut vous donner une nouvelle perspective sur vos progrès.

Rappelez-vous des défis surmontés: Pensez aux défis que vous avez affrontés et surmontés en cours de route. Souvenez-vous de ce que vous avez ressenti en les affrontant et de comment vous vous êtes senti après les avoir surmontés. Ces souvenirs peuvent renforcer votre détermination à affronter les défis futurs.

Faites une évaluation régulière: Prenez régulièrement le temps d'évaluer votre progrès. Cela peut être mensuel, trimestriel ou annuel. Analysez vos objectifs, les objectifs atteints, les leçons apprises et les domaines où vous souhaitez encore progresser.

Célébrez les jalons: Célébrez chaque jalon significatif en cours de route. Cela peut être aussi simple que de terminer un cours, d'améliorer une habitude ou de gérer une situation difficile de manière saine. Reconnaître ces victoires contribue à maintenir votre motivation à un niveau élevé.

Partagez avec les autres: Partagez votre progrès avec vos amis, votre famille ou des groupes de soutien. Raconter l'histoire de votre progrès vous offre non seulement l'occasion de célébrer, mais inspire également les autres dans leurs propres récits.

Cultivez un sentiment de fierté: Permettez-vous d'être fier du travail que vous avez accompli dans votre parcours de croissance. Reconnaissez que chaque pas, aussi petit soit-il, est une réalisation digne de reconnaissance.

Revoyez vos objectifs: Au fur et à mesure que vous révisez vos objectifs, remarquez comment ils ont changé avec le temps. Cela montre votre adaptation et votre progrès continus. Vous pourriez être surpris de voir à quel point vous avez avancé.

Utilisez le progrès comme motivation: Utilisez les souvenirs de votre progrès passé comme source de motivation lorsque vous êtes confronté à des défis actuels. Souvenez-vous comment vous avez surmonté des défis similaires par le passé et utilisez cette confiance pour affronter le présent.

Prendre conscience du progrès que vous avez déjà réalisé renforce non seulement votre confiance en vous, mais contribue également à maintenir la perspective positive nécessaire pour continuer à croître et à se renforcer. À chaque étape que vous vous remémorez, vous renforcez votre sentiment d'accomplissement et votre détermination à avancer.

Créez une routine d'auto-soins

Prioriser l'auto-soin dans votre routine quotidienne est essentiel pour soutenir votre parcours d'amélioration personnelle à long terme. Une routine saine et équilibrée ne fait pas seulement perdurer votre énergie et votre motivation, mais renforce également votre capacité à faire face aux défis et à rester concentré sur vos objectifs. Stratégies pour créer une routine d'auto-soins efficace:

Pratiquez la pleine conscience (Mindfulness): Intégrez la pleine conscience dans votre routine quotidienne. Prenez quelques minutes pour vous concentrer sur le présent, observer vos pensées et émotions sans jugement. La pleine conscience aide à réduire le stress, à accroître la conscience et à améliorer la capacité à faire face aux exigences quotidiennes.

Faites de l'exercice régulièrement: L'exercice physique régulier améliore non seulement votre santé physique, mais a également un impact positif sur votre santé mentale. Choisissez une forme d'exercice que vous appréciez et qui est durable à long terme. Cela peut être de la marche, de la course, de la natation, du yoga ou toute autre activité qui vous motive.

Donnez la priorité à un sommeil de qualité: Un sommeil adéquat est essentiel pour votre bien-être général. Établissez une routine de sommeil régulière, créez un environnement propice au sommeil et prenez du temps pour vous détendre avant de dormir. Un sommeil de qualité permet de recharger votre énergie, d'améliorer la concentration et de réguler l'humeur.

Alimentez-vous de manière saine: Une alimentation équilibrée et nutritive fournit l'énergie et les nutriments nécessaires pour soutenir votre esprit et votre corps. Incluez une variété d'aliments frais, de légumes, de protéines maigres et de grains entiers dans vos repas. Évitez la surconsommation de sucre et d'aliments transformés.

Cultivez des relations positives: Nos relations ont un impact significatif sur notre bien-être émotionnel. Entretenez des liens sains et significatifs avec des amis, de la famille et des proches. Accordez du temps aux interactions sociales et développez des relations qui vous soutiennent dans votre parcours de croissance.

Accordez du temps aux loisirs: N'oubliez pas de réserver du temps pour des activités de loisirs qui vous apportent joie et détente. Cela peut être la lecture d'un livre, regarder un film, pratiquer un passe-temps, écouter de la musique ou passer du temps dans la nature. Les loisirs permettent de recharger vos batteries et d'augmenter votre créativité.

Pratiquez la gestion du stress: Apprenez des techniques de gestion du stress telles que la respiration profonde, la méditation et la relaxation musculaire progressive. Ces pratiques aident à réduire les niveaux de stress et à augmenter votre capacité à faire face aux défis.

Établissez des limites saines: Sachez quand dire "non" et fixez des limites claires pour le temps que vous consacrez au travail, aux activités sociales et aux autres demandes. Établir des limites saines aide à éviter l'épuisement et à préserver votre énergie.

Pratiquez l'autoréflexion: Accordez régulièrement du temps pour réfléchir à vos émotions, pensées et objectifs. L'autoréflexion aide à rester concentré sur vos objectifs et à identifier les domaines nécessitant des ajustements.

Soyez bienveillant envers vous-même: Traitez-vous avec compassion et gentillesse. N'exigez pas la perfection et autorisez-vous à faire des erreurs. L'auto-soin consiste également à être votre propre défenseur et à prendre soin de vous avec bienveillance.

Créer une routine d'auto-soins améliore non seulement votre santé mentale et physique, mais construit également la base nécessaire pour soutenir votre progression au fil du temps. Une routine équilibrée et saine vous aide à rester motivé, énergisé et prêt à relever les défis avec résilience.

Recherchez de l'inspiration

Rechercher de l'inspiration externe est un moyen puissant de rester motivé et revigoré dans votre parcours d'amélioration personnelle. En apprenant des succès et des expériences d'autres personnes, vous pouvez gagner de nouvelles perspectives, idées et approches pour relever les défis et atteindre vos objectifs. Voici quelques façons de chercher de l'inspiration:

Lecture: La lecture est un moyen précieux d'élargir vos horizons et d'acquérir de nouvelles connaissances. Lisez des livres liés aux sujets qui vous intéressent pour vous améliorer. Cela peut inclure des livres de développement personnel, des biographies inspirantes, de la fiction motivante et de la littérature axée sur la croissance personnelle.

Podcasts: Les podcasts sont un moyen pratique d'accéder à des informations inspirantes tout en effectuant d'autres activités telles que conduire, faire de l'exercice ou des tâches ménagères. Recherchez des podcasts abordant des thèmes de développement personnel, de succès, de surmonte des défis et de motivation.

Conférences et Ted Talks: Assister à des conférences, des congrès et des Ted Talks en ligne est un excellent moyen d'entendre des leaders, des experts et des personnes inspirantes partager leurs histoires et leurs points de vue. Beaucoup de ces événements sont disponibles gratuitement sur Internet et peuvent offrir une dose précieuse de motivation.

Vidéos inspirantes: Les plateformes de partage de vidéos comme YouTube proposent une vaste gamme de vidéos inspirantes. Recherchez des vidéos de conférences motivantes, d'histoires de réussite et de témoignages de personnes qui ont réussi dans leur domaine.

Suivez des personnes inspirantes: Sur les réseaux sociaux, vous pouvez suivre des personnes qui partagent des messages inspirants, des conseils de développement personnel et des histoires à succès. Cela peut se faire en suivant des profils d'auteurs, de conférenciers motivants, de coachs et d'autres influenceurs qui résonnent avec vos centres d'intérêt.

Partagez des expériences: Rejoignez des groupes de soutien ou des communautés en ligne où les gens partagent leurs expériences, défis et réussites dans leur parcours d'amélioration personnelle. Ces interactions peuvent offrir des insights précieux et créer un sentiment de camaraderie.

Mentorat et réseautage: Établissez des liens avec des personnes qui sont plus avancées dans leur propre expérience de croissance. Les mentors et les contacts professionnels peuvent vous fournir des orientations, partager leurs histoires à succès et offrir des conseils pratiques.

Participation à des événements: Assistez à des ateliers, des séminaires et des événements en direct liés au développement personnel et professionnel. L'interaction en personne et la possibilité de rencontrer des conférenciers inspirants peuvent renforcer votre motivation.

Gardez un esprit ouvert: Soyez ouvert à apprendre de différentes sources et perspectives. Toutes les sources d'inspiration ne doivent pas être directement liées à vos objectifs; souvent, les meilleures idées viennent de endroits inattendus.

Soyez conscient que le parcours d'amélioration personnelle est continu et unique pour chaque individu. En reconnaissant et en célébrant vos réalisations, en appréciant votre parcours et en restant motivé, vous créez un cycle positif de croissance et de bien-être. Chaque étape est une victoire et chaque défi est une opportunité de renforcer votre résilience et votre sagesse. Félicitations pour investir en vous-même et pour tout ce que vous avez déjà accompli. Votre histoire ne fait que commencer, et le potentiel de croissance est infini.

14

EMPLOYER UN AVENIR AUTONOMISE

L'avenir est une toile blanche; vous êtes le peintre de votre voyage.

Tout en poursuivant votre parcours d'auto-amélioration, il est important de regarder vers l'avenir avec espoir, confiance et un sentiment de pouvoir. Chaque pas que vous avez fait vers la croissance personnelle vous a rapproché d'une vie plus gratifiante et significative. Dans ce dernier chapitre, nous explorerons comment embrasser un avenir empoweré, rappeler l'importance de l'amour-propre et offrir des conseils finaux pour maintenir une vie émotionnellement saine et équilibrée.

Regarder vers l'avant avec espoir et confiance

En réfléchissant sur votre parcours jusqu'à présent, il est essentiel de regarder vers l'avenir avec espoir et confiance. Vous avez déjà surmonté des défis, atteint des objectifs et grandi de façons que vous n'auriez peut-être pas imaginées. Rappelez-vous que le progrès est continu et que chaque nouveau jour apporte l'opportunité d'apprendre, de grandir et d'évoluer encore plus. Gardez votre vision sur vos objectifs et visualisez le succès que vous souhaitez atteindre.

Cultivez une mentalité de possibilités et soyez ouvert à de nouvelles expériences. Croyez en votre capacité à surmonter les obstacles et à faire face à l'inconnu. La vie est un défi plein de hauts et de bas, et votre capacité à les affronter avec résilience et optimisme est une force puissante. En embrassant l'avenir avec espoir, vous créez un terrain propice à une croissance continue et à la réalisation de vos objectifs.

Dernier rappel sur l'importance continue de l'amour-propre

Alors que vous avancez vers un avenir emplowered, il est essentiel de vous rappeler l'importance continue de l'amour-propre. L'amour-propre est la base de toute votre croissance personnelle. Il nourrit votre estime de soi, renforce votre résilience émotionnelle et renforce votre capacité à relever les défis avec confiance.

Pratiquez l'auto-compassion, surtout dans les moments difficiles. Traitez-vous avec gentillesse, comme vous le feriez avec un ami cher. Reconnaissez vos réalisations, aussi petites soient-elles, et appréciez qui vous êtes, quelles que soient les imperfections. Le parcours d'auto-amélioration ne consiste pas à atteindre la perfection, mais à grandir, apprendre et devenir la meilleure version de vous-même.

Gardez à l'esprit que prendre soin de vous n'est pas de l'égoïsme, mais une nécessité. Priorisez votre bien-être émotionnel, physique et mental. Établissez des limites saines et sachez quand demander de l'aide. L'amour-propre est un engagement continu envers vous-même, et en le cultivant, vous renforcez la base pour un avenir emplowered et gratifiant.

Conseils finaux pour maintenir une vie émotionnellement saine et équilibrée

Alors que vous concluez ce parcours d'auto-amélioration, voici quelques conseils finaux pour maintenir une vie émotionnellement saine et équilibrée:

Pratiquez l'auto-soin régulièrement

Maintenez une routine d'auto-soin qui inclut des activités nourrissant votre esprit, votre corps et votre âme. Cela peut impliquer de l'exercice, de la méditation, de la lecture, des passe-temps, du temps avec des amis et de la famille, ou tout ce qui vous rafraîchit.

Prenez soin de vos relations

Nos liens interpersonnels jouent un rôle essentiel dans notre santé émotionnelle. Entretenez des relations saines en communiquant de manière ouverte et respectueuse. Soyez présent pour les autres et permettez-leur d'être présents pour vous aussi.

Établissez des limites et dites non quand c'est nécessaire

Sachez quand il est nécessaire de fixer des limites et apprenez à dire non lorsque quelque chose ne correspond pas à vos besoins et objectifs. Respecter vos propres limites est une forme d'auto-compassion.

Pratiquez la gratitude régulièrement

Continuez à pratiquer la gratitude quotidiennement. Rappelez-vous des choses pour lesquelles vous êtes reconnaissant et reconnaissez les aspects positifs de votre vie, même dans les moments les plus difficiles.

Trouvez du temps pour la joie

Intégrez des moments de joie dans votre quotidien. Faites des choses qui vous font sourire, rire et vous sentir vivant. La joie est une partie essentielle de votre parcours vers le bien-être.

Apprenez du passé, vivez le présent et planifiez l'avenir

Considérez vos expériences passées comme des opportunités d'apprentissage. Vivez le moment présent avec attention et intention. En même temps, faites des plans et des objectifs réalistes pour l'avenir.

Soyez gentil avec vous-même

Rappelez-vous que vous êtes humain et en constante évolution. Ne vous critiquez pas pour les échecs ou les moments difficiles. Traitez-vous avec la même compassion que vous montreriez à un ami.

Cherchez de l'aide professionnelle

Si vous êtes confronté à des défis émotionnels complexes, n'hésitez pas à demander l'aide d'un thérapeute, d'un conseiller ou d'un professionnel de la santé mentale. Demander de l'aide est un signe de force, pas de faiblesse.

Célébrez votre progrès

N'oubliez pas de célébrer toutes les victoires, grandes et petites, tout au long du chemin. Chaque pas vers la croissance est une réalisation digne de reconnaissance et de célébration.

Alors que vous embrassez un avenir emplowered, souvenez-vous que vous êtes l'auteur de votre propre histoire. Votre parcours d'auto-amélioration est unique et précieux. Avec de l'amour-propre, de la détermination et les outils que vous avez acquis au cours de ce processus, vous êtes prêt à relever tout défi et à créer une vie émotionnellement saine et significative. Que votre marche soit une source continue de croissance, d'accomplissement et de joie.

CONCLUSION

À mesure que nous arrivons à la fin de ce voyage à travers les pages de "Guérir la Dépendance Émotionnelle", il est naturel de réfléchir à ce qui a été exploré tout au long de cette expérience de découverte de soi et de croissance. Cette œuvre a été créée dans l'intention d'offrir une vision globale de la dépendance émotionnelle, en fournissant des idées, des outils et des orientations pour aider à rechercher une vie plus saine, équilibrée et authentique.

Nous avons appris les bases de la dépendance émotionnelle, en dévoilant ses origines et ses effets dans nos vies. Tout au long de ce livre, nous avons plongé dans les racines des relations dysfonctionnelles et des schémas répétitifs, ouvrant ainsi la voie à l'auto-compassion et à la transformation. Nous reconnaissons l'importance de cultiver une relation saine avec soi-même en tant que base pour toute relation externe.

Le chemin vers l'indépendance émotionnelle implique la compréhension de nos besoins, limites et valeurs individuels. Nous avons appris que l'amour-propre est l'ancre qui nous maintient fermes alors que nous naviguons dans les eaux de la vie, indépendamment des marées des relations passées ou présentes.

En explorant des stratégies pour construire des relations plus saines et équilibrées, nous avons découvert l'importance d'exprimer nos émotions et besoins de manière claire et respectueuse. Nous avons appris à établir des limites qui honorent notre bien-être émotionnel et à cultiver des connexions basées sur le respect mutuel et la réciprocité.

"Guérir la Dépendance Émotionnelle" est un rappel constant que le chemin vers l'indépendance émotionnelle est une quête continue. Chaque jour est une opportunité d'appliquer l'apprentissage et les stratégies acquises pour construire une vie plus saine et gratifiante. En terminant ce livre, comprenez que vous êtes le protagoniste de votre histoire, habilité à apporter des changements significatifs dans votre vie.

En regardant vers l'avenir avec espoir et confiance, sachez que le chemin de la découverte de soi et de la croissance est infini. Embrassez votre pouvoir intérieur, nourrissez votre amour-propre et souvenez-vous que, même dans les moments difficiles, vous possédez les outils nécessaires pour suivre un chemin de guérison et de transformation. Que votre parcours soit marqué par l'authenticité, la croissance et une profonde connexion avec vous-même.

Je vous laisse avec un sincère désir de paix, de joie et d'accomplissement dans votre histoire. Que vous trouviez la force pour relever les défis, la sagesse pour chercher de l'aide quand cela est nécessaire et le courage d'embrasser chaque nouveau départ avec optimisme et espoir.

Avec gratitude,

Leonardo Tavares

À PROPOS DE L'AUTEUR

Leonardo Tavares porte en lui non seulement le fardeau de la vie, mais aussi la sagesse conquise en affrontant les tempêtes qu'elle a apportées. Veuf et père dévoué d'une charmante jeune fille, il a compris que le voyage de l'existence est une tapisserie tissée de hauts et de bas, une symphonie de moments qui sculptent notre essence.

Avec une vitalité qui transcende sa jeunesse, Leonardo a affronté des défis redoutables, navigué à travers des phases difficiles et fait face à des jours sombres. Bien que la douleur ait été sa compagne le long de son chemin, il a transformé ces expériences en marches qui l'ont propulsé vers un niveau de sérénité et de résilience.

Auteur d'œuvres remarquables d'auto-assistance, tels que les livres "Anxiété, Inc", "Combattre la Dépression", "Faire Face à l'Échec", "Guérir la Dépendance Émotionnelle", "Quel est Mon Objectif?", "Surmonter la Rupture", "Survivre au Deuil", "Trouver l'Amour de Votre Vie" et "Vaincre le Burn-Out", il a trouvé dans l'écriture le moyen de partager ses leçons de vie et de transmettre la force qu'il a découverte en lui. À travers son écriture claire et précise, Leonardo aide ses lecteurs à trouver la force, le courage et l'espoir en des moments de profonde tristesse.

Aidez d'autres personnes en partageant ses œuvres.

SOURCES

American Psychological Association. (2020). Mental health. Em American Psychological Association (Ed.), The road to resilience: Navigating life's challenges (pp. 13-37). Washington, DC: American Psychological Association.

Bard, J. L., & Schwartz, J. E. (2021). The psychology of resilience: A new era of understanding. New York, NY: Guilford Press.

Bradshaw, J. J. (2006). Healing the shame that binds you. Deerfield Beach, FL: Health Communications.

Carnes, P. J. (2007). The betrayal bond: Breaking the cycle of addiction, codependency, and abuse. Deerfield Beach, FL: Health Communications.

Chou, E., & Goldston, D. B. (2010). Codependency: What it is and how to overcome it. New York, NY: Guilford Press.

Clifton, D. O., & Nelson, J. (2014). Positive psychology alive: Practical exercises for building resilience, compassion and well-being. Oakland, CA: New Harbinger Publications.

Covey, S. R. (1989). The 7 Habits of Highly Effective People. New York: Fireside. National Association for Sport and Physical Education.

Gratz, K. L., & Tull, M. T. (2011). The mindful self-compassion workbook: A guide to finding inner peace. Oakland, CA: New Harbinger Publications.

Kaufman, G. (2005). Shame: The power of owning your story. New York, NY: HarperCollins.

Mckay, M., Rogers, P. D., & McKay, J. (2013). Self-esteem: A proven program of cognitive behavioral techniques for assessing, improving, and maintaining your self-esteem. Oakland, CA: New Harbinger Publications.

Melody, P. (1992). Facing codependency: What it is, where it comes from, how to recover. New York, NY: Harper & Row.

LEONARDO TAVARES

Guérir la dépendance émotionnelle

www.ingramcontent.com/pod-product-compliance
Lightning Source LLC
LaVergne TN
LVHW041741060526
838201LV00046B/873